Über dieses Buch

Im Januar 1928 wurde ich in Elze geboren und blieb das einzige Kind meiner Eltern. Meine Mutter war Pianistin und meistens am Klavier zu finden, mein Vater war Schriftleiter der Leine- und Deister-Zeitung in Gronau.

Glückliche Kindheitstage verbrachte ich auf dem Elzer Gutshof der Bock von Wülfingen, wo mein Großvater Gutsverwalter war. Vor allem die Schulzeit in Gronau aber war dann deutlich getrübt durch die damals rigiden Erziehungsmethoden, von denen auch mein Elternhaus nicht frei war.

Als Zehnjähriger trat ich auf Wunsch meines Vaters der Hitlerjugend bei. Im März 1945, gerade mal 17 Jahre alt, wurde ich zum Kriegsdienst eingezogen und sollte im Einsatz an der Elbe unserem Vaterland noch zum Endsieg verhelfen. Am 1. Mai desertierte ich und entging nur knapp der Vollstreckung meines Todesurteils.

Nach Studium und Habilitation in Göttingen erhielt ich 1968 den Ruf an die Universität in Marburg auf den Lehrstuhl für Deutsche und Germanische Philologie. Die ersten zehn Jahre meiner Lehrtätigkeit dort waren geprägt von dem Aufruhr der Studierenden, der viel Unruhe und politische Auseinandersetzungen auch in die Reihen von uns Lehrenden brachte.

Gisbert Keseling, von 1968 bis 1996 Professor für Germanische und Deutsche Philologie an der Philipps-Universität Marburg, lebt heute in Berlin.

Kontakt: gkeseling@usdkb.de

Gisbert Keseling

Aus meinem Leben

Im Nationalsozialismus, im Krieg
und als Hochschullehrer im „roten" Marburg der 68er Jahre

Bibliografische Information der Deutschen Nationalbibliothek: Die
Deutsche Nationalbibliothek verzeichnet diese Publikation in der Deut-
schen Nationalbibliografie; detaillierte bibliografische Daten sind im
Internet über dnb.dnb.de abrufbar.

Ungekürzte Ausgabe 2024
Herstellung und Verlag: BoD – Books on Demand, Norderstedt
Copyright © 2020 Gisbert Keseling, Selbstverlag Berlin

ISBN: 978-3-7583-6922-3

Inhalt

Kindheit auf dem Gutshof in Elze

In meinem Geburtsjahr 1928 war Deutschland noch eine Demokratie. Bei den Reichstagswahlen vom 20. Mai erhielt Hitlers NSDAP, die Nationalsozialistische Deutsche Arbeiterpartei, von den 32 Millionen Stimmen nur gut 810 000 und verfügte im Reichstag über ganze 12 Sitze. Aber schon vier Jahre später schnellte die Zahl der Mandate auf 230 hoch, und am 30. Januar 1933 wurde Hitler zum Reichskanzler ernannt. Mit dem am 23. März desselben Jahres verabschiedeten Ermächtigungsgesetz erhielt seine Regierung für die Dauer von vier Jahren die Befugnis, Gesetze zu erlassen und Verfassungsänderungen einzubringen, womit das Parlament de facto entmachtet wurde. Juden, Kommunisten, Sozialdemokraten und Feinde in den eigenen Reihen wurden ermordet oder eingesperrt und gefoltert. Schon 1933 gab es Dutzende von den Nationalsozialisten betriebene Konzentrationslager.

In meinen ersten Lebensjahren bekam ich davon nur wenig mit. Die Welt, in der ich aufwuchs, reichte kaum über die Stadt Elze, einem kleinen Ort südlich von Hannover mit etwa 3 000 Einwohnern, hinaus, und auch die Sorgen der Erwachsenen hatten mit dem politischen Geschehen nicht unmittelbar etwas zu tun.

Wir lebten in einem Gutshaus, zu dem auch ein größerer Gutshof mit Stallgebäuden, Wiesen und Ländereien sowie ein großer und wunderschöner Park mit uralten Bäumen, gepflegten Rasenflächen und Blumenbeeten gehörten. Das alles war im Besitz der hannoverschen Adelsfamilie Bock von Wülfingen, die das Gut jedoch nicht selbst bewirtschaftete, sondern es – nach der Art eines mittelalterlichen Lehensverhältnisses – meinem Großvater Harry Moldenhauer überantwortet hatte. Das sah im Einzelnen so aus, dass meine Großeltern auf dem Grundstück Viehzucht und Ackerbau betreiben konnten, dass sie von den Erträgnissen jedoch regelmäßig Teile an die Eigentümer abliefern mussten. Da die Eltern meiner Mutter hauptberuflich im Nachbarort Nordstemmen ein (so genanntes) Kolonialwarengeschäft (i.e. Lebensmittelgeschäft) betrieben, hatten sie die Bewirtschaftung des Gutes an ihre langjährige Angestellte Ida Kleine übertragen. Ida hatte die hierfür erforderlichen Fähigkeiten schon in ihrer Kindheit erworben. Sie war in Mardorf am Steinhuder Meer auf einem kleinen Bauernhof aufgewachsen und musste bereits als Kind in Haus und Hof mitarbeiten. In ihrem vierzehnten Lebensjahr, also nach Schulabschluss, wurde sie dann von meinen Großeltern als Dienstmädchen eingestellt. Sie lebte im dortigen Haushalt und war wegen ihrer Tüchtigkeit bald unentbehrlich. Als mein Großvater dann später als Nebenberuf die Gutsverwaltung auf dem Elzer Hof übernahm, delegierte er einen Großteil der Arbeiten an Ida, die fortan auch im Gutshaus wohnte.

Meine Eltern lebten dort wegen der niedrigen Kosten und anderer Vorteile mehr oder weniger gezwungenermaßen. Sie hatten beide nicht das erreicht, was ihnen in jungen Jahren vorgeschwebt hatte. Mein Vater Rudolf Keseling hätte gern einen Beruf ausgeübt, der mit Literatur zusammenhängt. Er schrieb Gedichte und Erzählungen und gab lange Zeit die Hoffnung nicht auf, davon als großer Dichter eines Tages auch leben zu können. Da er sein Studium nicht abgeschlossen hatte, musste er eine untergeordnete Stelle in einer Bank annehmen, und etwas später wurde ihm dann die Schriftleitung der örtlichen Tageszeitung übertragen.

Meine Mutter „Franzi" hatte bei einem bekannten Pianisten namens Luther eine kostspielige Ausbildung gemacht und träumte von einer großen Karriere. Die Wirklichkeit sah indessen anders aus. Sie konnte zwar hervorragend Klavier spielen und hätte damit auch gerne Geld verdient, hatte aber Angst öffentlich aufzutreten und zog es deshalb vor, auf dem Gut die Buchhaltung zu besorgen. Das war auch bitter nötig, denn die Einkünfte meines Vaters reichten selbst für unsere dreiköpfige Familie kaum aus.

Meine Eltern fühlten sich in der ländlichen Umgebung und in dem Gutshaus nicht wohl. In dem sehr großen Gebäude hatten sie es schwer, ein Privatleben zu führen. Wir wohnten im Südflügel des Erdgeschosses. Im Nordflügel hatten meine Urgroßtante Frieda und Ida Kleine je zwei Zimmer; das Obergeschoss war vermietet. – Die meisten Räume, die eigenen sowohl wie die fremden, waren nur von der großen Diele aus zu erreichen. Dort begegnete man dann zwangsläufig den anderen Bewohnern. Das war vor allem für meinen Vater schrecklich. Er legte Wert darauf, an den Wochenenden und den Feierabenden mit meiner Mutter allein zu sein, musste aber jederzeit damit rechnen, von anderen gestört zu werden.

Wegen der ständigen Geldnot mussten wir uns weitgehend von dem ernähren, was auf dem Hof erwirtschaftet wurde, und um den Winter zu überstehen, war eine ausgiebige Vorratswirtschaft erforderlich. Obst und Gemüse wurden eingekocht und mehrere Zentner Kartoffeln wurden im Keller gehortet. Selbst Fleisch kauften wir nicht beim Metzger, stattdessen wurden im Winter Schweine geschlachtet und das Fleisch wurde dann für das ganze Jahr in Dosen konserviert.

Es gab keine Wasserleitung und natürlich auch keine Zentralheizung. Das Wasser musste über mehrere Treppen hinweg in Eimern von einer hinter dem Haus gelegenen Pumpe in die Küche getragen werden. Holz musste zerkleinert und Kohlen aus dem Keller geholt werden. Alles das konnte meine Mutter neben ihren Verwaltungsaufgaben und dem täglichen Klavierspiel unmöglich allein bewältigen. Wir beschäftigten also für unseren Haushalt ein weiteres Dienstmädchen und einmal in der Woche kam außerdem eine Waschfrau. – Hinzu kam, dass mein Vater mit Tieren nichts im Sinn hatte und sich schon vor Hunden und Katzen fürchtete.

Für mich war das Leben auf dem Gutshof berauschend schön. Der große Park mit alten Kastanienbäumen, Ulmen, Weiden, Akazien und diversem Gebüsch war ein ideales Gelände zum Spielen. Es gab dort verschiedene Stellen, wo ich mich besonders gern aufhielt. Das waren die Ställe und das Innere einer ehemaligen Mühle, und das waren außerdem das Gelände unter zwei riesengroßen Kastanienbäumen und gleich daneben die so genannte „Hölle", ein in einen Hang eingelassenes Kellergewölbe, dessen Tür verschlossen war. Was dort aufbewahrt wurde, wusste ich nicht, und wenn ich Ida danach fragte, winkte sie kopfschüttelnd und ohne Antwort ab, wodurch dieser Raum für mich noch geheimnisvoller wurde.

Oft hielt ich mich auch im Hof und in den Ställen auf und ich lernte viel dabei. Meine Lehrmeisterin war Ida. Sie wusste und konnte in meinen Augen alles. Sie war geschickt genug, um mich bei ihren Arbeiten nicht nur zusehen zu lassen: Sie brachte mir bei, welches Futter die einzelnen Tiere bekamen, und wenn ich wollte, konnte ich vieles selbst übernehmen. Dem kam entgegen, dass es damals anders als heute in der Landwirtschaft kaum Maschinen gab, so dass fast alle Tätigkeiten mit der Hand erledigt werden mussten. Dabei konnte ich mitmachen, zum Beispiel den Hühnern Getreide hinstreuen, die Eier aus dem Nest nehmen, die Kühe von der Weide in den Stall führen und sie auch melken. Oder – ein Vergnügen besonderer Art – das Schweinefutter vorbereiten und dazu gekochte Möhren, Kartoffeln und Futtermehl mit hochgekrempelten Ärmeln zu einem Brei zermanschen und mich anschließend daran ergötzen, wenn die Säue laut schmatzend darüber herfielen. Ida war mit Lob nicht zurückhaltend und betonte immer wieder, wie wertvoll meine Hilfe sei.

Ich bekam auch mit, was in den einzelnen Jahreszeiten zu tun war. Das begann schon im Herbst damit, dass ein Fuhrmann mit zwei Pferden angeheuert wurde, der die Ackerböden zuerst pflügte, dann eggte und zum Schluss das Wintergetreide, Gerste und Roggen, säte, eine Prozedur, die sich im Frühjahr mit Weizen und Hafer wiederholte. Für die einzelnen Arbeiten waren jeweils bestimmte Leute zuständig, die dafür stundenweise bezahlt wurden. So kamen Anfang Juni drei kräftige Männer, die mich schon nachts um drei mit dem Dengeln der Sensen weckten; für das Wenden und Zusammenharken des Heus waren dann zwei Frauen zuständig und zum Einfahren des Heus wieder der Fuhrmann, dieses Mal mit einem großen Ackerwagen, der von den beiden Frauen beladen wurde, wobei Ida die Heuballen auf dem Wagen gleichmäßig verteilte. Ich selbst durfte nachharken. Diese Arbeiten waren nur bei gutem Wetter und am Nachmittag oder Abend möglich, wenn das Heu ausreichend getrocknet war. Die Fahrt zum Stallgebäude, mit mir obendrauf, war dann die große Belohnung. – Der lange Sommer war recht arbeitsam. Dann war vieles gleichzeitig zu tun. Obst und Gemüse mussten geerntet, verarbeitet und zum Teil auch verkauft werden, woran auch meine Mutter beteiligt war, und auf den Feldern und Wegen musste das Unkraut ausgerodet werden. Das erledigten drei Tagelöhnerinnen, die jetzt regelmäßig jeden Nachmittag von eins bis sechs auf dem Gut waren. Bis weit in den Oktober hinein war ständig etwas zu tun: die Apfelernte, das Kartoffelroden und zum Schluss das Einbringen von Futterrüben und Mais.

Wenn auf dem Hof nichts Besonderes zu tun war, hielt ich mich tagsüber in der Regel bei meiner Urgroßtante Frieda auf. Sie war Diakonisse; obwohl sie längst im Ruhestand war, trug sie noch immer ihre dunkle Schwesterntracht mit weißer Haube. Ich liebte sie abgöttisch und sie mich ebenso. „Tante, du bist die Liebste", sagte ich oft, und sie entgegnete dann: „Ja, aber die allerliebste ist deine Mutter, und gleich danach komme ich." Das wiederholte sie bei jeder Gelegenheit, und es wurde fast ein Ritual daraus. Wir machten ausgiebige Streifzüge durch die Stadt, besuchten zum Beispiel eine Mühle und eine Waggonfabrik, die an unseren Park angrenzte, und ein besonderes Vergnügen war es, mindestens einmal in der Woche einen langen Spaziergang zu einem Bahnübergang zu machen und bei Onkel Meier, der in dem Bahnwärterhäuschen die Schranke bediente, einen kleinen Schwatz zu halten.

An Regentagen hielten wir uns in ihrem gemütlichen Stübchen auf. Während sie, in eine Decke gehüllt, am Fenster wie auf einem Thron in ihrem Ohrensessel saß, tobte ich im Zimmer herum, und wenn ich müde wurde, las sie mir Max und Moritz oder den Struwwelpeter vor, oder sie erzählte von ihren Erlebnissen als Krankenschwester im ersten Weltkrieg.

Meine Eltern sah ich normalerweise nur zu den Mahlzeiten und beim Zubettgehen. Mit einer Ausnahme allerdings: Wenn mein Vater an den Wochenenden zu Hause war, durfte ich mit ihm zusammen eine bebilderte Literaturgeschichte anschauen. Ich saß dann neben ihm auf der Armlehne eines großen Ledersessels und machte dabei die erste Bekanntschaft mit den Größen der Weltliteratur: Shakespeare, Calderón, Goethe und Schiller. Ich sehe die Bilder noch heute vor mir und höre meinen Vater sagen: „Das ist der alte blinde Vater Homer, das ist der Dichterfürst Goethe." Diese Sätze behielt ich, und ich wollte sie immer wieder von ihm gesprochen hören.

So etwa sah mein Leben damals aus, und wenn ich heute gefragt werde, wie es für mich in den ersten sechs oder sieben Lebensjahren war, dann sage ich als erstes: „Es war wie im Paradies." Aber wenn ich länger darüber nachdenke, dann frage ich mich, ob ich wirklich so wunschlos glücklich war, und wenn ich dann versuche, mir ins Gedächtnis zurückzurufen, was ich damals gefühlt und gedacht habe, dann kommen Zweifel auf. War es in Ordnung, dass ich tagsüber nur mit Ida oder mit Tante Frieda zusammen war und dass ich – auch heute noch – der Ansicht bin, Tante

Frieda sei für mich der liebste Mensch gewesen? Mehrere Begebenheiten fallen mir dazu ein.

Bei einem starken Gewitter kommentierte sie den Donner mit dem Satz: „Der liebe Gott schimpft", und ich erfuhr dann, dass der liebe Gott allwissend sei und dass er auch mitbekommen würde, wenn ich böse gewesen wäre, wenn ich zum Beispiel gelogen hätte. Aber er sei gütig und würde mir meine Sünden vergeben, wenn ich ihn darum bitten würde. Als ich dann wissen wollte, was passieren würde, wenn ich das Beten einmal vergessen hätte, sagte sie, der liebe Gott wisse doch, dass ich ein guter Junge sei, und nur die wirklich Bösen, die ihr Leben lang gesündigt hätten, würden in die Hölle gesperrt, wo sie dann für ewig und immer im Feuer schmoren müssten.

So oder ähnlich redete sie mir zuweilen ins Gewissen. Aber ihre Stimme klang sanft und zärtlich dabei, und sie beteuerte, dass sie dies alles nur sage, weil sie mich so lieb habe und weil sie doch wolle, dass Gott mich auch lieb behalte.

Ich nahm mir vor, an jedem Abend zu beten, und zuerst tat ich das auch regelmäßig, später allerdings nur, wenn ich glaubte, etwas ausgefressen zu haben. Jedenfalls blieb es nicht aus, dass ich mir über Tante Friedas Weltgespräche, wie ich es nannte, Gedanken machte, und wenn wir vormittags um elf unter den alten Kastanienbäumen zusammen durch den Park gingen und sie beim Läuten der Vaterunserglocke ein Gebet sprach, stellte ich erneut Fragen und erfuhr, dass es darauf ankomme, an Gott zu glauben. „Nur wer glaubt", sagte sie, „dem wird Gott vergeben und ihn zu sich in sein ewiges Himmelreich nehmen." An Gott zu glauben, fand ich einfacher als gut zu sein und z.B. Verbotenes nicht zu tun oder nicht zu lügen. Schließlich war ich noch nie auf die Idee gekommen, nicht an Gott zu glauben.

Dass sich aber gerade hier Probleme ergeben würden, sollte ich in den nächsten Tagen erfahren. Es war Oktober, und zu dieser Zeit war auf dem Gut viel Betrieb. Auf den Obstplantagen muss-

ten die Äpfel geerntet werden, und außerdem fand die Pachthe-
bung statt: Große Teile des Gutes hatte der Eigentümer verpachtet,
und die Pächter waren gehalten, Anfang Oktober die Beträge bei
uns in bar einzuzahlen. Dazu kam mein Großvater, der nebenbe-
ruflich das Gut verwaltete, angereist und wohnte ein paar Tage
bei uns. Kurzfristig wurde dann in Tante Friedas Stübchen ein
Büro eingerichtet, und Tante – sie hieß bei uns allgemein nur Tante – wurde deswegen in ein Fremdenzimmer ausquartiert.

Ich mochte meinen Großvater nicht. Nicht nur weil er Tante
aus ihrem Wohnzimmer vertrieb, sondern auch weil während
seiner Anwesenheit vieles, was sonst stillschweigend geduldet
wurde, verboten war. Außerdem war er fromm und trug seine
Frömmigkeit zur Schau. Er versäumte keinen Gottesdienst und
nahm an jeder Beerdigung teil. Vor und nach jeder Mahlzeit
musste laut gebetet werden, und vor dem Frühstück fand eine
Morgenandacht statt, wobei er den Text eines Kalenderblattes
vorlas, einen Choral mit uns sang und uns dabei mit seiner Geige
begleitete. In dem dann folgenden Schlussgebet wurden wir alle
persönlich genannt.

Das alles hatte er von einem Bekannten namens Wilhelm Kau-
ne übernommen, der ihn vor einigen Jahren zum „rechten Glauben" bekehrt hatte, wie er sagte. Seitdem benutzte er selbst jede
Gelegenheit, andere zu bekehren.

Schon am ersten Abend seiner Anwesenheit passierte das Folgende: Ich hatte mit zwei Cousinen, die bei uns zu Besuch waren,
Verstecken gespielt und dazu auch die „Remise", einen Schuppen
mit Karren und Pferdewagen, aufgeschlossen. Den Schlüssel dazu
hatte ich wie gewohnt von dem neben der Haustür angebrachten
Schlüsselbrett genommen. Als wir dann später die Remise verließen, hatte ich das Tor einfach offen gelassen. Als mein Großvater
das bemerkte, wollte er von mir erfahren, wo der Schlüssel war.
Ich wusste es nicht und konnte mich auch nicht erinnern, ob ich
ihn hatte stecken lassen oder ob ich ihn irgendwo abgelegt hatte.

Auch in meinen Hosentaschen fand ich ihn nicht. „Ich muss ihn verloren haben", sagte ich und begann sofort, die Remise und das Gelände außerhalb abzusuchen. Die Cousinen beteiligten sich dabei.

Ich ahnte, was jetzt passieren würde, hoffte aber, dass wir diesmal davon verschont blieben. Aber schon geschah es: Er forderte uns auf, uns hinzusetzen und ihm zuzuhören. Es sei jetzt nötig, sagte er, vor dem weiteren Suchen zu beten und den lieben Gott darum zu bitten, unsere Augen so zu lenken, dass wir den Schlüssel wiederfinden würden. Ich tat so, als hätte ich nicht gehört, was er gesagt hatte, und erst als er seine Aufforderung wiederholte, begab ich mich widerwillig in die Remise. Die beiden Mädchen und er selbst saßen dort schon.

Als ich mich zu ihnen setzte, spürte ich etwas Hartes unter mir. War das der Schlüssel? Hatte ich meine stets überfüllten Hosentaschen nicht gründlich genug durchgewühlt? Aber ehe ich dazu kam, das jetzt nachzuholen, hatte er schon laut zu beten begonnen. Ich hätte ihn unterbrechen können, um zu sagen, dass sein Gebet nicht nötig wäre. Oder ich hätte, um die Andacht nicht zu stören, ihn erst zu Ende beten lassen können und dann so tun, als würde ich noch einmal suchen, und schließlich zugeben, dass Gott sein Gebet erhört hatte. Aber keines von beidem tat ich, und wenn mich jemand gefragt hätte, warum, dann hätte ich nur mit den Schultern zucken können. Alles wäre doch so einfach gewesen.

Stattdessen ließ ich den Großvater und die Mädchen eine Stunde lang vergeblich suchen und machte zum Schein mit. Bei dem gemeinsamen Abendessen, so dachte ich, würde ich dann wie durch einen Zufall den Schlüssel wiederfinden, und ich würde dieses laut verkünden.

Aber es kam anders. Bei Tisch – ich war mit dem Großvater und meiner Mutter allein, mein Vater war noch im Zeitungsbüro – brach ein Strafgericht über mich herein: Wenn Gott unser Gebet nicht erhört habe, dann habe er Gründe dafür. Er habe mich strafen wollen und ich hätte diese Strafe verdient, nicht nur wegen meines sorglosen Umgangs mit fremdem Eigentum, sondern auch wegen anderer Sünden; ich wisse sehr wohl, was er hier im Sinn habe. Er stand jetzt auf und beugte sich drohend zu mir herüber. Wenn ich eine Ohrfeige verhindern wollte, tat ich gut daran, stillzuschweigen. Wie sollte ich in diesem Moment noch zugeben, dass ich den Schlüssel in meiner Hosentasche versteckt hatte? Ich schlich mich davon und beschloss, den Schlüssel für immer verschwinden zu lassen.

Als ich am nächsten Abend neben meinem Vater auf der Sessellehne saß und wir wieder mit dem Ratespiel vom blinden Vater Homer beschäftigt waren, unterbrach ich ihn und fragte, warum in Anwesenheit des Großvaters so oft gebetet würde, sonst aber gar nicht.

„Gisbert", sagte er darauf, „das ist eine lange Geschichte, die ich Dir schon immer erzählen wollte." Er holte dann weit aus. Ich erfuhr, dass er selbst in einer katholischen Familie aufgewachsen war, in der ebenfalls regelmäßig gebetet wurde, und dass es auch Pflicht gewesen sei, jeden Sonntag zur Kirche zu gehen. Irgendwann seien ihm jedoch Zweifel gekommen, ob das, was er dort und im Religionsunterricht gelernt habe, wahr sei. Insbesondere habe er nicht glauben können, dass ein allmächtiger Gott so grausam gewesen sei zuzulassen, dass sein Sohn gekreuzigt, also zu Tode gefoltert wurde. Er habe darüber auch mit seinem Vater und mit seinem Beichtvater gesprochen, und beide hätten ihm schwer ins Gewissen geredet und ihm immer wieder klarzumachen versucht, dass er sich mit seinen ketzerischen Gedanken schwer versündige. Die Folge sei gewesen, dass er den Gottesdiensten ferngeblieben sei. Zum ernsten Zerwürfnis mit seiner Familie sei es dann gekommen, als er ein evangelisches Mädchen kennen gelernt habe. Sein Vater habe ihn damals vor die Entscheidung gestellt, sich entweder von ihr loszusagen oder das Elternhaus nicht mehr betreten zu dürfen. Da er seine Franzi, meine Mutter, aber über alles geliebt habe, habe er den Rauswurf in Kauf genommen und es habe mehrere Jahre mit den Eltern keinerlei Kontakt gegeben. Mit seinen Geschwistern habe er sich gelegentlich heimlich getroffen.

Bald nach der Hochzeit seien sie dann beide aus der Kirche ausgetreten. An einen Gott, der seine Gnade davon abhängig mache, dass sie einer bestimmten Kirche angehörten, vermöchten sie nicht zu glauben, und wenn man bedenke, dass der alte Homer an mehrere Götter und Göttinnen geglaubt habe und dass es viele Völker gebe, die gar nicht an die Existenz eines Gottes glauben, dann könne man daraus nur den Schluss ziehen, dass wir darüber nichts wüssten, dass man aber gut daran tue, jeden mit seinem Glauben zufrieden zu lassen. An eine Hölle und an einen Himmel glaubten er und meine Mutter jedenfalls nicht.

Irgendwann kamen wir dann auf das Beten zurück. Wenn ein gläubiger Christ in Notzeiten bete, könne er daraus Zuversicht schöpfen, sagte mein Vater. Es sei aber zu verurteilen, jemanden, der nicht an Gott glaube, also zum Beispiel einen überzeugten Heiden, wie den in dem Buch ebenfalls abgebildeten Goethe, zu bekehren. Darüber habe er sich oft mit seinem Schwiegervater gestritten und ihm – leider vergeblich – klarzumachen versucht, dass Gott, wenn es ihn denn gebe, etwas Wichtigeres zu tun habe, als sich um den Verlust eines Stallschlüssels zu kümmern.

Ich war unglaublich erleichtert, wollte aber von ihm noch wissen, ob es denn schlimm sei, auch einmal zu lügen. „Ganz gewiss nicht, Gisbert", sagte er, „jeder Mensch kommt irgendwann in die Verlegenheit, lügen zu müssen, um Gefahr von sich abzuwenden. Wenn man anderen keinen Schaden damit zufügt, ist das in Ordnung."

Hier fasste ich mir ein Herz und erzählte ihm, was ich am Vortag angestellt hatte. Ich erwartete eine schwere Zurechtweisung. Aber stattdessen schmunzelte er, und wir kamen überein, dass ich den Schlüssel bei nächster Gelegenheit zurückgeben würde, entweder ohne Kommentar oder mit der Bemerkung, dass ich ihn erst jetzt in der Hosentasche entdeckt hätte.

Aber das Thema Lügen war damit noch nicht beendet: Einige Tage später ereignete sich eine andere Geschichte. Es gab in unserem Gutshaus noch kein Klosett mit Wasserspülung. Um das große oder kleine Geschäft zu verrichten, musste man sich in ein kleines Häuschen außerhalb des Hauptgebäudes begeben. Darin befanden sich nebeneinander zwei Plumpsklos, die durch eine hölzerne Wand voneinander abgetrennt waren, die man aber nur durch einen einzigen Eingang erreichen konnte. Um in das komfortablere hintere Klo zu gelangen, musste man also erst das vordere durchqueren. Da nur das hintere Örtchen ein Fenster hatte und das vordere nahezu dunkel war, wurde nach Möglichkeit das hintere benutzt, und nur bei größerem Andrang musste man sich irgendwie einigen.

Die beiden Cousinen und ich spielten wieder einmal Verstecken. Als ich zwischendurch dringend aufs Klo musste und die hintere unverschlossene Tür aufriss, saß dort ein älterer Mann, den ich noch nie gesehen hatte. Ich wich erschrocken zurück und wagte auch nicht, das vordere Klo zu benutzen.

Von Ida erfuhr ich, dass es sich hier nur um den kurz zuvor angereisten Herrn Major, einem Mitglied der Gutsbesitzerfamilie, handeln könne und dass ich um Himmels willen warten solle, bis er fertig sei. – Als ich es mir dann schließlich auf dem Sitz bequem gemacht hatte und meinen Blick über die schmutzigen Wände streifen ließ, tat ich etwas, von dem ich mit Sicherheit wusste, dass es verboten war. Ich hatte in erreichbarer Nähe in der Tapete einen Streifen entdeckt, der sich losgelöst hatte. Diesen Streifen riss ich ab, und ich fand das so vergnüglich, dass ich aufstand, auf den Sitz kletterte und die Wand nach weiteren eingerissenen Stellen absuchte, um die Tapete dort ebenfalls zu entfernen.

Danach spielte ich wieder mit den beiden Mädchen Verstecken. Wie immer wurden wir irgendwann von meiner Mutter zum

Abendbrot reingerufen. An dem langgezogenen und übermäßig lauten „Giiisbert" merkte ich sofort, dass etwas nicht in Ordnung war, und machte mich auf das Schlimmste gefasst. Sie habe gesehen, dass die Klotapete abgerissen sei, sagte sie, und ob ich das gewesen wäre. Ich verneinte und fügte hinzu, vielleicht sei es der Major gewesen, der habe doch ebenfalls auf dem Klo gesessen.

Die Tracht Prügel, die ich dann bezog, begründete sie damit, dass ich gelogen hätte. „Um die Tapete", sagte sie, „ist es nicht schade. Aber Kinder, die lügen, verdienen Schläge, und zwar so oft, bis ihnen das Lügen für immer vergeht."

Sie schlug erbarmungslos zu. Aber ebenso schlimm wie die Schmerzen war der Liebesentzug. Ich wusste, dass sie jetzt nicht mehr mit mir sprechen würde, vielleicht für immer nicht. – Sie erwartete von mir, dass ich bei allem, was ich sagte, die Wahrheit sprach, und wenn sie vermutete, dass ich wieder einmal gelogen hätte, sagte sie drohend: „Gisbert, ich sehe es dir an, dass du lügst", und manchmal behauptete sie auch, ich hätte einen blauen Fleck auf der Stirn. Beim Lügen, so erläuterte sie mir, entstünde auf der Stirn ein blauer Fleck.

Ob ich damals schon in der Lage war, den Widerspruch zwischen ihrer und Vaters Moral zu erkennen, weiß ich nicht. Aber später dachte ich oft darüber nach. Wer hatte nun Recht? Vater, der es mit dem Vermeiden von Lügen nicht so genau nahm und der im dritten Reich als Journalist oft gezwungen war, etwas zu schreiben, woran er selbst nicht glaubte, oder meine Mutter, für die Lügen eine schwere Sünde war und außerdem auch zwecklos, weil sie, wie sie immer wieder beteuerte, ohnehin alles sehen würde, was ich angestellt hätte.

Lügen war nicht der einzige Grund, weshalb meine Mutter mich schlug: Wenn ich Verbote übertreten hatte, schimpfte sie nicht nur, sondern es gab etwas auf die Finger, damit diese lernten, so etwas nicht wieder zu tun, wie sie sich ausdrückte. Oder sie schlug mich, als ich mich darüber beklagt hatte, dass eine Brotschnitte zu dünn mit Marmelade bestrichen war, oder als ich beim Bäcker darum bat, einen Keks geschenkt zu kriegen. Beim Schlafengehen war es verboten, meine Hände unter der Bettdecke zu haben. Wenn ich es trotzdem – oder nicht beabsichtigt – getan hatte, zerrte sie mich aus dem Bett, schlug mich auf meinen nackten Hintern und schimpfte mich aus, weil ich „pfui-pfui" gemacht hätte oder weil ich wieder einmal mein „Pfui-pfui" angefasst hatte. Manchmal war ich schon längst eingeschlafen und wachte erst auf, nachdem ich den ersten Schlag erhalten hatte. Ich wusste dann überhaupt nicht, was ich Schlimmes getan hatte, fragte aber auch nicht nach dem Grund, sondern ergab mich in mein Schicksal. Dergleichen wiederholte sich ziemlich oft, und die Angst, dass es wieder passieren würde, begleitete mich ständig. – Mehrfach rechtfertigte meine Mutter die Prügelstrafe damit, dass sie als Kind ebenfalls von ihrer Mutter auf den nackten Popo geschlagen worden sei, und das sei auch gut so gewesen, denn Schläge seien schließlich zur Bekämpfung unserer schlechten Eigenschaften unerlässlich.

Mutters und Vaters Erziehungsprinzipien unterschieden sich total. Für meine Mutter hingen diese hauptsächlich mit meinem Körper unterhalb des Kopfs zusammen, während mein Vater dafür sorgte, dass ich lernte, mich gut und „anständig" auszudrücken. „Scheiße" oder „Kacke" zu sagen, sei unanständig, und ganz und gar unmöglich sei es, wenn man für den Hintern das Wort „Arsch" gebrauche. Wir seien schließlich „etwas Besseres", und das müsse sich auch in unserem Sprachgebrauch ausdrücken.

Ich konnte nicht verstehen, dass mein Vater meine Mutter lieb hatte. Wenn er immer wieder erzählte, dass er sich in Mutter verliebt habe, weil sie so unvergleichlich gut ausgesehen habe, und dass sie deswegen von anderen „die schöne Franzi" genannt wurde, konnte ich nur den Kopf schütteln. Denn für mich war sie auch körperlich eher hässlich, und in meiner Erinnerung überwiegen die negativen Bilder von ihr, zum Beispiel ihr schmuddeliger Schlafrock, mit dem sie oft auch tagsüber in der Wohnung herumlief, ihre abgewetzten Pantoffeln oder ihr Heizkissen, das sie bei den nie abklingenden Erkältungen trug. Auch das, was sie an Äußerungen von sich gab, war alles andere als ermunternd: Wenn ich mich darüber beklagte, dass ich in der Schule zu Unrecht bestraft worden war, fiel ihr dazu nichts anderes ein als die Redensart: „Was sich nicht will ändern lassen, muss man mit Geduld erfassen", was, wie sie regelmäßig hinzufügte, schon ihr Großvater gesagt habe. Oder wenn ich begeistert über ein neues Vorhaben sprach, meinte sie: „Nimm di nix för, denn sleiht di nix fehl." (Nimm dir nichts vor, dann schlägt dir nichts fehl.)

Später fragte ich mich manchmal, warum Vater gegen die Prügelstrafe nicht eingeschritten war. Er musste doch mitbekommen haben, wie ich dann schrie. Aber vermutlich war auch er der Überzeugung, dass ich „ein schlechter Junge" war. In der Vorweihnachtszeit sagte er einmal, er habe gehört, wie im Nachbarzimmer der Weihnachtsmann geweint habe, weil er gesehen habe, wie ungezogen ich gewesen war.

Die Schläge, die ich von Mutter erhielt, hatten wohl zweierlei zur Folge: Die eine Folge war, dass ich nie richtig sicher sein konnte, ob Mutter mich wirklich liebte. Wenn sie viele Stunden am Tag am Klavier saß, dann konnte ich, auf dem Fußboden sitzend, nur zu ihr hoch schauen und wünschen, dass sie sich zu mir setzen und mit mir spielen würde. Aber das tat sie nie. – Und die andere Folge war, dass es immer mal wieder Zeiten gab, in denen ich mich dauerhaft für schlecht hielt. Denn wenn ich geschlagen wurde, dann musste das doch den Grund gehabt haben, dass ich irgendwie schlecht gewesen war. Dieses negative Bild von mir selbst bin ich wohl in meinem ganzen Leben nicht richtig losgeworden. Ich konnte mir nicht vorstellen, dass andere – also nicht nur meine Mutter, sondern auch Klassenkameraden und Spielgefährten – ein gutes Bild von mir hatten. Und das wiederum bewirkte, dass ich mich lange Zeit nicht nur allein fühlte, sondern auch allein, i.e. ohne dauerhafte Beziehung, blieb. Damals hatte es auch zur Folge, dass ich – trotz Vaters Aufklärung – damit rechnete, nach dem Tod in die Hölle zu kommen. Das Fegefeuer, in dem ich dann für alle Ewigkeit festgehalten würde, stellte ich mir in allen Einzelheiten vor.

Später sprach ich oft mit Klassenkameraden und Freunden über die Prügelstrafe und ich erfuhr, dass auch sie ziemlich regelmäßig geschlagen wurden. Und der häufigste Grund dafür war Ungehorsam: Es war selbstverständlich, dass man Eltern, Lehrern und Vorgesetzten zu gehorchen hatte. Tat man es nicht, dann hatte das Strafe zur Folge. Dass es unter bestimmten Voraussetzungen aber auch wichtig war, sich zu widersetzen oder Anordnungen vorsätzlich nicht auszuführen, haben wir nie gelernt. Wie wichtig das gewesen wäre, stellte sich für mich – leider viel zu spät – erst heraus, als es mit der NS-Zeit und dem Krieg endgültig vorbei war. Erst dann wurde mir klar, dass das von der Mehrheit der Deutschen befolgte Gebot, den Anordnungen der Obrigkeit bis hin zu den Grausamkeiten gegenüber anders Denkenden und Handelnden Folge zu leisten, ein Hauptgrund für Hitlers Aufstieg und letztendlich auch für den zweiten Weltkrieg gewesen war. Der Slogan „Führer befiehl, wir folgen dir!" schwirrt noch heute in meinem Kopf herum.

Es fällt mir schwer, mir einzugestehen, dass auch mein Vater, den ich bewunderte, sich in dieser Hinsicht kaum von der Mehrheit der Deutschen unterschied. Dass es „die da oben" in der Regel besser wussten als wir und dass wir deren Einstellung zu teilen hatten, war selbstverständlich für ihn. Nur sprach er nicht sehr viel darüber, weil für ihn andere Themen wie zum Beispiel Religion oder Literatur wichtiger waren.

Er hätte wohl gern eine Tätigkeit ausgeübt, die mit Literatur zusammenhing. Aber davon konnte keine Rede sein. Entsprechende Stellen, zum Beispiel Lektor in einem Verlag oder Dramaturg in einem Theater, seien schwer zugänglich, sagte er. Seine

Tätigkeit als Journalist, die er in der Gronauer Zeitung mit Unterbrechungen im und nach dem Krieg bis zu seinem Ruhestand ausübte, war ihm verhasst, und wenn er überhaupt darüber sprach, dann um sich zu beklagen.

Im Frühjahr 1934 wurde ich in Elze eingeschult. Das Ereignis begann mit einem Gottesdienst. Obwohl ich nicht getauft war, hatte mein Vater nichts dagegen, dass ich daran teilnahm. Alle Sechsjährigen wurden von dem Superintendenten von Hanfstengel einzeln am Eingang empfangen und in den Arm genommen. An das „Guten Morgen, lieber Gisbert" erinnere ich mich noch heute ganz deutlich, wohingegen ich das, was sich später im Klassenzimmer abspielte, nur undeutlich vor mir sehe. Unsere Mütter standen vorn, während wir Kinder auf den Bänken Platz nehmen durften, die Jungen links an der Fensterseite, die Mädchen rechts. Ich hatte als Einziger keine Schultüte, und ich war darauf sogar stolz. Denn Vater hatte mir vorher erklärt, Süßigkeiten seien nur etwas für verweichlichte Kinder, ihm selbst schmeckten sie gar nicht, und außerdem seien sie auch schädlich für die Zähne. Die Folge war, dass auch ich lange Zeit der Überzeugung war, Bonbons und Schokolade nicht zu mögen.

In diesem ersten Schuljahr fühlte ich mich wohl in der Klasse. Unser Lehrer, er hieß Brodmann, hatte eine angenehme Art mit uns umzugehen. Er lobte uns oft, und wenn wir etwas falsch gemacht hatten, tadelte er uns nicht, sondern machte uns ganz einfach vor, wie es richtig war.

Auch mit den Klassenkameraden kam ich gut zurecht. Ich saß in der hintersten Reihe, was bedeutete, dass meine Leistungen gut waren. Rechts neben mir saß ein Junge namens Bernhard Bock, mit dem ich mich schnell anfreundete, und links neben mir Jürgen Huck, von dem ich wusste, dass sein Vater Bürgermeister war. Von den Mädchen erinnere ich mich nur noch an eines, das in der vordersten Reihe saß und es schwer hatte, beim Lesen und Rechnen mitzukommen. Sie hatte wunderschönes pechschwarzes Haar, und ich verliebte mich in sie. Vor dem Einschlafen stellte ich mir vor, sie läge neben mir und ich hätte sie im Arm.

An alle anderen in der Klasse kann ich mich heute nicht mehr erinnern. Oder doch: Ein dritter Junge fällt mir noch ein, der nach meiner Erinnerung links vor mir saß. Er sah etwas bleich aus, war aber ungewöhnlich schön und hätte ein Mädchen sein können. Er hieß Höxter. Ein seltsamer Name, dachte ich; ich kannte nur die Stadt Höxter an der Weser. Erst später, als ich schon in dem Nachbarort Gronau in die Schule ging, erfuhr ich, dass er Jude war, aber nicht mehr in Elze wohnte, weil er mit seiner Familie „abgeholt" worden sei. Aber wer mir das gesagt hat, weiß ich nicht mehr.

Ich lernte Lesen, Schreiben und Rechnen fast wie im Spiel, und mit den Hausaufgaben wurde ich in der Regel in wenigen Minuten fertig. – Wir schrieben auf der Schiefertafel, und das fand ich gut so: Wenn ich einen Buchstaben nicht richtig hinbekam oder mich verschrieben hatte, was häufig vorkam, konnte ich das Falsche einfach auswischen und durch das Richtige ersetzen. Der ganze Text sah dann trotzdem gut aus, und meine Irrtümer blieben unbemerkt.

Einmal gelang mir das jedoch nicht: Wir sollten lernen, die Zahl Acht zu schreiben und wir sollten dazu zu Hause fünf Zeilen mit Achten vollschreiben. Aber die Zahlen, die ich hinschrieb, waren entweder völlig schief, oder ich konnte den doppelten Bogen nicht schließen. Ich versuchte statt oben unten anzusetzen, aber das war noch schwerer. Als ich drei Zeilen mit Achten fertig hatte und feststellte, dass die Hälfte davon nicht in Ordnung war, packte mich die Wut. Ich wischte das Ganze aus und begann von vorn. Das Ergebnis war noch schlimmer.

Tante Frieda, die das Elend mit angesehen hatte, riet mir, erst mal eine kurze Pause einzulegen. Das tat ich und ging zu meiner Mutter rüber. Dort war in der Zwischenzeit mein Onkel Bodo zu

Besuch eingetroffen, den ich wegen seiner Kunststücke und Späße, die er ständig auf Lager hatte, liebte und bewunderte. Aus der kurzen Pause wurde daher eine lange, und selbst am Abend konnte ich mich noch nicht entschließen, wieder an die Arbeit zu gehen. Ich zog es vor, erst einmal mit Ida das Vieh zu füttern. Als ich mich danach wieder der Tafel zuwandte, stellte ich mit Erstaunen fest, dass jemand seltsame große und kleine Männchen darauf gezeichnet hatte, und erst beim zweiten Hinsehen erkannte ich, dass die Köpfe und Körper jeweils zusammen eine Acht ergaben. Nicht zu fassen! Der liebe und lustige Onkel Bodo hatte sich als Heinzelmännchen betätigt. Das Einzige, was ich noch zu tun hatte, war, die großen unteren Figuren wegzuwischen und aus den oberen, die hintereinander auf den ersten fünf Zeilen standen, Mund, Nase und Augen zu entfernen.

Ein anderes Missgeschick passierte mir gegen Ende des Schuljahres. Wir sollten einen Text aus dem Lesebuch abschreiben. Wie immer wurde ich damit schnell fertig. Aber anders als sonst war Herr Brodmann mit meiner Abschrift nicht zufrieden. Er hatte in jeder Zeile einen oder mehrere so genannte Flüchtigkeitsfehler entdeckt. Ich musste nach vorn kommen und mir sagen und zeigen lassen, was falsch war. Ich hatte einzelne Buchstaben ausgelassen oder vertauscht, und einige Male fehlten sogar ganze Wörter. Das alles wäre doch nicht nötig gewesen, sagte er. Ich sei doch ein guter Schüler, und ich sollte mir in Zukunft etwas mehr Mühe geben. – Vermutlich habe ich mich damals sehr geschämt. Ich hätte den Vorfall sonst längst vergessen.

Ich habe den Schulbeginn nicht als bedeutenden Einschnitt in meinem Leben empfunden. Denn außer den drei oder vier Stunden in der Schule blieb zu Hause alles beim Alten. Nachmittags war ich meistens bei Tante Frieda und erst nach dem Abendessen bei meinen Eltern. Am glücklichsten war ich, wenn ich mit Vater die Bilder in der Literaturgeschichte ansehen durfte. Manchmal wurde ein Spiel daraus. Wir nannten es „Der alte, blinde Vater Homer", Vater schlug die entsprechenden Bilder auf, und ich durfte raten, wie der betreffende Dichter hieß.

Mutter blieb mir nach wie vor eher fremd. Sie krittelte oft an mir herum: Wenn ich über der Tafel oder der Fibel saß, kritisierte sie, dass ich zu dicht „aufguckte" und dadurch kurzsichtig würde, und beim Gehen störte sie meine krumme Haltung. „Gisbert, zieh deinen Buckel ein", sagte sie immer wieder und prophezeite mir, dass mir der Arzt einen Geradehalter verordnen würde. Es war ihr wichtig, dass ich ein „richtiger Junge" wurde, wie sie sagte, und dass ich mich gegen stärkere Jungen wehrte, wenn diese mich angegriffen hatten. Als ich einmal weinend nach Hause kam, weil mich der zwei Jahre ältere Junge Hermann Lawin verprügelt hatte, schickte sie mich wieder raus mit der Anweisung, dem Jungen gegen die Schienbeine zu treten, dann würde er mich künftig zufriedenlassen.

Ich erlebte sie aber nicht immer so: Ich hörte gern zu, wenn sie Klavier spielte. Und meine bis heute andauernde Freude an klassischer Musik verdanke ich ganz bestimmt ihr. Schon als ich kaum sechs Jahre alt war, machte sie einen ersten Versuch, mir das Klavierspielen beizubringen, musste aber bald eingesehen haben, dass ich den Fingerübungen und dem Auswendiglernen des Violinschlüssels wenig Spaß abgewinnen konnte, und nach wenigen Wochen stellte sie ihre Bemühungen erst einmal ein. Aber insgesamt gab sie nicht auf: Ein paar Jahre später sollte ich nach dem Vorbild ihres Bruders Bodo Cello spielen lernen. Sie veranlasste, dass einmal in der Woche ein Herr Buttrich zu uns in die Wohnung kam, um mich an einem zunächst nur geliehenen Instrument zu unterrichten. Ich musste dann jeden Tag eine halbe Stunde unter ihrer Aufsicht üben, sehr zu meinem Ärger. Denn natürlich hätte ich stattdessen viel lieber draußen gespielt. Aber immerhin brachte mir das Cellospielen später auch Vorteile in der Mittelschule ein. Denn als Rektor Schallas eines Tages davon erfuhr, lobte er mich und leitete in die Wege, dass ich im Schulorchester mitspielte. Er beauftragte dann seinen Sohn Anselm, mich auf dem Schulweg zu begleiten und das Cello zu tragen. Als dann allerdings nach einem öffentlichen Konzert das Schulorchester nicht mehr zusammenkam, war es mit meiner Lust am Cellospielen schnell vorbei. „Der Junge ist nicht musikalisch", hörte ich Mutter später einmal sagen, und sie bestellte den Herrn Buttrich ab, machte aber später mit einem anderen Cello-Lehrer einen erneuten Versuch. Wieder musste ich täglich eine halbe Stunde üben, diesmal aber mit dem Erfolg, dass ich in der Lage war, zusammen mit meinem Freund Hermann Doebel und meiner Mutter Trio zu spielen. Dieses gemeinsame Musizieren gehörte mit zu meinen schönsten Erlebnissen in der Kindheit, und meine Mutter war mir dann richtig nahe.

Und sie konnte auch zärtlich sein. Sie klopfte dann liebevoll auf meine Hinterbacken, nannte mich Moppel oder Moppelchen, oder wenn ich mir weh getan hatte, nahm sie mich auf ihren Schoß und tröstete mich. In den Wochen vor Weihnachten wollte sie wissen, was ich mir vom Weihnachtsmann wünschte, und beim Schreiben des Wunschzettels führte sie meine Hand. Danach durfte ich den Zettel in die Fensterbank legen, wo ihn der Weihnachtsmann in der Nacht abholen würde. Am nächsten Morgen war der Zettel tatsächlich weg, und wo er gelegen hatte, befand sich ein Teller mit Keksen.

Zugleich mahnte sie mich, in der Weihnachtszeit besonders artig zu sein. Denn nur artige Kinder würde der Weihnachtsmann beschenken. Die ungezogenen würde er dagegen mit der Rute bestrafen und ihnen ihre alten Spielsachen wegnehmen. Darüber dachte ich oft nach. Tante Friedas Erzählungen von den Guten und den Bösen fielen mir dazu ein, und der Weihnachtsmann wurde für mich so etwas wie der liebe Gott, der alles sieht.

Recht gemischt waren meine Gefühle dann, als es an einem der Adventsabende klingelte, ich zur Tür eilte und eine Gestalt mit langem, weißem Mantel vor mir auftauchte. Oh Gott, dachte ich, das ist also schon der Weihnachtsmann! Und in der Tat entdeckte ich, dass er ein Bund mit Zweigen und Ruten in der Hand hatte und dass er mich drohend ansah. Ich blieb stumm. – „Gisbert, das ist doch der liebe Nikolaus", hörte ich eine andere Stimme hinter mir. Meine Mutter war herbeigeeilt. Und der Nikolaus entpuppte sich als die alte Bäckersfrau Höbel, die sich verkleidet hatte und zu meiner Erleichterung jetzt einen Sack mit Süßigkeiten hervorholte.

Am Heiligabend in den letzten Stunden vor der Bescherung kehrte meine Angst zurück. Wir feierten das Fest im Nachbardorf Nordstemmen bei meinen Großeltern, wo diese ein Lebensmittelgeschäft betrieben. Wir waren schon gegen Mittag angereist und hatten uns zusammen mit den Cousinen und anderen Verwandten zum Essen hingesetzt. Ob wir denn auch wüssten, weshalb Weihnachten ein Fest sei, fragte unser Großvater und sah dabei uns Kinder an. Als die Cousinen zögernd nickten und ich selbst weder nickte noch etwas sagte, gab er die Antwort selbst, indem er anfing die Weihnachtsgeschichte zu erzählen. „Harry, unser Essen wird kalt", sagte meine Oma, und Onkel Bodo wagte zu fragen, ob die Weihnachtsgeschichte nicht Zeit bis heute Abend habe, worauf Großvater verstummte und nur das übliche Tischgebet sprach.

Es stand uns noch eine lange Wartezeit bevor. Beschert werden konnte erst nach Ladenschluss, also nach sechs. Um die Zeit bis dahin zu überbrücken, war als Erstes ein längerer Spaziergang angesagt, an dem außer mir die Cousinen und deren Eltern teilnahmen. Gern hätte ich mit diesen über meine Sorgen gesprochen. Aber ich traute mich nicht und mochte auch nicht zugeben, dass ich Angst hatte. Ich hätte ihnen sagen müssen, dass ich heute Mittag schon wieder ungezogen gewesen war, in Gedanken jedenfalls, als ich mich darüber gefreut hatte, dass sich der Großvater mit seiner Weihnachtsgeschichte nicht durchsetzen konnte. „Heute Abend wird mir der Weihnachtsmann meine Schadenfreude heimzahlen", dachte ich.

Als wir zurück waren und Tante Liesel, die Mutter der Cousinen, Geschichten vorlas, ging es mir vorübergehend besser. Es war vom Christkind die Rede, das uns am Heiligen Abend beschenkt, und irgendwie beruhigte mich das. Von einem Kind war nichts Gefährliches zu erwarten.

Richtig schlimm wurde es dann in der letzten Stunde vor der Bescherung. Wir saßen jetzt im Wohnzimmer und hörten nebenan den Weihnachtsmann laut kramen. Ich stellte mir vor, wie er dort meterweise große Bündel mit Reisig und Ruten aufstapelte, von der Art, wie sie neulich der Nikolaus mit sich geschleppt hatte. Mit seinem langen Rock aus Sackleinen, dem langen Barte und dem Bündel mit Ruten in der Hand hatte er ja fürchterlich ausgesehen, und ich war darauf gefasst, dass er damit zuschlagen würde. Im letzten Moment war mir dann noch ein Spruch eingefallen:

Lieber guter Weihnachtsmann,
Sieh mich nicht so böse an,
Stecke deine Rute ein,
Will auch immer artig sein.

Das hatte ihn besänftigt. Aber dieses Mal würde mir das nichts nützen, dachte ich. Er ist schon jetzt dort drinnen vor Zorn außer sich. Sobald das Klingelzeichen den Beginn der Bescherung ankündigt, wird er mich in der Tür abfangen, mich nach draußen schleppen, verprügeln und in den Keller sperren.

Natürlich kam es anders: Als die Tür zum Weihnachtszimmer schließlich geöffnet wurde, empfing uns eine unvorstellbare Pracht. Der Tannenbaum, der bis an die Decke reichte, hatte tausend Lichter, so schien es mir. Und davor waren die vielen Geschenke ausgebreitet, darunter die schon aufgebaute elektrische Eisenbahn, die im Kerzenlicht glitzerte. „Oh Tannenbaum, oh

Tannenbaum" wurde angestimmt und erst nach drei weiteren Liedern durften wir uns auf die Geschenke stürzen. Der Weihnachtsmann war unsichtbar geblieben. „Er ist jetzt bei den Kindern im Nachbarhaus und hat noch viel zu tun, bis er alle Kinder in Nordstemmen beschenkt hat", wurde uns gesagt.

Ein Zusammenhang zwischen meinem Alltag und der Politik stellte sich in dieser Zeit für mich nicht her. Zwar wusste ich, dass es außerhalb von Elze noch vieles gab, wovon ich wenig Ahnung hatte, aber ich machte mir darüber kaum Gedanken. In Berlin, einer sehr großen Stadt, so viel war mir klar, gab es einen Menschen namens Adolf Hitler, der viel zu sagen hatte. Das war aber auch alles. Der liebe Gott und sein Sohn Jesus, der in der Weihnachtszeit geboren und am Karfreitag ans Kreuz genagelt wurde, waren mir näher als das politische Geschehen.

Zwei Ereignisse allerdings, die ich selbst miterlebt hatte, machten mir deutlich, dass es Personen und Ereignisse gab, die mit mir und meiner Familie nicht unmittelbar etwas zu tun hatten.

Das erste Ereignis spielte sich auf unserem Gutshof ab. Es war schon in der Dämmerung, und wir hatten gerade begonnen unser Abendessen einzunehmen, als direkt unter den beiden Fenstern laute Musik ertönte. Ich sprang auf, rannte zu der großen Haustür, öffnete sie und erblickte voller Erstaunen eine Frau in einem langen weißen Kleid, die zu der Musik tanzte. Zwei Männer machten dazu auf mir unbekannten Instrumenten die Musik. Ein dritter Mann war gerade im Begriff zu mir hoch zu laufen. Aber ehe er noch die Haustür erreichte, zog mich meine Mutter zurück und schloss in Windeseile die Wohnungstür zu. „Zigeuner", schrie sie und lief durch die hinteren Räume zu dem zweiten Ausgang, um auch diesen abzuschließen. Ich lief hinter ihr her. Aber es war schon zu spät: Als wir dort ankamen, hatte bereits eine andere Frau im weißen Kleid die Tür geöffnet, wich dann aber zurück und lief nach unten. Als wir uns wieder nach vorn zurückgezogen hatten, war auch die Musik verstummt, und der Hof war wieder leer. „Sie haben begriffen, dass bei uns nichts zu kriegen ist", kommentierte mein Vater und erklärte mir, dass es sich bei den Zigeunern um arbeitsscheue und kriminelle Vagabunden handelte, die keinen festen Wohnsitz hätten und mit ihren Zigeunerwagen umherzögen. Es sei auch schon vorgekommen, dass sie kleine Kinder geraubt und mitgenommen hätten. „Wenn du ihnen in der Stadt begegnest, dann mach einen großen Bogen ums sie", so schloss er ohne weitere Erläuterung. Ähnliches erfuhr ich später auch von anderen Jungen: „Zigeuner, olle Heuner", hörte ich sie sagen. – Dass es sich hier um ein Jahrhunderte altes Klischee handelte, mit dem die Nationalsozialisten die Bekämpfung und schließlich Vernichtung der Sinti und Roma rechtfertigten, wusste mein Vater damals offenbar noch nicht.

Das zweite Ereignis fand in der Schule statt: Es war große Pause, und wie immer mussten wir uns anschließend nach Klassen geordnet auf dem Schulhof aufstellen und darauf warten, hereingelassen zu werden. Aber darauf warteten wir diesmal vergebens. Statt am Eingang wurde unserer Klasse ein Platz am hinteren Rand des Schulhofes zugewiesen, von wo aus nur undeutlich zu erkennen war, dass vorn eine Fahne und ein Rednerpult aufgestellt wurden. Nach einer wie mir schien endlosen Wartezeit – wir wurden dabei immer wieder zu Ruhe und Ordnung aufgefordert – betrat schließlich der Schulleiter das Pult und hielt eine Rede, von der ich nur so viel verstand, dass unser Reichspräsident gestorben war und dass Hitler jetzt allein unser großer Führer sei, den wir zu lieben hätten und dem wir gehorchen müssten.

Nach der Rede wurde „Deutschland, Deutschland über alles" gesungen, und wenn ich mich recht entsinne, hatten wir anschließend schulfrei.

Am Abend sprach ich mit meinem Vater über das Ereignis. Was er damals im Einzelnen dazu gesagt hat, weiß ich nicht mehr. Aus vielen späteren Äußerungen kann ich aber erschließen, dass es ungefähr auf das Folgende hinauslief: Hindenburg sei zwar ein hervorragender Feldherr gewesen, aber als Staatsmann habe er versagt, und das sei auch kein Wunder. In einer Demokratie als Staatsform habe er sich nicht durchsetzen können, und deshalb sei es richtig, dass Hitler die Weimarer Verfassung außer Kraft gesetzt habe. Und wenn er jetzt gleichzeitig Kanzler und Präsident sei, sei das gut so. Um zu überleben und sich gegenüber unseren Feinden zu behaupten, brauche unser Vaterland eine starke Führung. Persönlich liege ihm Hitler nicht, aber er traue ihm zu, dass er das Deutsche Reich aus der Schmach des Versailler Diktats herausführen würde.

In meiner Erinnerung liegen viel Staub und Nebel über diesen ersten Lebensjahren. An Tante Frieda und Ida denke ich am liebsten. Sie hatten mich lieb und gaben mir Sicherheit. Aber vor den Zugriffen meiner Mutter konnten auch sie mich nicht immer schützen. Und mein Vater? Ich bewunderte ihn. Die ferne und fremde Welt der Bücher, die er mir schon als Kind vermittelte, bestimmten weite Teile meines späteren Lebens.

Meine Vertreibung aus dem Paradies – Wie ich Lesen und Schreiben gelernt oder nicht gelernt habe. Volksschule, Mittelschule und Jungvolk in Gronau

Am Ende meines ersten Schuljahres, also in den Osterferien 1935, zogen wir von Elze in die Nachbarstadt Gronau um. In unsere Wohnung im Elzer Gutshaus zogen meine Großeltern ein, die ihr Lebensmittelgeschäft im Nachbarort Nordstemmen jetzt ihrem Sohn Wilhelm überlassen hatten.

Dieser Wechsel von dem Elzer Gutshaus in eine Mietswohnung war schlimm für mich, wobei ich noch heute nicht sagen kann, ob es eher die Trennung von meiner geliebten Urgroßtante oder die neue Umgebung war, worunter ich am meisten litt. Obwohl ich ein schönes, sonniges Kinderzimmer hatte, fühlte ich mich hier und in der ganzen Wohnung fremd. Ich fand es öde, in einem „Erwachsenenbett" zu schlafen, statt in meinem Kinderbett, das meine Eltern zusammen mit meinem kleinen Stoffhasen weggegeben hatten. Den neuen Schrank, den meine Eltern mir für meine Spielsachen gekauft hatten, machte ich überhaupt nicht auf. Wann immer es möglich war, verließ ich die Wohnung und streifte in den Straßen von Gronau umher. Ich wurde dann schnell von anderen Kindern angesprochen. Wie ich denn heiße, wollten sie wissen. Und wenn ich dann „Gisbert Keseling" sagte, lachten sie mich aus und entgegneten: „Äh, Käseling. Warum heißt du denn nicht Butterling?" Oder sie riefen „Stinkekäse" oder „Käsestinkt" hinter mir her. Nachdem sich so etwas mehrfach wiederholt hatte, ging ich ihnen rechtzeitig aus dem Weg und hielt mich auch nirgendwo länger auf. Nur am Bahnhof konnte ich stundenlang verweilen, um dort die ankommenden und abfahrenden Züge zu beobachten. Für lange Zeit war das meine Lieblingsbeschäftigung.

Ich hatte also Heimweh nach Elze. Und dieses Heimweh – ich habe kein anderes Wort dafür – hat mich viele Jahre nicht verlassen: An den Wochenenden und in allen Schulferien fuhr ich mit der Bahn nach Elze zu meinen Großeltern. Ich hatte dort ein eigenes kleines Zimmer, in dem ich schlief, und tagsüber war ich im Garten oder in den Ställen. Ziemlich bald auch freundete ich mich dort mit den Jungen in der Nachbarschaft an, Heite Schwarze, Heinz Piepho, „Ernschen" Steingrube, Fritz Düwel und andere, mit denen ich regelmäßig im Garten spielte. Einmal feierte ich sogar – zum Entsetzen meiner Eltern – in Elze meinen Geburtstag mit ihnen.

In Gronau hatte ich dagegen nur einen einzigen Freund, Detlef Sievers, den unsere Klassenlehrerin, ein Fräulein Prieß, auf Veranlassung meines Vaters für mich ausgesucht hatte. Ich saß in der Schulklasse neben ihm, und nachmittags trafen wir uns mal bei uns und mal in seiner Familie mit den Brüdern Reinhard und Eberhard. Wenn wir allein waren, unterhielten wir uns auch über „Intimes" wie zum Beispiel über die Frage, woher denn die kleinen Kinder kämen. An den Klapperstorch glaubte natürlich keiner von uns mehr, aber Detlef meinte, sie kämen aus dem Nabel der Mutter, was ich jedoch für unwahrscheinlich hielt, weil der Nabel doch für ein Baby viel zu klein wäre. Offenbar hatten wir beide noch nie eine Frau unbekleidet gesehen, und für mich war es selbstverständlich, dass Frauen genauso einen Pimmel haben würden wie wir Jungen.

Irgendwann später erfuhr ich die Wahrheit von Ida: Ganz in unserer Nähe hatte draußen ein kleines Mädchen Pipi gemacht, und zwar in der Hocke anstatt im Stehen wie wir Jungen, und ich hatte mit Erstaunen festgestellt, dass sie gar keinen Pimmel hatte. Das verwirrte mich und als ich Ida das sagte, lachte sie schallend und klärte mich dann entsprechend auf. – Diese Geschichte erzählte sie später immer wieder und konnte sich jedes Mal totlachen darüber.

Diese Unwissenheit hing wohl auch mit der damals herrschenden Prüderie zusammen: Ich habe meine Mutter nie nackt gesehen, und meinen Vater zum ersten und einzigen Mal, als wir zusammen nackt unter einer Höhensonne standen. Ich vermied es, meinen Vater dabei zu begucken, hatte aber die ganze Zeit ein ziemlich mieses Gefühl. Ich schämte mich wohl irgendwie. – Übrigens wurde damals niemals über Sexuelles und alles, was damit zusammenhing, gesprochen.

Meine Eltern sorgten dafür, dass Detlef mein einziger Freund blieb. Alle anderen Jungen und auch die, die in unserer Nähe wohnten, waren ihnen nicht recht. „Das sind dreckige Straßenjungen", höre ich meine Mutter sagen, „die haben in unserer Wohnung nichts zu suchen."

In der Schulklasse versuchte ich trotzdem, mich mit anderen anzufreunden. Das war nicht ganz einfach. Denn ich hatte bislang außer mit Detlef kaum mit jemandem längeren Kontakt gehabt. Ich müsste also, so dachte ich, auf jemanden zugehen und ihn fragen, ob er mit mir das und das spielen wolle oder so. Auf meinem Platz sitzend beobachtete ich die anderen und überlegte, wer von ihnen wohl überhaupt in Frage kommen würde. Von den Mädchen von vornherein keines. Die Mädchen saßen ja getrennt von uns Jungen in einem extra Block auf der anderen Klassenseite. In den Pausen dorthin rüber zu laufen und eine von ihnen anzusprechen, wäre ganz und gar unmöglich gewesen. Mit den Mädchen zu sprechen, war einfach bei den Jungen nicht drin. Aber auch bei den Jungen war es nicht einfach: Der von mir ausgewählte sollte nicht dumm sein, ich müsste ihn von seiner Art her sympathisch finden und er sollte wohl auch nicht sehr viel größer sein als ich. Da blieben nur wenige übrig. Zwei von ihnen hatten von sich aus, ohne vom Lehrer gefragt zu sein, noch nie den Mund aufgemacht. Und ein dritter schied schon deswegen aus, weil er in den Pausen immer mit etlichen anderen rumtobte und ich deswegen gar nicht in seine Nähe vordringen konnte. Er hieß Heinz Beneke und hatte in der Klasse so etwas wie eine Anführerrolle inne. Wenn er zum Beispiel sagte, wer will mit mir „Kriegen" spielen, dann fanden sich sofort etliche, die mitmachten. Er hatte den Spitznamen „Pekan". An einem Morgen verkündete er vor dem Unterrichtsbeginn, er werde in Zukunft jedem, der weiterhin Pekan zu ihm sage, einen tüchtigen „Arschvoll" verpassen. Es kam nicht so weit. Von jetzt an hieß er Heinz oder Beneke.

Als ich mich eines Tages mit Detlef für den Nachmittag verabredete und sagte: „Du kommst also um drei", da hörte ich Beneke sagen: „Und ich komme um zwei!" Ich nahm das nicht ernst und glaubte kaum, dass er wirklich kommen würde, denn wir hatten in den Pausen noch niemals zusammen gespielt. Praktisch existiere ich für ihn doch gar nicht, dachte ich. Auch meine Mutter, der ich Benekes Äußerung erzählte, hielt das Ganze nur für einen Scherz. Aber als sie nach dem Mittagessen die Wohnung verließ, hörte ich sie laut rufen: „Oh Gott, da sitzt er." Ich ging raus, und tatsächlich saß Beneke auf der obersten Treppenstufe und strahlte uns freudig an. „Na, dann komm rein", sagte Mutter, bald kam auch Detlef, und wir verbrachten den Nachmittag zu dritt. – Am Vormittag darauf sagte Beneke zu mir, er habe geträumt, dass er mit einer Schubkarre meine ganzen Spielsachen zu sich nach Hause gefahren hätte, weil er doch selbst kaum Spielzeug besäße.

Ich ging in Gronau von Anfang an ungern in die Schule. Zuerst war es auch ziemlich schwierig, im Unterricht mitzukommen. Anders als in Elze wurde dort nicht auf der Schiefertafel, sondern im Schreibheft geschrieben. Ich musste von heute auf morgen neu lernen, mit Federhalter und Tinte zu schreiben. Mir gelang das zwar, aber ich machte regelmäßig Kleckse auf dem Papier und kam auch mit den Stahlfedern nicht zurecht. Ich hatte das Gefühl, dass man nicht richtig damit schreiben konnte, kaufte mir neue und angeblich bessere, ohne dass sich damit viel änderte. Wenn ich nur leicht aufdrückte, floss die Tinte entweder gar nicht oder nur unregelmäßig, und mit stärkerem Druck wurde der Strich unsauber oder die Feder spritzte.

Später langweilte ich mich oft und irrte deswegen mit meinen Gedanken ab. Das machte sich besonders beim lauten Lesen bemerkbar. Wenn ich aufgerufen wurde, wusste ich nicht, wo wir im Text waren und ich wurde deswegen zurechtgewiesen. Damit sich das nicht wiederholte, nahm ich mir vor, den Text auch dann mitzulesen, wenn ich ihn schon kannte, und die Langeweile in Kauf zu nehmen. Aber in der Regel klappte das nur am Anfang; später wurde ich wieder unaufmerksam. Wenn ich das merkte, bemühte ich mich, wieder reinzukommen. Das fiel mir grundsätzlich schwer. Ich suchte dann den Text mit meinen Augen ab, hatte aber keinerlei System dabei. Ob ich die gesuchte Stelle fand oder nicht, war mehr oder weniger Zufall.

Damit tue ich mich übrigens noch heute schwer. In meinen Seminaren zur Textanalyse habe ich oft festgestellt, dass sich meine Studenten in einem vorgegebenen Text schneller zurechtfanden als ich. Vermutlich hatten sie von dem Text und dessen Gliederung ein inneres Bild vor Augen, das ihnen die Orientierung erleichterte. Wenn das zutrifft, wäre zu fragen, warum es mir nicht gelingt, ein Bild dieser Art zu produzieren.

Vielleicht hing mit meinem Orientierungsproblem noch eine andere Schwierigkeit zusammen. Ich las gerne Märchen und andere kleine Erzählungen, schaffte es aber nicht, ganze Bücher zu lesen. Eines Tages beobachtete ich, wie ein Mitschüler – er hieß Lindner – in der Pause ein Buch aus seinem Ranzen hervorholte und darin las. Ich wollte von ihm wissen, was er da las, und dabei kamen wir ins Gespräch. Er zählte mir etliche Bücher auf, die er schon gelesen hatte, und ich nannte ihm einige Bücher, die ich besaß. Lindner schlug vor, unsere Bücher leihweise auszutauschen. Ich stimmte freudig zu, in der Hoffnung, dass seine Bücher interessanter wären als meine und dass ich deswegen auch schneller damit durchkäme.

Aber das Gegenteil war der Fall. Während Lindner schon nach einem Tag das erste Buch ausgelesen hatte, hatte ich gerade mal dreißig Seiten geschafft. Ganz offensichtlich war er so etwas wie eine Leseratte (wie übrigens auch mein Vater). Aber dennoch wunderte ich mich, dass jemand so schnell lesen konnte wie Lindner, und ich beneidete ihn deswegen.

Erst als Erwachsener stellte ich fest, dass die Lesegeschwindigkeit nicht nur altersbedingt ist. Ein Vergleich mit anderen Lesern ergab, dass ich etwa zwei- bis dreimal langsamer lese als andere.

Natürlich gab es auch Fertigkeiten, die ich gut beherrschte. Zum Beispiel wurde ich in der Schule dafür gelobt, dass ich Gedichte gut vortragen konnte. Das hatte ich von Vater gelernt, der an den Abenden gern vorlas. Aber das Auswendiglernen war eine Qual für mich. Während Detlef und Günter Ohlendorf, ein anderer guter Schüler, ein Gedicht nur ein oder zweimal laut lesen mussten und sie es dann schon auswendig konnten, hatte ich anfangs überhaupt keine Idee, wie ich das anfangen sollte. Im Unterricht hatte es dazu keinerlei Hinweis gegeben. Ich sprach mit meiner Mutter darüber. Mit viel Geduld brachte sie mir eine, wie sie meinte, todsichere Technik bei. Ich sollte Zeile für Zeile vorgehen, also mit der ersten Gedichtzeile anfangen, diese Zeile erst lesen und sie anschließend mehrmals hintereinander aus dem Kopf hersagen. Dann sollte die zweite Zeile und anschließend die erste und zweite Zeile zusammen drankommen, danach die dritte und so weiter. Natürlich war das ermüdend und stupide. Aber Mutter ließ nicht locker, und nach manchmal Stunden schwerer Arbeit konnte ich das ganze Gedicht „wie im Schlaf" hersagen. Weil das Verfahren zuerst nur funktionierte, wenn Mutter dabei mitmachte, behielten wir es Monate lang bei. Später ging es auch allein. Ich trug ihr das Gedicht dann nur vor, um zu kontrollieren, ob ich auch wirklich nicht stecken blieb. Ich quälte mich nach wie vor dabei ab und hatte immer noch das unbestimmte Gefühl, dass hier etwas nicht stimmte.

Mit all dem ließ sich jedoch leben. Meine schulischen Leistungen wurden durch diese Schwächen nicht negativ beeinflusst: Wenn ich beim lauten Lesen die Textstelle verloren hatte, hatte das allenfalls eine schlechte Note in Aufmerksamkeit zur Folge, und wenn ich zum Auswendiglernen mehr Zeit als andere benötigte, aber die Gedichte trotzdem vortragen konnte, war das lediglich mein Problem, von dem die Lehrer nichts mitbekamen. Und erst recht konnte es ihnen egal sein, wie lange ich gebraucht hatte, um daheim einen Text zu lesen. Die Hauptsache war, dass ich ihn verstanden hatte und ihn nacherzählen konnte. Darin war ich gut. Es war nur ein Fleißproblem, und ich war unwahrscheinlich fleißig. Merkwürdig nur, dass ich in „Fleiß" nur eine Drei bekam.

Ganz anders dagegen verhielt es sich mit der Rechtschreibung. Zwar war es mir überhaupt nicht schwergefallen, die wichtigsten Regeln zu lernen. „Viel" mit „v" wie in „von" und „er fiel" mit „f" zu unterscheiden, war einfach, und ich konnte nicht verstehen, dass andere damit nicht zurechtkamen. Aber in den Texten, die ich schrieb, machte ich trotzdem viele Fehler. Ich ließ Buchstaben aus, schrieb Buchstabenfolgen in verkehrter Reihenfolge, vergaß ein ganzes Wort oder sogar einen ganzen Satz und zog Wörter vor, die erst in den nächsten Satz gehörten.

So etwas hatte ja schon mein Lehrer Brodmann in Elze kritisiert. Aber damals war es nur ein einziges Mal vorgekommen, während es mir jetzt in jedem zweiten oder dritten Text passierte und dann in der Regel pro Text etliche Male, sowohl im Diktat wie auch beim Abschreiben. Ähnlich wie damals fiel es mir selbst gar nicht auf, zumindest in den ersten Wochen nicht. Ich hatte meistens ein gutes Gefühl und erwartete auch eine gute Note. Als dann aber bei der Rückgabe meine Texte von rot angestrichenen Stellen wimmelten und darunter stand: „7 Fehler: Note 4" oder: „10 Fehler: Note 5" usw. war ich entsetzt und schämte mich schrecklich.

Wegen der Unterschrift, die meine Eltern zu leisten hatten, ließen sich meine Ausfälle auch nicht verheimlichen. Wieder war es meine Mutter, die sofort Maßnahmen ergriff. Ich musste an jedem Nachmittag unter ihrer Aufsicht Texte abschreiben und dabei jeden vollendeten Satz vor dem Weiterschreiben auf (so genannte) Flüchtigkeitsfehler durchlesen. Auch den fertigen Text musste ich zum Schluss noch einmal gründlich lesen. Das half. Zwar sahen meine Arbeiten dann unmöglich aus, aber schon nach einer Woche musste ich kaum noch etwas verbessern. Ich war begeistert über diese Erfolge.

Die Frage war allerdings, ob ich auch beim Schreiben in der Schulklasse kaum noch Fehler machen würde. Das wird nicht einfach sein, dachte ich. Denn anders als zu Hause würde ich dann unter Zeitdruck stehen und Mühe haben, nach jedem Satz eine kleine Pause zu machen und gegebenenfalls etwas zu ändern, ohne den nächsten Diktatsatz zu verpassen. Aber es gelang mir, und ich war zuversichtlich, die meisten Fehler entdeckt zu haben.

Trotzdem war bis zur Rückgabe der korrigierten Diktate meine Spannung groß, ob ich dieses Mal wohl besser abgeschnitten hatte als sonst. Ich war eher skeptisch. Denn ein gutes Gefühl hatte ich schließlich auch schon früher oft gehabt, und das schlimme Ende war dann mehr oder weniger zwangsläufig gefolgt. Umso überraschter war ich, als ich bei der Rückgabe des nächsten Diktats in roter Schrift las: „2 Fehler: Note 2" und das nächste Mal sogar: „0 Fehler: Note 1". Voller Stolz zeigte ich meinen Eltern das Heft und erntete Lob.

Zu weiteren Übungsdiktaten mussten sie mich nicht erst auffordern. Ich schrieb sie freiwillig und setzte meinen ganzen Ehrgeiz daran, mit den Schwierigkeiten auch dauerhaft fertig zu werden. Denn schließlich war Vater in meinen Augen ein großartiger Schreiber, und ich wollte eines Tages ebenso gut schreiben können wie er. Es wäre schlimm, wenn ich gerade hier versagte. Um mir die Arbeit interessanter zu machen, erfand ich ein Spiel: Ich sah nach dem Schreiben meinen Text durch und versetzte mich dabei in die Rolle der korrigierenden Lehrer, indem ich mit einem Rotstift die Fehler, die ich gefunden hatte, anstrich und dann auch eine Note darunter schrieb. Die Fehler wurden allmählich immer seltener, und zwar nicht nur zu Hause, sondern auch in der Klasse. Ganz offensichtlich hatte ich meine Probleme überwunden.

Dennoch hatte ich gegen Ende des Schuljahrs Angst um meine Versetzung. Denn immerhin waren mehr als die Hälfte meiner Arbeiten mit „mangelhaft" oder „ungenügend" bewertet worden, was im Fach Deutsch die Gesamtnote „mangelhaft" zur Folge haben würde. Zusammen mit einer zu erwartenden weiteren Note Fünf würde ich dann sitzen bleiben. Wie ich das verkraften sollte, wusste ich nicht. Sitzenbleiber wie Wendel, Kloth, Lawin und Rothermund hatte ich immer verachtet, und nun würde ich selbst so einer sein. Meine Angst wurde auch nicht dadurch besser, dass mir Vater mehrfach versicherte, Mutter und er würden mir deswegen gewiss nicht böse sein. Auch sie hielten also meine Versetzung für gefährdet, und das machte alles noch schlimmer.

Mein Zeugnis war dann viel besser, als ich erwartet hatte. Zwar hatte ich in den Hauptfächern statt der Note Zwei, wie in Elze, jeweils nur die Note Zwei bis Drei, aber ich gehörte damit dennoch zu den fünf oder sechs Besten in der Klasse. Meine Mühe hatte sich also gelohnt.

Allerdings waren meine Schwierigkeiten damit noch längst nicht behoben. Vielmehr wurde bei dem neuen Lehrer, Herrn Reineke, alles noch viel dramatischer. Hier regierte von Anfang an und fast an jedem Tag der Rohrstock. Die Dummen, sagte Reineke immer wieder, also die, die es nicht besser könnten, die würde er niemals bestrafen. Aber er erwarte von uns allen, dass wir uns Mühe gäben, im Unterricht aufpassten und sorgfältig unsere Hausaufgaben erledigten. Wer das nicht täte, bekäme den Stock zu spüren.

Entsprechend schlug er uns, wenn wir zum Beispiel beim Schreiben gekleckst hatten oder beim Gedichtaufsagen stecken blieben, und natürlich auch, wenn wir während des Unterrichts „schwatzten". Wenn wir nicht schrieben oder lasen, mussten wir die Arme unterschlagen. Wer das unterließ oder sich zum Beispiel am Kopf kratzte, bekam eine Ohrfeige oder einen mit dem Stock übergezogen. Auch die Mädchen wurden geschlagen, nur mit dem Unterschied, dass sie statt auf den Po auf den Rücken geschlagen wurden; denn sonst hätte man ja ihren halb entblößten Hintern sehen können, was unanständig gewesen wäre. Damals trugen Frauen und Mädchen nur Kleider oder Röcke, aber niemals Hosen.

Einmal sollten wir einen Text abschreiben. Wer fertig sei, sagte Reineke, solle ihm das Heft zur Korrektur nach vorn bringen und könne dann schon seine Hausaufgaben machen.

Ich wurde als einer der ersten fertig.

Als Reineke die Korrekturen abgeschlossen hatte, sagte er, er habe leider feststellen müssen, dass sich die meisten von uns kaum Mühe gegeben hätten und er werde uns jetzt mit dem Rohrstock eine Nachhilfestunde geben. Aber er wolle gerecht sein: Bei denen, die weniger als fünf Fehler gemacht hätten, würde er ein Auge zudrücken. Drei oder vier Fehler wären eigentlich auch noch zu viele, aber darüber wolle er dieses Mal hinwegsehen. Die anderen hingegen würden für jeden Fehler einen tüchtigen Schlag auf den Hintern erhalten, die Mädchen auf den Rücken.

Er hatte die Hefte nach Fehlerzahl geordnet vor sich liegen und begann jetzt jeden einzelnen von uns nach vorn zu zitieren, um ihm dort sein Urteil und die Begründung dafür zu verkünden. Irmtraud Meyer und Detlef Sievers waren mit null Fehlern die ersten. Von ihnen habe er das auch erwartet, sagte er und gab ihnen die Hefte zurück. Die sieben nächsten, so fuhr er fort, hätten alle drei oder vier Fehler gemacht. Eigentlich hätten auch sie Schläge verdient. Schließlich hätten sie doch nur abschreiben müssen, und das könne jeder, auch wenn er noch so dumm sei. Ich war aufgeregt. Aber noch konnte ich hoffen, einer von denen zu sein, die ohne Schläge davonkamen. Aber dem war nicht so. Ich gehörte nicht zu den sieben. Es waren übrigens nur Mädchen.

Als sie ihre Plätze wieder eingenommen hatten, ergriff er den Rohrstock und rief Günter Ahlborn auf. „Fünf Fehler, fünf Stockschläge", sagte er, während Ahlborn, schon bevor er dazu aufgefordert wurde, sich bückte. Er war in der Klasse bekannt dafür, dass er ungewöhnlich laut schrie, wenn er verprügelt wurde. Das tat er auch diesmal. Andere dagegen, darunter Heinz Beneke und sogar einige Mädchen ertrugen die Strafe, ohne einen Laut von sich zu geben, obwohl Reineke unbarmherzig fest zuschlug.

Er nahm sich viel Zeit. Wenn jemand nach vorn gekommen war, erfuhr er zuerst, welche Art von Fehlern er gemacht hatte. Ausgelassene Kommata usw. habe er netterweise gar nicht mitgezählt. Wenn aber einer so schlampig gewesen wäre, dass er ganze Wörter ausgelassen habe, hätte er dafür eigentlich jeweils zwei Stockschläge verdient.

Da ich von meinem Platz aus nicht erkennen konnte, wo im Stapel mein Heft lag, betete ich im Stillen darum, endlich dranzukommen, um die Prozedur hinter mich zu bringen. Doch mir sollte nichts erspart bleiben. Schon war das vorletzte Heft dran. Hanna Selig (Name geändert) gehörte es und Reineke war beinahe nachsichtig mit ihr. Er wisse ja, dass sie nicht zu den Intelligenteren in der Klasse gehöre, aber zum Abschreiben – das erfuhren wir nun zum vierten oder fünften Mal – seien doch selbst die Dümmsten in der Lage. Die zehn Hiebe, die er ihr verpasste, waren eher sanft.

Jetzt lag auf dem Pult nur noch ein einziges Heft, und das war meines. „So", sagte Reineke, „jetzt kommen wir zu der einsamen Rekordleistung von dreizehn Fehlern." – „Dreizehn Fehler", wiederholte er und hielt die zwei Seiten zuerst mir vor die Nase und dann der Klasse. Dafür habe er keinerlei Verständnis. Ich sei begabt. Abschreiben sei doch ein Kinderspiel für mich. Aus meinen dreizehn Fehlern könne er nur den Schluss ziehen, dass ich es nicht für nötig gehalten habe, mir auch nur die geringste Mühe zu geben. Ich sei mit meinen Gedanken ganz wo anders gewesen. Dafür würde ich jetzt die gerechte Belohnung erhalten. „Aber trotzdem", so schloss er seine Rede, „ich bin ja kein Unmensch: Von den ersten acht Schlägen wirst du kaum etwas spüren. Aber die letzten drei, Keseling, die werden es in sich haben und dafür sorgen, dass du mich beim künftigen Abschreiben für immer im Gedächtnis behältst."

So oder so ähnlich sprach er. Und wie man sieht, habe ich dieses Ereignis bis heute behalten. – Aus heutiger Sicht sollte ich vielleicht zu Reinekes Entschuldigung ergänzen, dass es sich hier um eine in jener Zeit noch nicht bekannte Lese- und Rechtschreibschwäche handelte, die ich in meinem Leben niemals ganz losgeworden bin. – Damals war deswegen mein Selbstwertgefühl schnell auf einem Tiefpunkt angelangt. Aber fast noch schlimmer als die mit der Tracht Prügel verbundene Demütigung war es für mich, dass ich eines meiner wichtigsten Ziele, gut und fehlerlos schreiben zu können, immer noch nicht erreicht hatte und dass auch kaum die Aussicht bestand, dies jemals zu schaffen. Ich war verzweifelt und ratlos, wie ich es anstellen sollte, die Fehler zu vermeiden. Die bisherige Strategie, nach jedem Wort zu pausieren, hatte trotz der anfänglichen Erfolge versagt. Ich hatte gehofft, allmählich auch ohne das zurecht zu kommen; denn beim Aufsatzschreiben, das mir in der Zwischenzeit viel Spaß machte, waren die Pausen eher lästig, weil ich dann riskierte, den roten Faden und letztlich auch die Lust am Schreiben zu verlieren. Ich hatte also die Wahl, mich entweder beim Schreiben zu quälen oder erneut Prügel für meine Fehler zu bekommen. Ich wählte Ersteres. Denn mein Hauptziel war jetzt, nicht mehr verprügelt zu werden. Dafür tat ich alles, selbst wenn es noch so widersinnig war: Wenn ich in meinem Text zu viele Fehler entdeckt hatte und diese schon verbessert hatte, dann schrieb ich den ganzen Text neu ab, um der Gefahr zu entgehen, wegen unsauberem Schreiben bestraft zu werden. Die „verschmierte" Seite riss ich aus dem Heft heraus. Oder wenn ich ein auswendig zu lernendes Gedicht längst schon frei hersagen konnte, sagte ich es mir trotzdem am Nachmittag und am Abend noch mehrfach her, weil ich befürchtete, am nächsten Tag stecken zu bleiben und wegen Faulheit geschlagen zu werden.

Nur nützte das wenig. Denn es gab auch Anlässe, geschlagen zu werden, die mit dem Unterricht gar nichts zu tun hatten. Nicht vergessen habe ich zum Beispiel eine Prügelszene, die sich eines Tages im Anschluss an die große Pause abspielte. Statt mit dem Unterricht zu beginnen, nahm Reineke den Rohrstock in die Hand und forderte nacheinander zehn Jungen auf, nach vorn zu kommen, um dort ihre Prügel zu empfangen. Was sie angestellt hatten, sagte er nicht. Als die Prozedur abgeschlossen war, wandte er sich an unsere Klassenbeste Irmtraud Meyer und fragte: „Sind das alle?", was Irmtraud bejahte. „Und Detlef Sievers?", wollte Reineke weiter wissen. „Nein, Detlef nicht", war die Antwort. Der Unterricht konnte beginnen. – In der nächsten Pause fragte ich Detlef, ob er den wisse, warum Reineke die Jungen verprügelt hätte. Detlef antwortete nicht. Als ich nicht lockerließ, flüsterte er mir ins Ohr: „Sie haben gesagt: Irmtraud Meyer hat ein kleines Kind im Bauch. Aber du musst mir versprechen, das niemandem weiterzusagen."

Prügelstrafe war nicht nur in der Volksschule, sondern auch noch auf der Mittelschule (die der heutigen Realschule entspricht) an der Tagesordnung. Nahezu alle Lehrer schlugen. Nur in der Methode unterschieden sie sich. Noch am harmlosesten waren Ohrfeigen. Aber auch hier gab es schlimme Ausnahmen, wie zum Beispiel im Unterricht von „Alo" Bunner, bei dem wir Mathematik und Geschichte lernten. Er galt zwar weit und breit als ein hervorragender Pädagoge, war aber gleichzeitig gefürchtet wegen seiner Schläge ins Gesicht, die so kräftig waren, dass man danach halb bewusstlos durch den Raum taumelte. Anders als bei den Stockschlägen, die in Form einer Zeremonie erfolgten – die Delinquenten mussten selbst den Stock aus dem Lehrerzimmer holen –, kamen Bunners Ohrfeigen wie aus heiterem Himmel. Niemand konnte sicher sein, dass es ihn nicht während einer Unterrichtsstunde unerwartet treffen würde. Eine kleine Unaufmerksamkeit oder eine „dumme" Antwort genügten. Von seiner Tochter erfuhr ich später, dass ihr Vater auf dem gemeinsamen Schulweg regelmäßig kontrolliert habe, ob sie ihre Hausaufgaben ordnungsgemäß erledigt hatte. Sie habe ihn dazu anfassen müssen, und bei falschen oder ausbleibenden Antworten habe er ihr die Finger umgedreht.

Die Angst war damals mein ständiger Begleiter, und besonders schlimm wurde sie bei komplizierteren Rechenaufgaben, wenn wir, damit das Ganze interessant wurde, allesamt aufstehen mussten und der oder diejenige, die als erste die Lösung hatte, sich hinsetzen durfte. Die wenigen Letzten, zu denen gewöhnlich auch ich gehörte, hatten dann das Nachsehen. Wir mussten uns vorn hinstellen und die einzelnen Operationen laut vorrechnen, was schon wegen der Angst, abgestraft zu werden, schief ging.

Bei der Prügelstrafe mit dem Rohrstock wundere ich mich nachträglich, wie bereitwillig wir dies über uns ergehen ließen. Niemand weigerte sich, nach vorn zu kommen, sich vor der Klasse zu bücken und auszuharren, bis die Prozedur abgeschlossen war. Einige von uns begannen schon nach den ersten Schlägen laut zu schreien, andere erst später, und nur die wenigsten blieben ganz stumm.

Einer von diesen „Hartgesottenen" war Karl Hasse (Name geändert). Er gehörte zu denen, die unser Klassenlehrer, Herr Dom, schon länger auf dem Kieker hatte. Hasse musste regelmäßig als erster seine Hausaufgaben vorzeigen, und das auch dann noch, als er schon wochenlang nicht mehr säumig gewesen war. Einmal, als Dom wieder einmal im Begriff war zu kontrollieren, meldete sich Hasse zu Wort und sagte, er habe die Aufgaben nicht machen können, weil er beim Einfahren des Getreides habe helfen müssen. „Mit so einer Lüge kommst du nicht weit", entgegnete Dom und verprügelte ihn. Hasse verzog keine Miene dabei. Als er sich anschließend auf seinen Platz begab, folgte ihm Dom, baute sich vor ihm auf und sagte, er erwarte von Hasse, dass er bis morgen nicht nur die nächste, sondern auch die versäumte Aufgabe fehlerfrei erledigt habe. Was anderenfalls passieren würde, sei ihm hoffentlich klar.

Die Prügelszene, die am nächsten Vormittag folgte, verlief anders als am Vortag. Hasse, der für sein Alter recht groß und kräftig war, sprang schon nach dem zweiten Schlag hoch und verkroch sich unter einer Schulbank. Dom lief hinter ihm her, packte ihn, hielt ihn mit der linken Hand an seinem Zeug fest und prügelte mit der rechten auf ihn ein.

Auch am dritten Tag hatte sich nichts geändert, nur mit dem Unterschied, dass Dom ihn diesmal von Anfang an festhielt und noch länger und kräftiger auf ihn einschlug. – Dasselbe wiederholte sich noch an weiteren Tagen, und für uns andere war es schrecklich, dies mit anzusehen. Er muss doch längst blutig geschlagen sein, dachten wir und konnten nur im Stillen hoffen, dass es nicht bei nächster Gelegenheit uns treffen würde.

Nach wie vor war es kaum möglich, dem zu entgehen. Im Lateinunterricht zum Beispiel, den wir in Form von Privatstunden beim Schuldirektor Dr. Schallas absolvierten, passierte es, dass wir Schwierigkeiten beim Behalten der lateinischen Kasus hatten. Das pädagogische Instrument, das Schallas sich dann ausgedacht hatte, bestand darin, dass wir uns gebückt vor ihm aufstellen und der Reihe nach den jeweils nächsten Fall hersagen mussten. Bei jedem falschen oder nicht erinnerten Kasus bekamen wir einen Streich übergezogen.

Eher belustigend war dagegen eine Episode, die ich im Religionsunterricht bei einem Fräulein Brennecke erlebte. Da die Hausaufgaben hier überwiegend im Auswendiglernen von Gesangsversen bestanden, wurde mir dies irgendwann zu viel. Ich las die Verse zu Hause nur kurz durch und gestand in der nächsten Religionsstunde unaufgefordert, ich sei wegen Überlastung zum Lernen der Verse nicht gekommen. Nachdem sich dies einige Male wiederholt hatte, bekamen meine Eltern „Besuch" von unserer Klassenlehrerin Fräulein Klaaßen. Ob denn meine Weigerung mit der Religionsfeindlichkeit der Nationalsozialisten zusammenhinge, wollte sie wissen, und war beruhigt, als mein Vater das verneinte. Ich hatte hier eher das Gegenteil erwartet. Denn Fräulein Klaaßen hatte einen Führungsposten in der NS-Frauenschaft inne, und sie müsste deshalb, so dachte ich, meine vermutliche NS-Gesinnung begrüßen. Dass aber eher das Gegenteil der Fall war, stellte sich einige Zeit später heraus, als sie sich entrüstet darüber zeigte, dass es neuerdings verboten war, Schillers „Wilhelm Tell" im Unterricht zu behandeln. (Eine Begründung wurde damals nicht gegeben; aber die Parallele, Widerstand gegen Schillers Tyrannen Geßler versus Widerstand gegen Hitler, war doch deutlich.) War „Guste" Klaaßen eine heimliche NS-Gegnerin?

Parallel zu meinem Wechsel in die Mittelschule begann mit meinem zehnten Lebensjahr der Dienst im Jungvolk, der Unterorganisation der Hitlerjugend für die zehn- bis vierzehnjährigen Jungen. Die Mitgliedschaft war zwar keine Pflicht, aber es galt als Ehrensache hier mitzumachen, was in der Tat auch fast alle aus unserer Klasse taten. Nur einer, er hieß Göttgens und war katholisch, blieb dem Dienst regelmäßig fern. Ich selbst hätte mich auch gern gedrückt, denn der Dienst bedeutete mehrere Stunden Freizeit weniger in der Woche. Aber mein Vater bestand auf meiner regelmäßigen Anwesenheit. Er habe sonst berufliche Nachteile zu erwarten, sagte er mir.

Mir wurde also eine Uniform angepasst, mit braunem Oberhemd, schwarzem Schlips und Hakenkreuzbinde um den Ärmel.

So ähnlich sahen auch die SA-Männer aus. – Der Dienst selbst, der an zwei Nachmittagen in der Woche stattfand, begann damit, dass wir vor der Volksschule der Größe nach in drei Gliedern antreten mussten und dass sich dann vor uns ein älterer Hitlerjunge aufbaute und Kommandos von sich gab: „Stillgestanden!", „Richt Euch!", „Die Augen-links!", „Augen-rechts!", „Augen gerade-aus!", „Rührt Euch!", „Abzählen!". Das war stressig. Jedes Kommando musste sofort ohne kleinste Verzögerung ausgeführt werden. Beim Stillstehen war eine bestimmte Körperhaltung vorgeschrieben, und wenn beim Abzählen jemand, der dran war, nicht gleich die nächste Zahl nannte, musste er im Laufschritt eine „Ehrenrunde" um den angetretenen Jungzug drehen oder Kniebeugen machen.

Im Anschluss an den Befehl „Rechts (oder links) um!" marschierten wir dann – im Gleichschritt natürlich – singend durch die Stadt: „Ich hatt' einen Kameraden ...", „Ob's stürmt oder schneit ...", „... zog ein Regi- / ment von Hitler / in ein kleines Städtchen ein", „Es zittern die morschen Knochen ...", „... Wir werden weiter marschieren, wenn alles in Scherben fällt, / denn heute gehört uns Deutschland und morgen die ganze Welt" („gehört" statt „hört", wie der Dichter Hans Baumann seinen Liedtext wohl eigentlich verstanden haben wollte).

Oft wurde dann außerhalb der Stadt noch weiter exerziert. „Geschliffen" lautete der Ausdruck dafür. Ich fand das verrückt und lästig. Beim Marschieren in „Reih' und Glied" fühlte ich mich eingeengt und hatte auch ständig das Gefühl, im nächsten Moment von meinem Hintermann getreten oder angerempelt zu werden, was auch oft genug – beabsichtigt oder unbeabsichtigt – geschah. Ich trat oder schlug dann zwar kräftig zurück, aber als einer der Kleinsten gelang es mir nicht, mich so zu wehren, dass die Angreifer auf die Dauer Ruhe gaben.

Recht gut war ich dagegen bei den (leider nur selten durchgeführten) Geländespielen. Diese Spiele waren als Krieg mit einer uns unbekannten anderen Mannschaft konzipiert. Wir mussten uns ein farbiges Band um den Unterarm binden und anschließend den Gegner aufspüren. Da ich infolge meiner vielen Streifzüge mit der Umgebung besser vertraut war als die meisten anderen, wusste ich auch, wo es Verstecke gab, von denen aus wir ohne selbst gesehen zu werden den heranrückenden „Feind" beobachten konnten, um dann im rechten Moment über ihn herfallen zu können.

Aber das waren seltene Ausnahmen. Exerzieren und Bewegung im Gelände waren eher die Regel. Recht lästig waren für mich auch die so genannten Heimabende, bei denen eine Art von Unterricht stattfand: Ich sollte mich für Dinge interessieren, die ich langweilig fand, zum Beispiel Auto- oder Flugzeugtypen, die Rangabzeichen unserer HJ-Führer oder Hitlers Lebensgeschichte, die ich schon in der Schule mehrfach vorgebetet bekommen hatte.

Ich machte das alles mit, weil mir nichts anderes übrigblieb. „Freiwilliger Zwang" würde man das heute vielleicht nennen. Ich entwickelte dabei – unterstützt von meinem Vater – eine Haltung von innerer Überlegenheit: In dem Volk der Dichter und Denker, so argumentierte ich innerlich, musste es auch Menschen geben wie mich, selbst wenn deren Talente oft lange verborgen blieben.

Ich verstand nicht, wieso meine Klassenkameraden und vorneweg mein bester Freund Detlef an all dem Spaß hatten. Aber als Detlef nach einem halben Jahr zum Jungzugführer befördert wurde, verstand ich sein Interesse besser. Er gehörte jetzt zu denen, die kommandieren durften. Und es sollte nicht mehr lange dauern, bis er als Fähnleinführer die gesamte Gronauer Jugend unter sich hatte.

Detlef war jetzt also mein Vorgesetzter. Aber er war in Ordnung, im Gegensatz zu anderen Führern nutzte er sein Amt nicht aus, und wenn Dienst in der Kleingruppe („Jungenschaft" nannte man das) stattfand, durften wir für die Gestaltung des Nachmittags sogar Wünsche äußern. Oder, wenn Ringkämpfe oder Boxen angesagt waren, sorgte er dafür, dass die miteinander Kämpfenden gleichaltrig und ungefähr gleich stark waren. Andererseits war er auch selbst Befehlsempfänger und musste die Befehle, die von oben kamen, an uns weitergeben. Mitbestimmung war generell nicht angesagt. Es galt das Recht des Stärkeren, und es war auch nicht gern gesehen, dass Schwächere gegen Stärkere in Schutz genommen wurden. Sie sollten lernen sich zu wehren. Folglich konnte auch Detlef nicht immer verhindern, dass es in seiner Jungenschaft manchmal ungerecht zuging und die Schwächeren unter den Stärkeren zu leiden hatten.

Einmal, im Hochsommer, hätte das um ein Haar mit einer Katastrophe für mich geendet. Es war von oben das Thema „Mutprobe" angesagt. Jeder Einzelne sollte dazu einer bestimmten Gefahr ausgesetzt werden. Worin diese bestehen würde, sollten wir erst draußen im Gelände erfahren. Wir zogen also mit mehreren Jungenschaften an die Leine (Fluss durch Gronau) und verteilten uns dort. Wir würden alle drankommen, sagte ein anderer Jungenschaftsführer und fragte, wer den Anfang machen wollte. Wie immer in solchen Fällen meldete ich mich, um das Schreckliche so schnell wie möglich hinter mich zu bringen.

Ich musste mich jetzt bis auf die Unterhose ausziehen. Danach wurden mir mit dem schwarzen Hitlerjungen-Schlips die Augen verbunden, und ich erfuhr meine Aufgabe: Ich sollte quer durch die Leine schwimmen, ungefähr in der Mitte anhalten und dort abtauchen. Auf dem Grund befinde sich ein dort versenkter Schatz. Den sollte ich heben. Gleichzeitig würden aber auch noch andere von uns nach dem Schatz suchen, und es könne sein, dass sie mich angreifen würden. Wenn ich es hinbekäme, dann nicht abzuhauen und mich so lange wie möglich zu verteidigen, hätte ich die Mutprobe bestanden. „Und weshalb die verbundenen Augen?", wollte ich wissen. „Die Binde behältst du die ganze Zeit um", war die Antwort, „wenn du die abreißt, hast du verschissen. Verstanden?" – „Und was für ein Schatz soll das sein?", fragte ich weiter. „Das werden wir sehen. Keiner weiß es. Vielleicht ein eisernes Hakenkreuz oder dergleichen. Ab ins Wasser mit dir! Wenn du an der richtigen Stelle bist, kriegst du Bescheid von uns. Dann tauchst du ab."

Ich tat, wie mir aufgetragen, fand aber unten nur schlammige Erde, tauchte wieder auf und versuchte es an einer anderen Stelle, aber ebenfalls ohne Erfolg. Das Ganze muss ein übler Scherz sein, dachte ich und beschloss zurückzuschwimmen. Aber wegen der kräftigen Strömung war es schwierig, das Ufer zu erreichen. Vermutlich war ich schon eine größere Strecke in nördlicher Richtung abgetrieben, und ob ich mich überhaupt schon in der Nähe des Ufers befand, wusste ich nicht. Um das herauszufinden, hätte ich die Augenbinde abstreifen müssen, und dann hätte ich die Mutprobe nicht bestanden. Ich schwamm also einfach weiter, und hoffte darauf, dass die anderen mir irgendwann ein Signal geben würden.

Etwas später bekam ich einen Zweig zu fassen, an dem ich mich an Land ziehen konnte. Ich war erleichtert. Aber kurz bevor ich das Ufer erreichte, geschah es. Vier von den Hitlerjungen sprangen rechts und links von mir in Wasser, packten mich, schrien „Luft!" und drückten mich nach unten. Kurz bevor mir die Luft ausging, ließen sie los, damit ich auftauchen und Luft holen konnte, um mich dann erneut unterzutauchen. Das wiederholte sich etliche Male, und erst als ich schon ordentlich Wasser geschluckt hatte und kräftig zu husten begann, hörte ich, dass Detlef rief: „Schluss jetzt!", worauf sie mich losließen. Total erschöpft und immer noch hustend taumelte ich an Land.

Erst nach dem Dienst nahm mich Detlef beiseite und sagte: „Du hast Glück gehabt. Wenn ich nicht eingegriffen hätte, wärest du jetzt ertrunken." Mehr wollte und dürfe er mir nicht sagen.

In der Schule und in der Freizeit blieben wir weiterhin Freunde. Wir besuchten uns gegenseitig, machten Fahrradtouren zusam-

men und halfen uns bei den Schularbeiten, wobei Detlef im Allgemeinen besser zurechtkam als ich. Um Politik und das, was
innerhalb und außerhalb des Reiches geschah, kümmerten wir
uns trotz Detlefs Amt nicht weiter. Nur an eine Ausnahme erinnere ich mich: Als ich Detlef an einem Tag im November in seiner
elterlichen Wohnung in der Südstraße besuchte, fragte er, ob ich
schon das Neuste gehört hätte. Ich verneinte. In der vorausgehen-
den Nacht, sagte er, sei schwer etwas losgewesen. Eine aufge-
brachte Menschenmenge sei gewaltsam in die benachbarte Synagoge eingedrungen und hätte diese zerstört. Auch SS- und SA-
Leute seien darunter gewesen. Detlef strahlte vor Begeisterung
und schlug vor, uns den Schaden anzusehen.

Da auf der Straßenseite der Eingang abgeschlossen war, versuchten wir es von der Hofseite aus. Wir mussten dazu auf eine
Mauer klettern und von dort aus in das Hofgelände der Synagoge
springen. Das gelang mühelos. Die Fenster der Synagoge waren
zertrümmert, so dass es einfach war, ins Innere zu kommen. Wir
zögerten einen Moment und kletterten dann hinein. Aber ganz
plötzlich erschien aus dem Dunklen des Gebäudes eine uralte
Frau. Wir sollten sofort verschwinden, rief sie und war drauf und
dran, mit ihrem Krückstock auf uns einzuschlagen.

Szenen wie die Mutprobe in der Leine häuften sich im Laufe der
Zeit immer mehr. Zum Beispiel wurde mir eines Tages mitgeteilt,
ich solle mich am kommenden Sonnabend um 14 Uhr in der
Kreisstadt Alfeld zu einer Unterredung mit dem Jungbannführer
einfinden und mich auf einen Aufenthalt von mindestens zwei
Tagen einstellen. Welchen Zweck diese Vorladung hatte, konnte
mir niemand sagen. Ich vermutete das Schlimmste. Vielleicht eine
Strafaktion, dachte ich, weil ich in den letzten Wochen mehrfach
den Dienst versäumt hatte. Ich überlegte, ob ich einfach nicht hin-
fahren sollte und besprach das mit meinem Vater. Wie immer in
solchen Fällen sagte er, das sei schließlich ein Befehl, und ich

müsse ihm Folge leisten. Außerdem, so fuhr er fort, sei ich nicht irgendjemand, sondern Sohn des Schriftleiters, und ich müsse für andere ein Vorbild sein.

Ich fuhr also hin. Im Büro des Jungbannführers sagte man mir, ich solle mich in einer angrenzenden Turnhalle melden. Als ich dort ankam, war schon eine Reihe von anderen Pimpfen einge- troffen, darunter – als einziger aus Gronau – Karl-Heinz Reese, mit dem Spitznamen „Hüpper". Er war der Kleinste in unserer Schulklasse und war auch in seinem Verhalten eher unauffällig. Im Unterricht äußerte er sich nur, wenn er aufgerufen wurde, und selbst in den Pausen trat er praktisch nicht in Erscheinung. In der letzten Zeit hatte sich das jedoch geändert: Er war zum Jungzug- führer befördert worden, und seitdem benutzte er jede Gelegen- heit, sich politisch hervorzutun und für die nationalsozialistischen Ideen zu werben. Er galt als ein Hundertfünfzigprozentiger, so ähnlich wie Bürgermeister Huck.

Wir begrüßten uns kurz. Aber meine Frage, was dies hier alles zu bedeuten habe, wollte er nicht beantworten. Das würden wir erfahren, wenn wir vollzählig seien, sagte er. Wenig später ent- fernte er sich in einen Nebenraum und ließ sich auch später nur kurz wieder sehen.

Nach und nach trafen noch einige andere ein, von denen ich aber niemanden kannte. Wir waren jetzt ungefähr dreißig und standen ungeordnet in der Halle herum. Es ertönte dann ein langgezogener Pfiff aus einer Trillerpfeife, und ein mir unbekann- ter Fähnleinführer erteilte uns den Befehl anzutreten. Dass dies der Größe nach und in drei Gliedern zu geschehen hatte, war selbstverständlich. Nachdem wir die üblichen Kommandos wie „Stillgestanden!", „Richt Euch!" und zum Schluss „Rühren!" über uns hatten ergehen lassen, verlas der Fähnleinführer unsere Na- men, worauf wir – auch das hatten wir bei früheren Gelegenhei- ten schon etliche Male durchexerziert – mit einem lauten „hier" zu reagieren hatten. Als das abgeschlossen war, ertönte wieder das Kommando „Stillgestanden!". In der Zwischenzeit hatte ein grau uniformierter Parteigenosse den Raum betreten. Es musste der Bannführer sein, daran erkennbar, dass er die entsprechenden Rangabzeichen trug und auch viel älter war, ein „alter Kämpfer" also, wie man damals sagte. Der Fähnleinführer ging einige Schritte auf ihn zu, blieb stehen, schlug die Hacken zusammen und deklamierte: „Achtundzwanzig ausgewählte Pimpfe wie befohlen angetreten!"

Jetzt übernahm der Bannführer das Kommando. Nach dem Befehl „Rühren!" schritt er von links nach rechts unsere Riege ab und blieb dabei vor jedem von uns kurz stehen, um uns von oben bis unten zu mustern. Dann trat er ein paar Schritte zurück und ergriff – endlich! – das Wort: Der Führer und die nationalsozialistische Bewegung seien auf eine tüchtige und disziplinierte Gefolgschaft angewiesen. Gehorsam, unbedingte Unterordnung, Kameradschaft und Treue zum Führer gehörten zu den sittlichen Verpflichtungen, die ein jeder von uns zu leisten bereit sein müsse. Um dies unter Beweis zu stellen, seien wir hier. Was diese drei Erfordernisse im Einzelnen bedeuteten, würde er im Folgenden an Beispielen ausführen. Er begann dann mit Hitler, kam auf Horst Wessel, Albert Leo Schlageter und andere Helden zu sprechen, die für den Führer ihr Leben geopfert hatten; das meiste kannte ich schon. Aber auf irgendeinen Hinweis, weshalb wir hierher befohlen worden waren, wartete ich vergebens. – Reden dieser Art mussten wir bei jeder Gelegenheit über uns ergehen lassen: zu Hitlers Geburtstag, zum Heldengedenktag, zum Jahrestag der Machtergreifung, dem ersten Mai und etlichem mehr. Wir standen dann auf dem Marktplatz oder vor der Schule angetreten, mussten vorher mit erhobener Hand die Nationalhymnen, also das Deutschlandlied und das Horst-Wessel-Lied singen und zwischendurch immer wieder mit erhobener Hand „Sieg Heil! Sieg Heil! Sieg Heil!" rufen. Bei den Reden langweilte ich mich schrecklich.

So auch hier. Aber gleichzeitig überfielen mich Gefühle von Angst und Wut. Vorübergehend war ich von dem Wunsch besessen, diesem widerlichen Fratz ins Gesicht zu spucken oder ohne ein Wort zu sagen abzuhauen. Aber ich machte mir schnell klar, dass dieser Mann nicht umsonst Bannführer war und dass er die Macht hatte, fehlende Unterordnung bitter zu bestrafen. So war ich froh, dass er endlich zum Schluss kam und mit einem „Heil Hitler" den Raum verließ.

Wir wurden jetzt von dem Fähnleinführer auf verschiedene kleinere Räume verteilt und mussten an einem Tisch Platz nehmen, wo für jeden eine Mappe mit schriftlichen Aufgaben bereit lag, die wir innerhalb der nächsten vier Stunden zu lösen hatten. Es sei wichtig, bis dahin fertig zu werden, erfuhren wir. Am kommenden Tag käme dann unser Körper dran. – Also eine Prüfung, aber zu welchem Zweck? Wieder traute ich mich nicht, diese Frage zu stellen.

Ich öffnete die Mappe und blätterte sie durch. Sie enthielt als Erstes eine Reihe von Rechenaufgaben (unter anderem eine Dreisatzaufgabe), dann eine Liste von Fragen zur Geschichte ab dem Ersten Weltkrieg und zur nationalsozialistischen Bewegung. Als Drittes sollten wir die nationalsozialistische Rassenlehre darstellen und zum Schluss dann einen Aufsatz mit einem von uns selbst zu wählenden Thema schreiben. Da Mathematik seit jeher meine schwache Seite war, ließ ich die Rechenaufgaben trotz der auf dem Deckblatt vermerkten Anweisung, die Aufgaben von oben nach unten zu bearbeiten, erst einmal liegen und befasste mich mit dem Fragebogen, entdeckte aber auch hier viele Wissenslücken, so dass ich es vorzog, mittendrin abzubrechen und mich der Rassenlehre zuzuwenden. Darüber glaubte ich einiges zu wissen. Als ich mich dann aber über Juden, Zigeuner und die slawischen Völker auslassen wollte, hatte ich Schwierigkeiten mit dem Ausdruck. Ich strich vieles wieder durch und stellte fest, dass mir die richtigen Worte fehlten. Ich hatte jetzt gerade noch eine halbe

Stunde Zeit und dachte mir schnell frei nach Karl May eine kleine Geschichte aus, brachte diese aber nur zur Hälfte zu Papier. Resigniert klappte ich die Mappe zu und gab sie bei dem Fähnleinführer ab. Ich kannte so etwas aus der Schule. Ich war in Klassenarbeiten ziemlich schlecht, und selbst mit Aufsätzen kam ich meistens nicht zurecht, weil mir unter dem Zeitdruck die Einfälle wegblieben.

Bei den für den Sonntag angesetzten Sportübungen waren wir alle zusammen. Der Fähnleinführer und ein anderer ranghoher und schon älterer Hitlerjunge hatten die Leitung. Es begann mit Leichtathletik: Laufen, Springen, Werfen. Letzteres bei mir miserabel, das andere ganz gut. Aber dann folgte ein Fußballspiel. Ich wurde als Stürmer eingeteilt. Ich rannte, so schnell wie ich konnte mit den anderen mit, dem Ball hinterher, ohne auch nur einmal zum Schießen zu kommen. Ohne Pause folgten dann – in der Turnhalle – Übungen am Barren, am Reck und an der Kletterstange. Die beiden Leiter machten sich Notizen dabei.

Ganz zum Schluss, schon gegen Abend, mussten wir wieder antreten, und der Bannführer kam herein. Intelligenz und Geschicklichkeit, sagte er, hätten wir jetzt – mehr oder weniger – unter Beweis gestellt. Aber darauf allein käme es in unserer Zukunft nicht an. Das deutsche Volk würde nur überleben, wenn wir als künftige Soldaten bereit wären, unser Leben zu opfern. Tapferkeit sei das höchste Gebot, und in den jetzt folgenden Übungen hätten wir die Gelegenheit, uns auch in dieser Hinsicht zu bewähren.

Es waren jetzt Ring- und Boxkämpfe angesagt. Wer mit wem zu kämpfen hatte, wurde entweder von den Leitern bestimmt oder, wenn man Glück hatte, konnte man sich auch einen Gegner auswählen. Ringkampf hatte ich schon mit Detlef oft geübt, und ich wusste, welche Griffe und Techniken hier zum Erfolg führten, so dass es mir auch jetzt gelang, meinen Gegner – ich durfte ihn auswählen – zu besiegen. – Geboxt hatte ich vorher dagegen erst wenige Male, nachdem neuerdings laut Führerbefehl Boxen Pflichtbestandteil des Sportunterrichts war. Ich hatte mich schlecht dabei gefühlt: Während es mir im Ringkampf auch als Unterlegener noch ganz gut gegangen war (ich lag dann zwar unten und konnte mich nicht mehr wehren, aber ich war körperlich noch intakt), fühlte ich mich im Boxkampf als k. o.-Geschlagener im wahrsten Sinne geschlagen und gedemütigt. Als einer der Kleinsten in der Klasse waren mir meine Gegner kräftemäßig überlegen gewesen, und das Einzige, was ich hatte tun können, war, den Schlägen so oft wie möglich auszuweichen oder sie abzuwehren, um dadurch ziemlich lange zu verhindern, k. o. geschlagen zu werden. – So wollte ich auch hier verfahren. Zu gewinnen war aussichtslos. Aber ich wollte zumindest verhindern, ins Gesicht geschlagen zu werden. Viel würde auch davon abhängen, ob ich mir wie im Ringkampf meinen Gegner selbst auswählen durfte, was wiederum davon abhing, ob ich schon am Anfang drankommen würde.

Aber es kam ganz anders. Ich war buchstäblich der Letzte. Da alle anderen bereits geboxt hatten und keiner bereit war, ein zweites Mal zu boxen, wurde jemand, den ich bisher noch gar nicht gesehen hatte, von draußen herein geholt, und netterweise wurde ich sogar gefragt, ob es mir recht sei, mit ihm zu boxen. Ich musterte ihn. Er war ungefähr gleich groß wie ich, aber etwas untersetzt. Ihm fehlte ein Vorderzahn. Seine kräftigen und muskulösen Oberarme ließen mich nichts Gutes ahnen. Sollte ich ablehnen? Natürlich nicht.

Als wir uns dann im Ring gegenüberstanden, wirkte er eher unsicher. Er sah sich mehrmals um, betastete dann seine Boxhandschuhe und brauchte eine Weile, bis er sie übergestreift hatte. War es einer, der in Wirklichkeit noch nie geboxt hatte und den sie aus dem Büro geholt hatten, weil sie auf die Schnelle keinen anderen finden konnten? Das würde mich zwar nicht retten, denn er war gewiss stärker als ich, aber ich würde dann zumindest körperlich unbeschadet davonkommen. Sollte ich es unter diesen Umständen wagen, ihm ganz schnell einen Schlag ins Gesicht zu verpassen? Aber ehe ich noch meine Hand gehoben hatte, hatte ich schon einen Kinnhaken weg und unmittelbar danach je einen Schlag auf die Nase und auf den Mund. Wie es kam, dass ich mich sofort danach blutend auf dem Boden liegend wiederfand und auch nicht imstande war, in den nächsten zehn Sekunden wieder aufzustehen, weiß ich nicht mehr. Jedenfalls hatte ich den Kampf verloren.

Erst beim Verlassen der Turnhalle erfuhr ich, dass mein Gegner ein Berufsboxer war. Eine gut ausgedachte Schikane also! Oder wollten sie auf diese Weise herausfinden, ob ich in der Lage war, ohne zu jammern Schmerzen zu ertragen?

Auf der Rückfahrt nach Gronau fand ich die Zeit, noch einmal über Ziel und Zweck dieser ganzen Prüfung nachzudenken. Mit der Schule hatte es offenbar nichts zu tun. Denn für die Beurteilung unserer schulischen Leistungen waren die Lehrer zuständig. Oder die Eignung für die Offizierslaufbahn? Wohl kaum, dazu waren wir mit elf oder zwölf Jahren noch zu jung. Aber was dann? Mir fiel mein Freund Heite Schwarze ein, der in der Gegend Salzgitter auf eine Hitlerschule gekommen war. Ja! So etwas konnte es sein. Eine Eignungsprüfung für die Hitlerschule oder eine Napola (Nationalpolitische Erziehungsanstalt). Von diesen Einrichtungen und deren Ziel, den Führernachwuchs für die Partei auszubilden, hatte ich schon öfter gehört, unter anderem von einem Onkel, der als Lehrer in der Napola in Ilfeld im Harz tätig war. Aber daran hatte ich wegen der besonders harten Erziehungsmethoden und den damit verbundenen Schikanen nicht das geringste Interesse, und ich war froh, dass ich in den Sportübungen ganz offensichtlich versagt hatte. Man würde mich für ungeeignet halten, und die Schwierigkeit, eine Aufnahme in eine dieser Elite-Schulen abzulehnen, würde mir erspart bleiben.

Aber das alles war ja nur eine Vermutung. – Ich habe von den

Ergebnissen der Prüfungen niemals etwas erfahren. Trotzdem dachte ich über die zwei Tage noch lange nach. Einerseits litt ich unter dem Gefühl, versagt zu haben; andererseits wurde mir daran aber auch klar, dass es neben der Schule – oder sogar unabhängig von der Schule – noch eine zweite Welt gab, deren Repräsentanten eine schwer durchschaubare Form von Macht auf uns ausübten. Anders als in der Schule waren hier nicht so sehr Kenntnisse gefragt, sondern Einstellungen: Ehre, Tapferkeit, unser deutsches Vaterland und der über allem schwebende geliebte Führer Adolf Hitler, das alles durchdrungen von der Farbe braun und dem ständigen Gruß „Heil Hitler" mit erhobenem rechten Arm (statt „Guten Morgen" oder „Guten Tag", was bei Begegnungen mit Lehrern oder beim Betreten von Geschäften nicht mehr gesagt werden durfte).

Ein anderes NS-Ereignis fand ungefähr drei Monate vor Kriegsbeginn statt. Wir Jungen sollten für eine Woche an einer (so genannten) vormilitärischen Ausbildung teilnehmen und dazu in ein Gelände auf den Ithwiesen – eine hochgelegene Mittelgebirgslandschaft östlich von Hameln – fahren. Wir würden hier auf unseren vielleicht später stattfindenden Kriegseinsatz vorbereitet. Diesmal war es wieder Detlef, der an der Organisation und Durchführung leitend beteiligt war und uns schon vorher darüber informierte, was wir hier zu erwarten hätten. Wir würden noch einmal tüchtig gedrillt und würden auch lernen mit Schusswaffen umzugehen. Alles sehr spannend, fügte er hinzu. Aber nachts sollten wir aufpassen. Es könnte passieren, dass dann Einzelne von uns während des Schlafens den „Heiligen Geist" verpasst bekämen. Es würde dann heimlich unsere Unterwäsche aus dem Zelt geholt und mit kaltem Wasser durchnässt, vielleicht sogar mit Pisse. Das wäre dann am Morgen sicher kein Vergnügen für die Betroffenen. Wir sollten also gut aufpassen und uns im Dienst als tapfere Jungen erweisen. Vielleicht würde es uns dann nicht erwischen. Mehr sagte er nicht dazu.

Als es dann so weit war und wir nach einem ersten anstrengenden Tag mit Exerzieren etc. auf die Zelte verteilt waren – je zwölf Mann pro Zelt – überlegte ich, wie ich es hinkriegen würde, die Nacht ungeschoren zu überstehen. Ich könnte doch nicht die ganze Nacht wach bleiben, dachte ich. Ich legte dann meine ausgezogene Unterwäsche unter mich und versuchte nicht einzuschlafen, was mir allerdings nicht gelang. Mitten in der Nacht wachte ich von lautem Geschrei auf und hörte, dass draußen offenbar jemand verprügelt wurde. Ob das einer aus unserem Zelt war, konnte ich in der Dunkelheit nicht erkennen, und ich habe es auch hinterher nie erfahren. Es musste wohl ein Teil des üblichen Abhärtungsprogramms gewesen sein, sagte ich mir.

In den endlosen Reden, die wir in der Schule oder beim Jungvolk über uns ergehen lassen mussten, tauchte immer wieder ein Spruch auf, in dem uns beigebracht wurde, wie wir als junge Pimpfe und spätere Soldaten nach Hitlers Wunsch zu sein hatten: „Zäh wie Leder, hart wir Kruppstahl und flink wie die Windhunde." Ich war allenfalls flink, aber weder zäh noch hart, und ich konnte kaum hoffen, es so weit zu bringen wie der Held in einer Erzählung meines Vaters, der in der Schule als „Bangbüchs" verspottet wurde, weil er sich vor Tieren fürchtete, aber im Krieg wegen Tapferkeit mit dem Eisernen Kreuz erster Klasse ausgezeichnet wurde. Ganz im Gegenteil: Wenn zu Hause von den Helden im ersten Weltkrieg die Rede war, fragte ich mich, ob ich es schaffen würde, vor dem Geschützhagel nicht die Flucht zu ergreifen.

Noch war zwar tiefer Friede, und „unser Führer" versicherte in seinen Reden ständig, dass er alles dafür tun werde, um den Frieden zu erhalten. Aber die Wirklichkeit sah anders aus. In den Nachrichten wimmelte es von Meldungen über Kriege in anderen Ländern: Italien gegen Äthiopien oder der Bürgerkrieg in Spanien, wobei die heldenhafte Rolle der deutschen Legion Condor zur

Unterstützung General Francos gegen die Kommunisten besonders hervorgehoben wurde, und etwas später, diesmal schon an den Reichsgrenzen, der Einmarsch deutscher Truppen in das Sudentenland und ein halbes Jahr danach in die Tschechoslowakei. Aus dem Deutschen Reich war inzwischen nach dem so genannten Anschluss Österreichs ein Großdeutsches Reich geworden.

Da wir zu Hause regelmäßig Nachrichten hörten, war ich trotz meines Alters von zehn Jahren über alles bestens informiert, und wenn ich manches nicht richtig verstand, erläuterte es mir Vater. Er hatte auch für das meiste eine Erklärung: Wenn in anderen Ländern wie Österreich, im Sudetenland, in Danzig, Elsass-Lothringen oder in Siebenbürgen Deutsch gesprochen würde, so sei es nur recht und billig, wenn Hitler dafür sorge, dass diese Gebiete mit Deutschland zu einem einzigen Staat zusammengefasst würden. Das sei eine natürliche Entwicklung. Hitler setze hier nur die Politik Bismarcks fort (den mein Vater glühend verehrte). Und dass dies auch von den Westmächten respektiert wurde, habe das 1938 geschlossene Münchener Abkommen gezeigt, in dem Frankreichs und Englands Regierungschefs dem Anschluss der deutschbesiedelten tschechischen Gebiete an Deutschland zugestimmt hätten.

Vaters obrigkeitshörige Einstellung wirkte sich auch auf unseren Alltag aus. Über den von Goebbels öffentlich geforderten so genannten „Eintopfsonntag" verfasste er nicht nur in der Zeitung einen Leitartikel, sondern er setzte auch durch, dass es bei uns einmal in jedem Monat an einem Sonntag ein Eintopfgericht gab; das dabei eingesparte Geld spendete er dann regelmäßig dem „Winterhilfswerk", also für die Armen, wie er sagte.

Ganz und gar einverstanden war er mit dem, was kulturell propagiert wurde: Autoren wie Thomas Mann (der mir damals natürlich noch kein Begriff war) würden eine negative Wirkung ausüben. Dessen Romane und die darin dargestellten Figuren würden den Leser herunterziehen, anstatt ihn aufzurichten. Selbst für die öffentliche Verbrennung von „zersetzendem Schrifttum" wie zum Beispiel der Bücher von Heinrich Mann, Schnitzler, Freud und Brecht zeigte er ein gewisses Verständnis. Zwar könne man darüber streiten, ob es nicht genügt hätte, die Bücher zu beschlagnahmen; aber die – auch in der Wochenschau übertragenen – Verbrennungen hätten sicher eine bessere Öffentlichkeitswirkung.

Er legte Wert darauf, dass wir beim Sprechen und Schreiben keine Fremdwörter gebrauchten, wir seien schließlich Deutsche, sagte er, und sollten dies auch in unserem Sprachgebrauch zum Ausdruck bringen. Statt „Sauce", was Französisch sei, sollten wir „Tunke" sagen, statt „effektiv" „wirksam", statt „interessant" „fesselnd" usw. Diese deutsche Gesinnung zeigte sich auch darin, dass er Mutter und mir untersagte, Südfrüchte wie Apfelsinen und Bananen zu kaufen, und das damit begründete, dass die deutschen Früchte gesünder seien. Einzelheiten dieser Art konnten auch fatale Folgen haben: Ich habe erst als Erwachsener mit einiger Mühe gelernt, mit Messer und Gabel zu essen, und zwar aus dem einfachen Grund, dass mein Vater mir beigebracht hatte, beim warmen Essen das gesamte Fleisch zuerst in kleine Stücke zu schneiden, das Messer dann wegzulegen und nur mit der Gabel zu essen; es sei barbarisch über die Speisen gleich mit Messer und Gabel herzufallen; das sei eine Sitte der Amerikaner, die über keinerlei Anstand verfügten.

Auch zur Diskriminierung der Juden hatte Vater eine feststehende Meinung. Die Juden, sagte er, seien innerhalb der deutschen Bevölkerung ein Fremdkörper. Sie gehörten nicht hierher. Dass sie anders seien als wir Deutschen, gehe schon aus dem äußeren Erscheinungsbild hervor. Das sei zwar schwer zu beschreiben, aber man erkenne das auf den ersten Blick. Eine blassere Hautfarbe, oft auch eine gebückte Haltung und ein schiefer Blick seien typische Merkmale. Außerdem, sagte er, hätten sie auch einen schlechten Charakter. Als Beweis dafür nannte er eine Begebenheit aus Heidelberg, wo er studiert hatte. Auf einem Festgelage habe sich eine hässliche jüdische Studentin an ihn herangemacht und nicht kapieren wollen, dass sie bei ihm nicht ankommen könne. Als er sich dann spät in der Nacht schlafen legen wollte, habe er die Studentin in seinem Bett vorgefunden, und es habe ihn einige Mühe gekostet, sie wieder loszuwerden.

Oft machte er seine antisemitischen Bemerkungen eher nebenbei, zum Beispiel als er mir darlegte, warum er bei seiner Promotion gescheitert sei. Er habe sich von einem Geschichtsprofessor ein Thema geben lassen und daran mehrere Jahre gearbeitet. Als er dann das fertige Manuskript seinem Doktorvater vorgelegt habe, hätte dieser von ihm verlangt, die Arbeit neu zu schreiben, weil zu dem Thema schon eine andere Arbeit erschienen sei. Dieser Professor sei übrigens ein Jude gewesen, fügte er dann hinzu.

Jedenfalls sei es richtig, wenn im Dritten Reich die Juden separiert würden. Es wäre auch für sie selbst besser, wenn sie in einem Gebiet irgendwo im Osten angesiedelt würden und dort unter sich wären.

Ansichten dieser Art waren damals weit verbreitet. Mein Onkel Wilhelm zum Beispiel (der später in Stalingrad umgekommen ist) berichtete in einem Feldpostbrief einmal den folgenden Vorfall: „Hier in Tarnopol sind auch besonders starke Vergeltungsmaßnahmen für die Ukrainermorde durchgeführt worden. Mit Hilfe der ukrainischen Zivilbevölkerung wurden Elemente, vorwiegend Juden, ausfindig gemacht, die für die Morde mit verantwortlich waren. Die SS hat sich dann in entsprechender Weise an diesem Volk (Judenvolk) schadlos gehalten. Teils hat man die Männer in einen Keller geführt um sie dort umzulegen. In anderen Fällen haben die Männer erst ihre Gräber schaufeln müssen und sind dann erschossen. Der Zustand nahm derartige Formen an, daß es dann von der Führung verboten wurde."

Es blieb nicht aus, dass ich Vaters Judenbild innerlich übernahm. Da ich aber wissentlich noch nie einen Juden oder eine Jüdin gesehen hatte – in Gronau gab es nach ihrer Deportation keine Juden mehr –, fiel es mir schwer, das negative Bild konkret nachzuvollziehen. Und als mir dann später einmal in Hildesheim jemand entgegenkam, auf dessen Kleidung der Judenstern mit der Aufschrift „Jude" aufgenäht war, ergriff ich voller Schrecken die Flucht.

Über die Konzentrationslager hat sich mein Vater meines Wissens nur zweimal geäußert. Das erste Mal stand das im Zusammenhang mit den Klagen über einen ständig betrunkenen Gronauer Gutsbesitzer. Nachdem mehrfache Mahnungen und eine Vorladung beim Ortsgruppenleiter nichts genutzt hatten, habe man ihn abgeholt und in ein Konzentrationslager gesperrt, aus dem er aber schon nach wenigen Tagen wieder entlassen worden sei. Auf die Frage, wie es ihm dort ergangen sei, sagte er, es sei ihm verboten worden, sich dazu zu äußern. Es seien dies aber die schlimmsten Tage in seinem Leben gewesen. „Eine heilsame Lehre also", meinte mein Vater. – Die zweite Äußerung machte er erst einige Jahre später, ungefähr im vierten Kriegsjahr. Den Anlass habe ich vergessen. Aber ich sehe uns noch vor dem Rundfunk sitzen, und vielleicht wurde wieder einmal mitgeteilt, dass jemand „in ein Konzentrationslager eingeliefert wurde" (der Ausdruck KZ war damals noch nicht üblich). Strafen dieser Art, sagte mein Vater dann, seien schlimmer als Zuchthaus. Es würden dort Ausländer oder Zigeuner ohne Gerichtsurteil eingesperrt und systematisch gefoltert, und viele seien an den Folgen gestorben. Aber ich dürfe kein Sterbenswort davon weitersagen.

Ich wusste damals zwar, dass es diese Lager gab, hatte aber geglaubt, dass es sich hier im Vergleich zu Gefängnis oder Zuchthaus um eine mildere Maßnahme nach der Art von Kriegsgefangenschaft handelte.

Später habe ich mich oft gefragt, was mein Vater sonst noch gewusst hat und wieviel er verschweigen musste, um sich und die Familie nicht zu gefährden. Wusste er auch, dass die Juden vergast wurden? Ich bin mir sicher, dass er trotz seiner nationalistischen Einstellung kein restlos überzeugter Nationalsozialist war, denn trotz mehrfachem Druck von oben ist er niemals in die Partei eingetreten. Er hasste es auch, als Schriftleiter an Parteiversammlungen und dergleichen teilnehmen zu müssen. Führerreden wurden bei uns zu Hause grundsätzlich nicht gehört. Ganz im Gegensatz übrigens zu meinen Großeltern, bei denen es selbstverständlich war, dass man sich bei jeder auch noch so langen Führerrede zusammen mit Ida um den Volksempfänger versammelte und gebannt zur Kenntnis nahm, was Hitler zu sagen hatte. Daran änderte sich auch später nichts: Obwohl ihre beiden Söhne, Wilhelm und Bodo, im Krieg umgekommen waren, verehrten sie weiterhin den Führer. Und Ida war selbst nach 1945 noch der Ansicht, dass Hitler nach Südamerika geflohen sei und dass er eines Tages wieder in Deutschland an die Macht kommen würde.

Diese Einstellung hinderte aber weder meine Großeltern noch Ida daran, regelmäßig heimlich Schweine zu schlachten, anstatt wie vorgeschrieben dies zu melden und die Tiere oder Teile davon abzuliefern. Dass darauf Todesstrafe oder KZ stand, wussten sie, nahmen das aber in Kauf.

Und ich selbst? War ich eigentlich für die nationalsozialistischen Ideen? Oder war ich dagegen? Oder war ich keines von beidem? War mir alles, was mit Politik zusammenhing, egal oder verhasst? Ich las ja viele Jahre lang keine Zeitung, und die Nachrichten, die Vater mehrmals am Tage hörte und die ich unfreiwillig mithören musste, waren mir verhasst. Zum Jungvolk und später in die Hitlerjugend ging ich nur zwangsweise, und unter Vaters Einfluss verachtete ich die Parteigenossen im Braunhemd, die er für „beschränkt" erklärte und über deren „hohle" Reden er sich lustig machte, weil sie, wie er sagte, der „Bewegung" nur schadeten. Das alles verhinderte aber nicht, dass ich Hitler bewunderte und dass es eine Ehrensache für mich war, zusammen mit den Großeltern Hitlers raue Stimme zu hören, obwohl ich wenig verstand, mit den Gedanken abirrte und nur dann richtig begeistert war, wenn Hitlers Stimme lauter und lauter wurde, und er unseren Feinden, vor allem dem internationalen Judentum, die Vernichtung prophezeite. Irgendwie identifizierte ich mich dann wohl mit Hitler. Ich war dann nicht länger derjenige, der geschlagen wurde, sondern – in meiner Phantasie – schlug ich meinem Vorbild folgend selbst zu. Und später fand ich es großartig, dass unsere Wehrmacht überall siegreich gewesen war und so viele Länder besetzt hatte. Später, so dachte ich, würde ich sie bereisen oder dort sogar wohnen.

Am ersten September 1939 begann dann die große Katastrophe. Deutsche Truppen waren in breiter Front in Polen einmarschiert, und drei Tage später erklärten Großbritannien und Frankreich Deutschland den Krieg. – Vater erhielt einen Stellungsbefehl und musste sich zwei Tage später im Wehrbezirkskommando in Hildesheim melden. Er fehlte mir schrecklich. Mutter musste es wohl in der leeren und der wegen drohender Luftangriffe nachts abgedunkelten Wohnung nicht ausgehalten haben, so dass sie beschloss, mit mir zu ihrem Bruder Wilhelm nach Nordstemmen zu fahren, wo wir für eine unbestimmte Zeit erst einmal bleiben wollten. Für Mutter war das vielleicht ein Trost, aber für mich war es schlimm. Ich fühlte mich vereinsamt und hatte mit niemandem richtig Kontakt. Um uns nützlich zu machen, klebten wir die von den Kunden beim Einkauf von Lebensmittel abgelieferten Lebensmittelmarken in Hefte, die später den Großhändlern für neue Waren vorgelegt werden mussten.

Trotzdem kam ich mir überflüssig vor, und ich wünschte mir, die in den ersten Kriegswochen ausgefallene Schule würde wieder anfangen. Jeden Vor- und Nachmittag wartete ich auf den Briefträger in der Hoffnung, von Vater Post zu bekommen. Dass diese ausblieb, deuteten wir als ein schlimmes Zeichen; denn von anderen, ebenfalls im Polenfeldzug eingesetzten Soldaten waren längst Feldpostbriefe gekommen. „Mein über alles geliebter Vater!", dachte ich immer wieder. „Ohne ihn kann ich nicht leben. Eher noch könnte ich es ertragen, wenn Mutter nicht mehr leben würde."

Hinzu kam, dass ich wegen eines verstauchten Fußes kaum laufen konnte und ans Haus gefesselt war. Mit recht gemischten Gefühlen und vermutlich auch mit Neid sah ich mit an, wie mein Onkel Wilhelm mit seinem Sohn Peter spielte und zärtlich mit ihm war. Seine Tochter Heide war erst drei Monate alt und vor kurzem getauft worden. Von dem rauschenden Fest, das zu Heides Taufe gefeiert wurde, war noch lange die Rede, und Mutter vertrat die Meinung, der Kriegsausbruch sei eine Strafe dafür, dass wir damals so ausgelassen gewesen seien.

Als wir dann nach zwei Wochen endlich wieder nach Gronau zurückkehrten, hatte sich dort vieles verändert: Der Unterricht fand nicht mehr im Gebäude der Mittelschule statt, sondern in der Volksschule, weil die Mittelschule zu einem Lazarett umfunktioniert war; einige Lehrer waren eingezogen worden und wurden durch ältere, schon pensionierte Lehrer ersetzt; die Rundfunkprogramme hatten sich geändert, es gab überwiegend so genannte ernste Musik, die hin und wieder durch Sondermeldungen über deutsche Siege unterbrochen wurde, wobei jede Meldung durch ein bestimmtes Musikthema, ein so genanntes Fanfarensignal, angekündigt wurde. In unserer Freizeit mussten wir häufig in der Landwirtschaft helfen. Viel Zeit ging auch mit Einkaufen drauf, und vor den Eingängen bildeten sich Schlangen, weil in den Geschäften Personal fehlte.

Das Leben mit meiner Mutter allein war schlimm. Ich musste neben ihr im Bett meines Vaters schlafen und auch an den Nachmittagen und Abenden ständig mit ihr zusammen sein, worunter ich vor allem deswegen litt, weil ich nicht wusste, worüber wir dann überhaupt sprechen sollten. Solange Vater noch da war, hatte ich es nach Möglichkeit so eingerichtet, dass ich nur dann mit ihr zusammen war, wenn Vater dabei war. Ich sprach dann nur mit ihm und ignorierte meine Mutter einfach, was auch nicht weiter schwer war, weil sie selten von sich aus das Wort ergriff. Jetzt saßen wir uns schweigend gegenüber, ich verkroch mich in mein Inneres und malte mir aus, wie es wäre, wenn Vater wieder hier wäre. Seinen Tod würde ich nicht überleben.

Aber es kam anders. Nachdem schon große Teile Polens von den Deutschen erobert waren und die Sowjets den polnischen Osten besetzt hatten, erhielten wir von Vater einen Brief aus Gleiwitz in Oberschlesien. Vater lag dort mit den Folgen einer Fußverletzung im Lazarett, und es ging ihm erträglich. Die Verletzung war zwar auskuriert, aber der Fuß war noch längerfristig nicht belastbar, so dass die Hoffnung bestand, dass Vater – mit seinen jetzt vierzig Jahren – an der Front nicht mehr eingesetzt würde. Damit war für mich alles wieder gut.

Das Kriegsgeschehen erlebte ich in den ersten Jahren fast wie einen Rausch. Unvorstellbar! Innerhalb von zwei Jahren hatten wir große Teile Europas erobert: Nach Polen waren es Dänemark, Norwegen, im Frühjahr 1940 fast ganz Frankreich, dann Jugoslawien; sogar in Nordafrika waren deutsche Truppen gelandet, und zwei Jahre nach Kriegsbeginn hatten wir auf breiter Front den Westteil der Sowjetunion erobert; unsere Truppen standen dicht vor Moskau.

Bei jeder neuen Sondermeldung schlug ich unseren Weltatlas auf und verfolgte dort die deutschen Truppenbewegungen. Um eine bessere Vorstellung von der Größe der eroberten Gebiete zu gewinnen, legte ich über die Atlasseite von Europa ein Stück Pergamentpapier und fertigte darauf die Umrisse einer eigenen Karte an. Mit einer dicken Linie trennte ich dann die eroberten Gebiete von den noch nicht eroberten ab und schraffierte die ersteren rot.

Ganz besonders interessierte ich mich für die ehemaligen deutschen Kolonien. Auch davon zeichnete ich Landkarten und sammelte gleichzeitig Bilder von den entsprechenden tropischen Landschaften. Ich stellte mir vor, dass ich sie später – wenn wir die Kolonien zurückgewonnen hätten – bereisen würde und dass ich bei einer Besteigung des Kilimandscharo unter einem Affenbrotbaum Rast machen würde.

So etwa war es um meine damaligen Phantasien bestellt. Als mein Vater dann zu einem ersten Wochenendurlaub nach Hause kam, bestärkte er mich in diesen meinen Wünschen: Als ich von ihm wissen wollte, wie er die Aussichten beurteilte, ob Deutschland den Krieg gewinnen könne, zeigte er sich ganz und gar zuversichtlich. Er habe ja den ersten Weltkrieg miterlebt. Wir hätten damals nur kleine Teile von Frankreich erobert. Danach habe es einen vier Jahre andauernden Stellungskrieg gegeben. Die Fronten hätten sich nur geringfügig verschoben. Keine der kriegführenden Mächte sei der anderen überlegen gewesen. Kein Vergleich dagegen mit der jetzigen Situation! Das großdeutsche Reich stehe heute da wie noch nie in unserer ganzen Geschichte. Er strahlte, während er das sagte. Irgendwie bewunderte ich ihn auch. Er sah in seiner Uniform überraschend gut aus. Vordem war er recht korpulent gewesen. Jetzt dagegen war er schlank und machte einen geradezu schneidigen Eindruck.

Tatsächlich hatte er den Krieg bislang nur von einer eher positiven Seite erlebt. Er habe großes Glück gehabt, berichtete er: Als sein linker Fuß auf den langen Märschen Richtung Osten nicht mehr mitmachte, habe er zuerst auf einem offenen Wagen sitzen dürfen, und später sei er dann am Wegesrand von einem Sanitäter verbunden worden, während sein Zug weiter vorrückte. Danach habe er erfahren, dass just während dieser Zeit der Wagen, auf dem er vorher gesessen hatte, von den Feinden beschossen worden sei. Niemand von der Besatzung habe überlebt. Aus seiner Wunde sei dann eine Sepsis mit hohem Fieber geworden; er sei zuerst in einem Feldlazarett und später in einem Lazarett in Gleiwitz behandelt worden.

Dieses Glück verließ ihn nicht. Er kam nach seiner Genesung nicht wieder an die Front, sondern machte stattdessen in einer Braunschweiger Genesendenkompanie eine kleine Karriere: Er erhielt dort den Posten eines Rechnungsführers, wurde dann ziemlich bald zum Gefreiten, danach zum Obergefreiten und schließlich sogar zum Unteroffizier befördert. – Alle vierzehn Tage erhielt er Wochenendurlaub. Damit ging es auch mir wieder besser, da ich in der Zwischenzeit etwas hatte, worauf ich mich freuen konnte. Nach etwa anderthalb Jahren wurde er als beruflich unabkömmlich vom Militärdienst freigestellt, um zu Hause wieder die Schriftleitung der Leine- und Deister-Zeitung wahrnehmen zu können.

Wir hatten ihn also wieder. Mein größter Wunsch war in Erfüllung gegangen, und alles, so dachte ich, würde jetzt wieder wie früher. Und vorübergehend war das auch so: Zwar hatte inzwischen schon der Russlandfeldzug begonnen, Hamburg, Berlin und andere Großstädte wurden bombardiert, zwei von Mutters Brüdern waren in Jugoslawien und Russland; aber wir in Gronau blieben von den Kriegsereignissen weitgehend verschont, von den mal kürzeren und oft auch sehr langen nächtlichen Aufenthalten im Luftschutzkeller abgesehen.

Bald wurde es aber auch bei uns zu Hause in der Familie schwierig. Die Zeit, in der Vater für mich mein bester Freund gewesen und ich der Meinung war, einen richtigen Freund brauche ich außer ihm nicht, war jetzt vorüber. Vater war häufig schlecht gelaunt, und es gab auch viel Streit mit meiner Mutter. Fast immer ging es dann um Geld: Während mein Vater immer wieder dafür sorgte, dass Geld nur für das Allernötigste (also in erster Linie für Essen und Trinken) ausgegeben wurde, hatte meine Mutter zum Geld ein eher mechanisches Verhältnis: Es existierte für sie nur in Form von Münzen in ihrem Portemonnaie, und sie war der Ansicht, es sei schmutzig. Wenn ich beim Einkaufen Geld angefasst hatte, forderte sie mich hinterher auf, mir die Hände zu waschen, weil die Münzen von so vielen Menschen angefasst worden seien. Vater warf ihr vor, dass sie zu leichtsinnig mit Geld umginge: Einmal, als er gerade krank im Bett lag und Mutter ihn um Geld für ein Geschenk für meine Cousine Heide (Mutters Patenkind) bat, ergriff er im Zorn sein auf dem Nachttisch liegendes Portemonnaie, schleuderte es durch den Raum und schrie: „ … kacke Geld, kacke Geld, das ist das Einzige, wozu ich gut bin." – Wenn er nach der Arbeit in der Redaktion nach Hause kam, zog er sich entweder zurück, oder er lud bei Mutter und mir den Ärger über seinen Chef ab. Später am Abend schrieb er an seinen Erzählungen und beklagte sich, wenn er nicht schnell genug vorankam oder mit dem Geschriebenen unzufrieden war.

Seine Arbeit als einziger Redakteur der Zeitung war auch nicht ungefährlich. Er war verpflichtet, jeden Text vor der Veröffentlichung an ein Parteibüro in Hannover zu schicken, von wo es dann – häufig mit Streichungen und Änderungen – per Eilpost zurückkam. Einmal, als der Text auch einen kritischen Kommentar enthielt, kam er nicht zurück. Stattdessen wurde Vater telefonisch aufgefordert, sich zu einer bestimmten Zeit in dem Parteibüro vorzustellen. Was das bedeutete, verstand ich damals noch nicht. Aber mir fiel auf, dass Mutter an dem ganzen Tag während Vaters Abwesenheit kaum ein Wort sprach und – wie ich erst später begriff – wohl damit rechnete, dass er überhaupt nicht zurückkommen würde.

Er kam dann doch, zog sich aber sofort schweigend in sein Arbeitszimmer zurück.

Ich lernte jetzt auch eine Seite an ihm kennen, die ich früher kaum wahrgenommen hatte: Er konnte nicht ertragen, dass ich manchmal schreckhaft war und Angst hatte. Zum Beispiel hatte er kein Verständnis dafür, dass ich eines Nachts nach der ersten in unserer Nähe explodierenden Bombe laut aufschrie; ich solle mich zusammennehmen, brüllte er. – In seinen Phantasien und in seinen Äußerungen zeigte er auch eine Bereitschaft zur Gewalt und sagte, Frauen vom Schlage der Heidelberger Jüdin aus seiner Studienzeit oder der nach Deutschland deportierten Polinnen, die sich trotz Verbot mit deutschen Männern eingelassen hatten, müssten sich auf dem Marktplatz aufstellen, sich ausziehen und dann ausgepeitscht werden, und es wäre auch in Ordnung, dass die Männer deswegen eingesperrt oder hingerichtet würden, wie kürzlich bekannt geworden war.

Es blieb nicht aus, dass er mir, wenn ich etwas Verbotenes angestellt hatte, für das nächste Mal harte körperliche Strafen androhte und dass er mir bei solchen Gelegenheiten im Detail ausmalte, was er dann mit mir anstellen würde. Er würde mich so zusammenschlagen, sagte er, dass ich nicht mehr sitzen und stehen könne. Ich war mir sicher, dass er das auch wirklich tun würde, und fing an, mich vor ihm zu fürchten und mich auch dann von ihm bedroht zu fühlen, wenn er im Nachbarzimmer auf jemanden anders laut schimpfte. Seinen Satz, „..., dass du nicht mehr sitzen und stehen kannst", trug ich ständig mit mir herum, und ich tat oder unterließ alles, damit diese Drohung nie in Erfüllung gehen würde.

Einmal, als ich mit Detlef auf einer Radtour in den weiter ab liegenden Osterwald völlig die Zeit vergessen hatte und schließlich entdeckte, dass es bereits sechs Uhr durch war – zu dieser Zeit gab es bei uns schon Abendessen – brach ich in Panik aus. Denn zu dem, was mir strengstens verboten war, gehörte, am Abend zu spät nach Hause zu kommen. Wir kehrten also sofort um und erhöhten drastisch unser Tempo. Dass wir nicht pünktlich zurück sein würden, war klar, aber vielleicht, dachten wir, lässt sich die Zeit verkürzen, wenn wir nicht wie auf dem Hinweg auf der Landstraße über den Ort Mehle fahren, sondern auf einem Feldweg, der entfernungsmäßig kürzer sein würde. Das Schlimme war nur, dass es auf diesem holprigen Weg nur langsam voranging und dass wir zu allem Überfluss auch noch vor einem Bahnübergang mit geschlossener Schranke anhalten mussten und vergeblich darauf warteten, dass sich die Schranke wieder öffnen würde. Als das auch nach der Durchfahrt von zwei Zügen immer noch nicht geschah, blieb uns nichts anderes übrig, als zurück zur Landstraße zu fahren und den Bahnübergang in Mehle zu nehmen, was eine weitere Verzögerung von mindestens einer Stunde mit sich brachte. Ich hatte schreckliche Angst, denn es war mir klar, dass ich schlimme Strafen zu erwarten hatte.

Als wir es dann schließlich geschafft hatten und ich – inzwischen allein, denn Detlef war in der Südstraße zurückgeblieben – in die Empedastraße einbog, sah ich schon von weitem Vater vor unserem Hauseingang stehen und wild gestikulieren. In dem Moment, wo ich vor ihm stand, ballte er seine rechte Faust, hob sie hoch, und ich war mir sicher, dass sie im nächsten Moment in meinem Gesicht landen würde. Aber er beließ es – zunächst jedenfalls – bei einer wilden Schimpfkanonade, packte mich dann am rechten Arm und zog mich mit sich ins Haus, wo er die Strafpredigt fortsetzte. Auf meine Entschuldigung mit der geschlossenen Schranke usw. ging er gar nicht ein, sondern kündigte an, dass er mich heute – zum ersten Mal in meinem Leben – so verprügeln würde, dass ich nicht mehr sitzen und stehen könnte, aber das werde erst passieren, nachdem ich im Keller seine und Mutters Schuhe geputzt hätte (eine Aufgabe, die ich jeden Tag zu erledigen hatte).

Im Keller stellte ich mir das Allerschlimmste vor. Vielleicht wird er mir in den Bauch treten und mein Gesicht blutig schlagen, dachte ich. Während ich noch von den Schuhen den Lehm abkratzte und dabei zu weinen begann, kam eine ältere Hausbewohnerin auf mich zu und wollte wissen, was mir denn zugestoßen sei. Ich klagte ihr mein Leid und brach laut in Tränen aus. Sie könne sich nicht vorstellen, dass der sonst doch so liebe Herr Keseling so etwas tun würde, sagte sie und bot mir an, zu ihm hochzugehen und ein gutes Wort für mich einzulegen, was ich allerdings ablehnte.

Etwas später standen Vater und ich uns dann wieder – zunächst stumm – gegenüber, und erst nach ein paar Minuten sagte er, er sei nach wie vor sprachlos vor Wut, und ob ich denn unterwegs nicht ein einziges Mal an meine Mutter gedacht hätte, die sich die schlimmsten Sorgen um mich gemacht hätte. (Mutter hatte sich bisher immer noch nicht sehen lassen). Und außerdem sei es meine verdammte Pflicht und Schuldigkeit, tagsüber bei ihr zu bleiben. Schließlich sei doch Krieg, ihr könne jederzeit etwas zustoßen, zum Beispiel könne sie von geflohenen Kriegsgefangenen angegriffen werden, und solange er tagsüber im Geschäft sei, müsse ich seine Rolle als ihr Beschützer einnehmen. Das sei doch selbstverständlich. „Und morgen früh", so schloss er, „rufe ich in Mehle beim Bahnhofsvorsteher an und frage ihn, ob die Schranke wirklich so lange geschlossen gewesen war. Und danach sprechen wir uns wieder!"

Obwohl am nächsten Tag und auch später mit keinem Wort mehr von der Sache die Rede war – ich weiß auch nicht, ob er den Anruf in Mehle wirklich getätigt hat –, bin ich mir sicher, dass es spätestens ab diesem Tag einen Riss in der Beziehung zu meinem Vater gab und dass vermutlich erst Wochen oder Monate vergehen mussten, ehe das Leben mit ihm wenigstens halbwegs wieder so war wie vorher.

Andererseits gab es dann auch wieder Zeiten, in denen Vater wie ausgewechselt war. Er las uns dann abends vor, zum Beispiel „Die wunderbare Reise des kleinen Nils Holgersson mit den Wildgänsen" oder Schillers Drama „Wallenstein", oder er besorgte mir Karl-May-Bände und diskutierte mit mir über Winnetou oder Hadschi Halef Omar und stand mir bei, nachdem Rektor Schallas unter meiner Schulbank einen Karl-May-Band entdeckt und mir nahegelegt hatte, auf diese Schund-Lektüre künftig zu verzichten.

Wann immer er konnte, half er mir auch bei schwierigen Schulaufgaben, zum Beispiel bei den Dreisatzaufgaben, die niemand aus unserer Klasse richtig lösen konnte. Aber statt mir die Aufgaben zu erklären, löste er sie regelmäßig selbst, so dass ich sie nur in mein Heft übertragen musste. Viele aus der Klasse und sogar die so viel klügeren Mädchen schrieben von mir ab. Dass die Lösungen von Vater stammten, verschwieg ich natürlich, fühlte mich aber regelmäßig schlecht bei dieser Gelegenheit.

Er half mir auch beim Schreiben. Er hatte sich darüber geärgert, dass meine Klassenaufsätze schlecht benotet wurden. Als Sohn des Schriftleiters, meinte er, würde von mir erwartet, dass auch ich gut schreiben könne. Und um diesen „schlechten Ruf" zu beseitigen, hielt er mich dazu an, jeden Hausaufsatz zuerst in einer Kladde vorzuschreiben und anschließend mit ihm zusammen Satz für Satz durchzugehen, um den „Ausdruck" zu verbessern.

Das war für mich eine scheußliche Quälerei. Ich saß neben meinem korpulenten Vater vor seinem großen Schreibtisch, über den ich kaum hinweg gucken konnte, hatte es schwer, überhaupt das Blatt Papier zu sehen, auf dem Vater die Verbesserungen eintrug, und kam bei den Überlegungen selbst kaum zu Wort. Wenn ich dann zum Schluss aus dem Text mit den vielen Streichungen, Umstellungen, Randnotizen, Pfeilen nach unten und oben etc. eine Reinschrift herstellen musste, war ich restlos übermüdet; es war oft schon spät in der Nacht.

Nachdem wir ungefähr ein halbes Jahr lang so vorgegangen waren, stellte er seine Hilfe ein und sagte, ich sei nun wohl in der Lage, das Verfahren „Kladde, Durchsicht mit Änderungen und anschließende Reinschrift" allein zu praktizieren. Das tat ich, und meine Hausaufsätze wurden anschließend auch gut benotet.

Es blieb nicht aus, dass ich auch bei Klassenaufsätzen so vorging, mit der katastrophalen Folge allerdings, dass ich niemals rechtzeitig fertig wurde. Hier hätte ich schnell und ohne lange Überlegungen und Änderungen drauflos schreiben müssen. Ich war dann längere Zeit ziemlich hilflos, mehrmals saß ich während der ganzen Stunde nur untätig da, starrte voller Neid auf die anderen Schüler, die pausenlos schrieben, während ich selbst nicht einen einzigen Satz zustande brachte.

Ganz wichtig für die Entwicklung meiner Schreibfähigkeit war, dass Vater an einem Sonntagabend spät in mein Mansardenzimmer hoch kam, um mir – ich war schon kurz vorm Einschlafen – zu sagen, dass er meinen erst kurz zuvor abgeschlossenen Hausaufsatz gelesen habe und begeistert sei. Wir hatten uns das Thema selbst aussuchen dürfen und ich hatte als Überschrift „In einem alten Gutspark" gewählt und über den Elzer Garten geschrieben. Ich war damit das ganze Wochenende beschäftigt gewesen. Dies war das erste Mal, dass keinerlei Verbesserungen erforderlich waren. Im Gegenteil: Der Aufsatz sei richtig gut geschrieben, sagte er, und man spüre aus meinem Text heraus, wie viel mir die alten Bäume, Pflanzen und Tiere des Gutsparks bedeuteten. „Du kannst also dann gut schreiben", fügte er noch hinzu, „wenn du einen Gegenstand gefunden hast, der dir liegt und über den du gut Bescheid weißt." Ich nahm mir das für künftige Aufsätze zu Herzen und beschloss, mit dem Schreiben nicht zu beginnen, bevor ich mich gründlich über den Gegenstand informiert hatte. Das half. Dadurch wurden nicht nur meine Texte besser, sondern ich konnte auch schneller schreiben, musste weniger verbessern und machte kaum noch Rechtschreib- und Flüchtigkeitsfehler.

Dieser Nebeneffekt hatte sich nahezu von selbst eingestellt. Ich führe ihn – aus heutiger Sicht – darauf zurück, dass ich damals auch in meiner Freizeit gern und oft Texte verschiedenster Art geschrieben hatte, zum Beispiel Geschichten und Theaterstücke, und dass ich mir dabei viel Zeit und Ruhe genommen hatte, im Gegensatz zu den Diktaten und Klassenaufsätzen, bei denen mich der Zeitdruck gestört hatte.

Schwer tat ich mich nach wie vor, wenn ich über unliebsame Themen schreiben musste, wie bei den so genannten Besinnungs-

aufsätzen oder bei der Darstellung des Charakters einer Dramen-
figur. Mir blieben dann ganz einfach die Einfälle weg, oder ich
hielt meine Ideen für so schlecht, dass ich sie nicht aufschreiben
wollte. Aber darüber wurde im Unterricht nicht gesprochen. Für
die Note zählte nur das, was auf dem Papier stand. Und wir haben auch niemals gelernt, Schreibpläne zu machen und uns vor
dem Schreiben die erforderlichen Informationen zu beschaffen,
was sich später negativ auf die Fertigstellung meiner Doktor- und
Habilarbeit auswirkte. – Dass später zu meinen Spezialgebieten
als Hochschullehrer Schreibforschung und Schreibberatung gehörten, ist sicherlich eine Folge meiner eigenen früheren Schwierigkeiten.

Negativ auf die Herausbildung meiner Fähigkeit, schnell etwas
zu Papier zu bringen, wirkte sich auch aus, dass Vater mich dazu
anhielt, auch auf kürzeren Postkarten nach Möglichkeit etwas
„Geistreiches" zu schreiben, wie er sich ausdrückte. Ich solle bei
Ansichtskarten aus dem Urlaub nicht nur schreiben „Herzliche
Grüße aus …", sondern ich sollte versuchen, mir in ein oder zwei
Sätzen noch etwas Kluges einfallen zu lassen, was die Postkarte
interessant macht. Natürlich gelang mir das nicht immer, und ich
schickte dann die Karten nicht ab oder ich schrieb sie erst gar
nicht.

Ratschläge und Hilfeleistungen dieser und ähnlicher Art machten mich von meinem Vater abhängig. Ich blieb lange Zeit unselb-
ständig und brauchte für alles, was ich tat und was immer das
auch war, seine Zustimmung. Diese Abhängigkeit erstreckte sich
auch auf meine Vorlieben oder Abneigungen für oder gegen bestimmte Literatur: Ich las die Bücher, von denen ich wusste, dass
er sie schätzte, und alles andere ließ ich liegen.

Vieles von dem, was Vater mir damals an Literatur vermittelte,
entsprach natürlich ganz dem nationalsozialistischen Weltbild.
Autoren wie Hans Grimm, Hans Carossa, Rudolf Binding oder
Emil Strauß und die von ihnen dargestellten Ereignisse, Personen

und das darin enthaltene Menschenbild waren dazu angetan, Vorbilder zu vermitteln und letztendlich auch den Krieg zu rechtfertigen. Wenn schon vom Sterben und vom Tod die Rede war, dann sollte es ein tragischer Tod sein wie in Bindings „Opfergang". Auf Familienfesten rezitierte Vater recht häufig aus diesen Werken. Er wurde deswegen in der Familie meiner Mutter bewundert, und auch seine Kenntnisse schätzten sie. Sogar in politischer Hinsicht war er für sie eine Autorität. Immer wieder wurde er zur Einschätzung der Politik Hitlers und des Kriegsgeschehens befragt, und bei der Gelegenheit empfahl er den Großeltern auch bestimmte Rundfunksendungen, zum Beispiel die Kommentare von Hans Fritzsche (dessen Stimme der von Goebbels täuschend ähnlich war), oder er schnitt ihnen Artikel aus der von ihm abonnierten NS-Wochenzeitung „Das Reich" aus. Er verbreitete Optimismus, und in der Tat glaubte er immer noch an einen endgültigen deutschen Sieg, und seine Argumente waren die gleichen wie früher. Denn schließlich hatte der Krieg mindestens in den ersten vier Jahren nur im Ausland stattgefunden. Die deutsche Kriegserklärung an die USA im Dezember '41 wertete er als Zeichen unserer militärischen Stärke. Zusammen mit Japan, das große Teile von China mit dem südöstlichen Asien in Besitz genommen hatte, so argumentierte er, seien wir den Westmächten haushoch überlegen. Selbst die Luftangriffe auf die deutschen Großstädte erschütterten diesen seinen Optimismus nicht, und später glaubte er fest an die von der nationalsozialistischen Propaganda angekündigte Wunderwaffe.

Andererseits waren selbst in Kleinstädten wie Gronau und Elze, die nie ernsthaft bombardiert worden waren, die NS- und kriegsbedingten Veränderungen recht deutlich. Das begann schon mit Äußerlichkeiten wie geänderten Straßennamen: Die Hauptstraße hieß jetzt „Straße des 10. April" (nach der am 10. April 1938 durchgeführten Abstimmung über den Anschluss Österreichs an das Deutsche Reich), der Marktplatz wurde in „Adolf-Hitler-

Platz", die Bahnhofstraße in „Horst-Wessel-Straße" umbenannt, und die katholische Grundschule hieß jetzt „Joseph-Goebbels-Schule". Unübersehbar waren die mit Schlaglöchern übersäten Landstraßen, die leeren Schaufenster, fehlende Straßenbeleuchtung während der Nacht, ständige, oft stundenlange Zugverspätungen und kaum Straßenverkehr, da die meisten Privatwagen für die Wehrmacht beschlagnahmt worden waren. Viele Frauen trugen jetzt schwarz. Sie hatten ihren letzten ungeöffneten Feldpostbrief mit der Aufschrift „Gefallen für Großdeutschland" zurückerhalten. Schwer anzusehen waren die vielen Verwundeten, wenn sie mit ihren dicken Verbänden und Krücken die Gronauer Straßen bevölkerten; und noch heute sehe ich den ehemaligen Fähnleinführer Siegfried Husmann mit der zerfetzten rechten Gesichtshälfte vor mir.

Recht spürbar waren auch die Veränderungen in der Schule: Der Stundenplan wurde geändert; Sport wurde mit fünf Stunden in der Woche Hauptfach, wobei Geräteturnen durch Ringkampf und Boxen ersetzt wurde. Da etliche Lehrer zum Wehrdienst eingezogen waren, wurden die Lehrkräfte knapp. Häufig fielen Unterrichtsstunden aus oder wurden durch militärische Übungen, Training im Gelände oder auch Fußballspielen ersetzt.

Für mich hätte das fatale Folgen haben können: Ich war im Fach Sport nie gut gewesen, hatte aber die Note „genügend" oder „ausreichend" bislang halten können. Damit war jetzt Schluss. Da ich wie schon früher einmal auch in Mathe auf Fünf stand, war abzusehen, dass ich mit einer weiteren Hauptfach-Fünf nicht versetzt werden würde. An einen Ausgleich war kaum zu denken, denn eine Zwei würde ich allenfalls im Nebenfach Biologie erhalten, während ich in den Hauptfächern Deutsch und Englisch kaum die Drei würde halten können.

Nur: Was sollte ich tun? Die Nachmittage und Abende reichten ohnehin schon kaum aus, mit den Hausaufgaben fertig zu werden, so dass keinerlei Aussicht bestand, in irgendeinem Fach besser zu werden. Es war zum Verzweifeln. – Warum am Ende des Schuljahres die Katastrophe dennoch nicht eintrat und ich sowohl in Sport wie in Mathe mit einer Vier davonkam, ist mir bis heute ein Rätsel geblieben.

Allmählich wurden auch die Lebensmittel knapper. Butter und Fleischwaren reichten nicht aus, und für neu anzuschaffende Kleidungsstücke mussten Anträge für so genannte Bezugscheine gestellt werden, die aber häufig abgelehnt wurden. Zwar wurde immer wieder öffentlich betont, dass im Gegensatz zum ersten Weltkrieg niemand Hunger leiden müsste, aber dennoch fehlte es an vielem. Meine Großeltern in Elze waren verpflichtet, bestimmte Kontingente von den geernteten Früchten, dem Getreide, der Milch und dem Schlachtvieh abzuliefern, was dazu führte, dass vieles illegal zurückbehalten wurde. Zum Beispiel wurde an jedem zweiten Abend von der Milch heimlich Sahne abgeschöpft, die Ida dann in einem Tonfass zu Butter verarbeitete, und in jedem Winter wurden zu nachtschlafender Zeit zwei Schweine „schwarz" geschlachtet. Alle illegalen Erträge wurden in schwer zugänglichen Verliesen zwischengelagert und später an die Kinder, darunter also auch uns, verteilt. Das alles war hochgefährlich. Wer dabei entdeckt wurde, hatte mit Todesstrafe oder KZ zu rechnen.

Für mich als Kind war auch schmerzlich, dass Vater einen von Goebbels erlassenen Aufruf, für Lazarette Schallplatten und Plattenspieler zu spenden, an mich weitergab und es mir „überließ", diesem Aufruf nachzukommen, was ich dann auch tat und beides loswurde. Schlimmer noch war, dass ich eines Tages für eine in Hannover ausgebombte Familie mein Mansardenzimmer räumen musste und ich von da an kein eigenes Zimmer mehr hatte.

Das Allerschlimmste indessen waren die Weihnachtsfeiern in der Großfamilie. Wie immer gab es einen großen Weihnachtsbaum, um den herum die – inzwischen spärlich gewordenen – Geschenke ausgebreitet waren. Aber wenn dann „Stille Nacht, heilige Nacht" gesungen wurde, brach meine Großmutter in Tränen aus. Zwei ihrer Söhne, Wilhelm und Bodo, waren in Russland verschollen.

Ich verfolgte den Krieg nach wie vor anhand der Radiomeldungen, in denen im Winter 1942/43 auch von dem „heldenhaften" Kampf der in Stalingrad eingeschlossenen deutschen Truppen die Rede war. Diese Situation muss mich wohl sehr beeindruckt haben; denn in meinen Phantasien machte ich daraus einen Kampf, der in Elze stattfand und in dem die Feinde unseren Gutspark belagerten. Von der Tatsache, dass spätestens ab Stalingrad zu Deutschlands Ungunsten eine Wende im Krieg eintrat, bekam ich damals nichts mit.

In den Ferien und an den Wochenenden spielte ich – teils allein und teils mit meinen Freunden – im Gutspark. Aus mir unbekannten Gründen legten meine Großeltern Wert darauf, dass ich mich draußen nur tags aufhielt. Nachts würde ich mich im Dunkeln verirren hieß es, und es könnte auch passieren, dass dann irgendwelche Verbrecher über die Mauer in den Garten sprängen und mich verprügeln oder umbringen würden. Das glaubte ich zwar nicht, aber in der Regel hielt ich mich dann während der Dunkelheit doch im Haus oder in den Ställen auf.

Einmal, es musste kurz vor Weihnachten gewesen sein, hörte ich gegen fünf Uhr am Morgen Geräusche und Stimmen, und ich konnte nicht mehr schlafen. Ich stand schließlich auf, um zu sehen, was hier los war. Aber als ich dann angezogen war, war alles ganz still. Weder Stimmen noch Schritte waren jetzt noch zu hören. Und ganz plötzlich fiel mir die Gestapo ein: Wenn sie jemanden abholte, dann tat sie das ganz früh morgens im Dunkeln. Könnte es sein, dass sie hier gewesen war und Ida und die Großeltern mitgenommen hatte? Im Haus konnte ich niemanden finden und voller Angst und Verzweiflung lief ich schließlich raus in Richtung Stallgebäude. Aber alle Türen waren fest verschlossen. Vielleicht sind sie in der alten Mühle, dachte ich. Die war ja immer offen, es gab dort kein Licht, und man könnte sich da gut verstecken. Ich ging hinein und rief laut nach Oma, Ida und Opa. Keine Reaktion. Ich lief zurück an die Stelle mit den Kastanienbäumen und hörte ganz plötzlich aus der Richtung des Kellergewölbes, unserer „Hölle", ein schwer definierbares Geräusch. Keine Stimmen allerdings, nur dieses irgendwie schabende Geräusch. Aber die Tür war zu. Und drinnen mussten Personen sein. War tatsächlich die Gestapo hier gewesen und hatte die drei dort eingesperrt, dachte ich, und riss die Tür mit Gewalt auf. „Verschwinde hier!", rief eine Stimme. Mein Großvater. Und dann die Stimme meiner Großmutter: „Harry, nun lass ihn doch!". Eine Hand griff nach mir und riss mich in das Innere der „Hölle".

Erst jetzt nahm ich wahr, dass ganz hinten eine Petroleumlampe leuchtete und dass an einem seitlichen Haken ein totes Schwein hing, von dessen Körper Ida gerade das Fell abzog. Sie hatten also tief in der Nacht das Schwein aus dem Stall geholt, es in die „Hölle" geschafft und es dort abgestochen! „Halt um Himmels willen deinen Mund, Gisbert", hörte ich Ida sagen. „Sonst sind wir alle geliefert."

Scharnhorstschule in Hildesheim – Mein Dienst als Luftwaffenhelfer und Arbeitsmann

Im Sommer 1942 verließ ich die Mittelschule und besuchte jetzt die Scharnhorst-Schule in Hildesheim, um dort auf das Abitur hinzuarbeiten. Ich war damit Fahrschüler. Mein Alltag sah jetzt so aus, dass ich morgens um halb sieben mit dem Zug losfuhr, in Nordstemmen eine dreiviertel Stunde in einem Wartesaal zubringen musste, um dann anschließend nach Hildesheim weiterzufahren. Die Rückfahrt dauerte ungefähr ebenso lange. Oft gab es auch Verspätungen, oder der Zug hielt aus unbekannten Gründen auf freier Strecke für eine Weile an. Als im Winter einmal nach längerem Hochwasser eine Eisenbahnbrücke eingestürzt war, wurde der Zug für etliche Wochen über eine viel längere Strecke (unter anderem über Bodenburg) umgeleitet. Nicht selten kam ich daher viel zu spät in die Schule. – Diese tägliche Eisenbahnfahrt nach Hildesheim und zurück genoss ich sehr. Ich lernte dort ältere Schüler kennen und machte über sie auch die Bekanntschaft mit attraktiven Mädchen.

In der Schule ging es liberaler zu als in Gronau. Nur gelegentlich gab es eine Ohrfeige und Stockschläge überhaupt nicht. Das Kollegium bestand nur aus älteren, nicht mehr wehrdiensttauglichen Lehrern, die alle einen Titel trugen und Wert darauf legten, mit Herr Doktor, Herr Studienrat oder Herr Oberstudienrat angeredet zu werden, deren didaktische Fähigkeiten sich aber von denen der Gronauer Lehrer kaum unterschieden. Kohlmeyer, bei dem wir Deutsch hatten, fand es witzig, den Unterricht dadurch aufzulockern, dass er Spitznamen für uns erfand und uns damit aufrief. Den Mitschüler Göbel nannte er zum Beispiel „Heinrich" (nach Heinrich Goebel, dem Erfinder der elektrischen Glühlampe) und mich Käsebier (nach einer Romanfigur von Jean Paul). So wurde ich dann bald auch von meinen Klassenkameraden genannt.

Schlimm war nur der Unterricht bei unserem Schuldirektor Engelhardt, der in SA-Uniform in die Schule kam und uns nach militärischem Vorbild mit Kniebeugen und Liegestützen bestrafte, wenn wir beim Nachschlagen in Wörterbüchern zu langsam waren, und der mir eines Tages mit Schulverweis drohte, weil ich beim Hitlergruß den Arm nicht hoch genug gehoben hatte.

Es gab aber auch Lehrer, die ganz anders eingestellt waren. Dazu gehörte unser Englischlehrer Tischbein, der in den Unterrichtsstunden regelmäßig über die feindlichen Luftangriffe und die Misserfolge an der Ostfront berichtete. Nicht selten heulten während des Unterrichts die Sirenen, ein Zeichen für Fliegeralarm. Wir mussten dann die Kellerräume aufsuchen und uns dort bis zur Entwarnung – kenntlich an einem langen Sirenenton – aufhalten, immer in dem Bewusstsein, dass unsere Schule jederzeit von einer Bombe zerstört werden könnte.

Für den Eventualfall, dass in einem Überraschungsangriff Bomben neben dem Schulgebäude einschlugen, waren in den Klassenräumen die Fensterbänke mit dicken Sandsäcken ausgelegt, die verhindern sollten, dass wir von Splittern getroffen würden. Da die Fensterbänke recht schmal waren, bestand allerdings die Gefahr, dass die Säcke schon bei kleineren Erschütterungen in den Klassenraum stürzen würden. Einer von uns hatte daher den Auftrag, regelmäßig zu überprüfen, dass die Säcke fest genug lagen.

Einmal nahmen wir diese Situation zum Anlass für einen üblen Scherz. Wir hatten Deutsch bei einer Referendarin, die wegen ihres langweiligen Unterrichts unbeliebt war. Um sie zu ärgern, legten wir einen der Sandsäcke so hin, dass er der Lehrerin auf die Füße fallen würde, sobald sie in dem schmalen Gang daran vorbei kam. Es kam indessen nicht so weit, da die Referendarin just an diesem Tag von einem anderen Lehrer vertreten wurde, einem Lehrer, der sich glücklicherweise nur vorn am Pult aufhielt.

Im Juli 1943 wurden die Schüler vom Jahrgang 1927, zu denen auch mein Freund Detlef gehörte, zu den Luftwaffenhelfern eingezogen. Mein Jahrgang (1928) sollte dann Anfang Januar dran sein. – In dem Bewusstsein, dass der Unterricht in einem halben Jahr zu Ende sein würde, ging ich jetzt anders als in Gronau richtig gern in die Schule. Auch dass ich wegen der Verspätungen manchmal erst am Abend nach Hause kam und dass wir zuweilen viele Stunden im Luftschutzkeller zubringen mussten, machte mir nichts aus.

In der verbleibenden Freizeit genoss ich es, mit meinen Eltern zusammen zu sein, und zwar nicht nur mit Vater, sondern anders als früher auch mit Mutter. Als die Herbstferien nahten, überlegten wir gemeinsam, wie wir diese zwei Wochen, in denen sich auch Vater Urlaub genommen hatte, gestalten könnten. Längere Reisen standen wegen der ständigen Luftangriffe nicht an. Aber da kleinere Ortschaften bis jetzt verschont geblieben waren, wagten wir es, uns in dem kleinen nur zwanzig Kilometer südlich von Gronau gelegenen Ort Grünenplan einzuquartieren, um von dort aus Tagesausflüge zu machen. Es war dies die erste und einzige Urlaubsreise meiner Eltern, auf der ich mitfahren durfte und wollte. Es wurde wunderschön, und ich erinnere mich noch heute an fast jeden Tag: An eine Wanderung durch den Selter, in dem, wie ich erfuhr, aus einer Quelle das so genannte Seltterswasser gewonnen wurde, oder die Besichtigung einer Glashütte, die früher einmal Eigentum eines Mitglieds der väterlichen Familie gewesen war. Auf jeder Wanderung ließen mir meine Eltern auch die Zeit, meiner damaligen Lieblingsbeschäftigung, der Bestimmung von Pflanzen nach Schmeil-Fitschens „Flora von Deutschland" nachzugehen. Der Höhepunkt war eine Eisenbahnfahrt in den Harz und die Besteigung des dem Brocken gegenüberliegenden

Wurmbergs. Einen so hohen Berg hatte ich bislang noch nicht kennen gelernt.

Nicht vergessen habe ich allerdings auch die nächtlichen Bombenangriffe auf Hannover, die von Grünenplan aus zu hören und zu sehen waren. Trotz der Angst, die mich dann wie immer überfiel, blieb dies eine tröstliche Erinnerung: Ich war mit Vater und Mutter zusammen, und ich stellte mir vor, wie es sein würde, wenn ich einige Monate später solche Angriffe an der Flakkanone erleben würde.

Am 4. Januar 1944, also an meinem sechzehnten Geburtstag, wurde dann auch mein Jahrgang zu den Luftwaffenhelfern eingezogen. Ich musste an diesem Tag mein Elternhaus für unbestimmte Zeit verlassen. Dieser Abschied von meinen Eltern war schlimm für mich. Ich sagte mir zwar, dass dies sein musste und dass es eine Ehrensache war, Deutschland gegen die Feinde zu verteidigen, – schließlich war auch mein Vater zweimal ohne inneren Widerstand in den Krieg gezogen. Aber trotzdem kamen mir auf dem Bantelner Bahnhof, wohin Vater und Mutter mich in aller Herrgottsfrühe zu Fuß gebracht hatten, die Tränen. Ich wandte mich von ihnen ab, weil ich mich dafür schämte. Es galt ja das Gebot, tapfer zu sein.

Die Zugfahrt führte an Elze vorbei; von weitem konnte ich den Kirchturm und die großen Bäume des Gutshofs sehen, und in Nordstemmen, wo der Zug hielt, blickte ich wehmütig auf das Haus meiner Großeltern mit der Aufschrift „Kolonialwaren Harry Moldenhauer". Würde ich dies alles jemals wiedersehen, dachte ich, und erst hinter Emmerke, einer Gegend ohne schöne Erinnerungen, ging es mir etwas besser.

Wir mussten uns pünktlich um acht Uhr früh mit Reisegepäck vor dem Eingang der Scharnhorstschule einfinden, um von dort aus in einem Bus an den noch unbekannten Einsatzort gefahren zu werden. Direktor Engelhardt, wie immer in SA-Uniform, hielt eine geharnischte Abschiedsrede, in der von Pflichterfüllung und der Bereitschaft, für Hitler und für das deutsche Volk zu sterben, die Rede war, und dann ging es ab.

Zusammen mit ungefähr sechzig anderen Gymnasiasten wurden wir in einem Vorort von Hannover in der Aula einer Schule abgeladen, um dort auf die Weiterfahrt – wohin wussten wir immer noch nicht – zu warten. Wir mussten an großen Tischen Platz nehmen und wurden zeitweise von einem Offizier in Luftwaffenuniform mit Liedersingen und ähnlichem „beschäftigt", aber auch für längere Zeit uns selbst überlassen. Die Wartezeit zog sich hin, und eine gespannte Ruhe lag in der Luft. Wenn jemand ein WC aufsuchen wollte, musste er sich namentlich bei dem Offizier abmelden. Einige Stunden später, nachdem wir schon ein kaltes Mittagessen eingenommen hatten, erfuhren wir, dass die Fahrzeuge für den Weitertransport noch nicht zur Verfügung standen und wir weiter zu warten hätten. Es ging mir zunehmend schlecht. Ich hätte so gern gewusst, ob wir in einer Stellung in der Umgebung von Hannover eingesetzt würden oder viel weiter weg, zum Beispiel in Hamburg oder Wien wie einige aus dem Jahrgang 27. Hannover würde nicht nur deswegen besser sein, weil dann die Aussicht bestand, an Wochenendurlauben nach Hause zu fahren, sondern auch, weil ich gehört hatte, dass in Hamburg und Wien die Stellungen schon mehrfach bombardiert worden waren und es etliche Tote gegeben hatte.

Erst bei Anbruch der Dunkelheit wurden wir dann in offenen Lastwagen weiterbefördert. Wohin war immer noch ungewiss. Einer von uns wollte beim Einsteigen den Namen Wettbergen gehört haben. Aber wenn das wirklich unser Ziel war, hätten wir längst da sein müssen. Statt nach Westen fuhren wir auf einer Schnellstraße nach Norden, machten dann plötzlich kehrt Richtung Innenstadt, wo wir wegen der Trümmer und der zerstörten Häuserblocks nur langsam vorankamen. Erst nach einer Stunde verließen wir das Stadtgebiet wieder.

Plötzlich wurde der Himmel ganz hell. Überall waren Leucht-körper zu sehen und das Dröhnen von Flugzeugen und Flakge-schützen zu hören. Dass dies die Ankündigung von Bombenan-griffen war, die auch uns treffen könnten, war mir damals noch nicht richtig klar. Ich war fasziniert von dem Bild über und vor uns, und ich nahm mir vor, in den Erinnerungen, die ich nach dem Krieg schreiben wollte, dieses alles zu schildern. – Falls ich den Krieg überleben würde!

Tatsächlich war es eine Stellung in der Nähe von Wettbergen, in der wir dann schließlich abgeladen wurden. Zu unserem „Empfang" war alles vorbereitet. Wir mussten im Eingangsbe-reich der aus vielen Baracken bestehenden Stellung antreten und erfuhren vom Spieß, dass wir hier in den nächsten vier Wochen ausgebildet und erst danach eingesetzt würden. Wir wurden na-mentlich aufgerufen und auf die einzelnen Baracken verteilt. Un-sere Klasse blieb zusammen. Wir wurden von einem Unteroffizier angewiesen, uns ein Spind auszusuchen, unsere Sachen darin einzuräumen und eines der doppelstöckigen Betten in Beschlag zu nehmen. Danach mussten wir vor einer größeren Baracke, der so genannten „Kammer" antreten, um drinnen dann der Reihe nach „eingekleidet" zu werden. Insgesamt erhielt jeder drei ver-schiedene Uniformen, eine „gute" für das Vorzeigen in der Öf-fentlichkeit bestimmte „Ausgehuniform" mit schönen silbernen Knöpfen, eine Uniform für den Alltag (zum Teil schon recht ver-schlissen) und schließlich „Drillichzeug", also Kleidung für Arbei-ten im Dreck, dazu dann noch zwei Paar Stiefel, Strümpfe, lange Unterhosen und ein langes Nachthemd. Mit all dem beladen durf-ten wir dann wieder in unsere Unterkunft zurück. Unser Zivil-zeug mussten wir weghängen. Dieses zu tragen war selbst in der Freizeit streng verboten. Ich kam mir vor, als wäre ich zu einem anderen Menschen geworden. Einer von uns sollte später in einer größeren Eingangsbaracke für uns alle das Abendessen in Emp-fang nehmen. Sobald von draußen das Kommando „Essenholer raustreten!" zu hören sei, solle er sich im Laufschritt dorthin begeben.

In der Zwischenzeit sollten wir anderen schon die Strohsäcke mit Stroh füllen, sie anschließend beziehen und die Betten dann ordnungsgemäß „machen". Wie wir dabei vorzugehen hatten und wie die Betten mit dem Kopfkissen und dem Laken darüber auszusehen hatten, legte uns der Unteroffizier in allen Einzelheiten dar und machte es an einem der Betten vor. Außerdem sollten wir einen Stubenältesten bestimmen und jemanden, der heute Abend „Stubendienst" hatte, also für Ordnung und Sauberkeit in unserer Stube zu sorgen hatte. Punkt 22 Uhr sollten wir alle ausgezogen im Bett liegen. Nur der Stubendienst-Mann sollte aufbleiben und bei dem kurz nach zehn stattfindenden „Stubendurchgang" Meldung erstatten. Damit er dabei keinen Ärger kriege, solle er sich schon jetzt merken, was er dem UvD (Unteroffizier vom Dienst) dann zu sagen habe, und zwar: „Stube acht belegt mit 12 Mann. 11 Mann in den Betten, Luftwaffenhelfer Meier Stubendienst." Und natürlich müsse er strammstehen dabei.

Um alles zu erledigen, blieb nur wenig Zeit. Ich kannte das von Hitlerjugendlagern und versuchte mich zu beeilen, musste aber schnell einsehen, dass ich bis zehn nicht fertig sein würde. Glücklicherweise kam der UvD etwas später, so dass ich es schaffte, vorher im Bett zu liegen. Zwei andere, die noch langsamer gewesen waren als ich, wurden dafür mit dreißig Kniebeugen bestraft. Schlimmer noch ging es Egon Frie, der freiwillig den Stubendienst übernommen hatte. Nachdem er, wenn auch stotternd, Meldung erstattet hatte, sah sich der Unteroffizier im Zimmer um und stellte fest, dass sich oben auf den Spinden noch Staub befand und dass Besen und Handfeger noch im Zimmer rumlagen. Er wurde dafür nicht nur „zusammengeschissen", sondern erhielt den Auftrag, morgen Abend im Zimmer des UvD zu putzen.

Das war ein erster Vorgeschmack von dem, was uns in der nächsten Zeit erwartete. Von ein oder zwei Stunden Freizeit am

Abend abgesehen (die aber häufig mit Aufräumen und Säubern unserer Uniform draufgingen) waren wir ständig in Hetze. Jeder Gang, wohin auch immer, hatte im Laufschritt zu erfolgen. Schon am nächsten Vormittag folgte eine weitere Schikane: Als wir nach dem ersten Außendienst in die Unterkunft zurückkehrten, war der Fußboden mit Asche bedeckt. Irgendein Vorgesetzter war in der Zwischenzeit hier gewesen und hatte entdeckt, dass wir versäumt hatten, aus dem Ofen die Asche zu entfernen. Um uns das zu zeigen, hatte er die Asche einfach ins Zimmer gekippt. Ähnliche Maßnahmen, mit denen wir zu Ordnung und Sauberkeit erzogen werden sollten, gab es in Zukunft fast jeden Tag: Wenn ein Bett nicht gut genug gebaut war, wurden Decke, Laken und manchmal auch der ganze Strohsack aus dem Bettgestell herausgerissen. Wenn beim Antreten festgestellt wurde, dass jemand Flecken an der Uniform hatte, musste er am Mittag während der Freizeit Extra-Dienst in der Kleiderkammer leisten, oder wenn wir beim Raus- oder Antreten zu langsam waren, setzte es Kniebeugen und Liegestütze, manchmal an die hundert oder so lange, bis wir halb bewusstlos am Boden lagen. So ging es praktisch von morgens bis abends.

Besonders gefürchtet waren auch die am Wochenende angesetzten Stubendurchgänge. Wir hatten uns dann stundenlang mit dem Saubermachen unserer Quartiere beschäftigt, und bei der anschließenden Besichtigung, die entweder der Spieß oder der Batteriechef vornahm, war dann die Spannung groß, ob alles für gut befunden wurde. Obwohl wir allmählich rausbekommen hatten, worauf es dabei ankam (zum Beispiel, den Fußboden auch hinter den Spinden zu säubern oder auf den Lampen und Bettpfosten Staub zu wischen), passierte es immer wieder, dass die Vorgesetzten doch noch irgendwo einen Staubrest entdeckten, der uns entgangen war. Es setzte dann entweder eine der gewohnten Kollektivstrafen für die Bewohner der ganzen Baracke, oder wir wurden persönlich belangt, wie zum Beispiel ich, als der Batteriechef bei der Spindkontrolle feststellte, dass mein Kamm neben der Butter lag, wofür ich mit einem Monat Urlaubssperre bestraft wurde.

Dieser gleiche Oberleutnant, im Zivilberuf übrigens Zahnarzt, erlaubte sich an jedem Mittag auch einen Spaß mit uns, den wir als besonders niederträchtig und entwürdigend empfanden: Wir mussten vor der Ausgabe des Mittagessens vor der Kantine antreten, um dort einzeln unsere Post entgegenzunehmen. Das geschah in der Weise, dass er sich zusammen mit seinem Hund, einem kleinen Spitz, vor uns aufbaute und den Namen des jeweiligen Empfängers nannte. Der Aufgerufene musste dann im Laufschritt nach vorn kommen, um seinen Brief in Empfang zu nehmen. Lief er zu langsam, erhielt er den Befehl, eine Runde um die angetretene Batterie zu drehen, wobei dann – das war der Gag – der Spitz bellend hinter ihm herlief. Gelang es dem Spitz, den Läufer einzuholen oder sich in dessen Hose festzubeißen, war eine weitere Runde fällig. Erst dann erhielt der Empfänger seine Post.

Auch im eigentlichen Dienst, unserer Ausbildung zur Bedienung der Flakgeräte, ging es nicht viel besser zu. Anders als in der Schule, wo uns das, was wir neu zu lernen hatten, vorher erklärt oder vorgemacht wurde, wurde hier fast immer vorausgesetzt, dass wir alles schon wussten und beherrschten. Der (so genannte) Unterricht bestand dann im Wesentlichen aus Abfragen oder Verbesserungen dessen, was wir falsch gemacht hatten. Sehr gut erinnere ich mich noch an eine Szene, die am dritten Tag unserer Ausbildung stattfand, als es in der Kleingruppe um Dienstgrade und dergleichen ging. Wir sollten zu Beginn der Stunde unsere Namen sagen. Ich kam als erster dran und sagte: „Ich heiße Keseling", und erhielt von dem Unteroffizier die Antwort: „General!?" Ich schwieg, weil ich nicht verstand, was er damit sagen wollte. „General!?", wiederholte er, und als ich weiterhin stumm blieb, sagte er: „Ich will wissen, ob Sie General Keseling sind!" Ich dachte: Verwechselt er meinen Namen mit dem berühmten General Kesselring? Doch wohl kaum. Erst jetzt verstand ich. Es wurde erwartet, dass wir bei der Nennung unseres Namens den Titel, also „Luftwaffenhelfer", voranstellten, und etwas später lernten wir, dass im Dienst das Wort „ich" grundsätzlich verboten war. Wenn wir zum Beispiel aufs Klo müssten, hätten wir zu sagen „Luftwaffenhelfer Keseling bittet austreten zu dürfen" oder besser noch „Luftwaffenhelfer Keseling bittet Herrn Leutnant austreten zu dürfen". Das war dann der Auftakt zu einer Belehrung über den Umgang mit Vorgesetzten, das Entgegennehmen und Ausführen von Befehlen und das, was man in solchen und ähnlichen Situationen zu sagen habe. Die Kommunikation mit Vorgesetzten vollzog sich in Formeln, fast wie das Räderwerk einer Maschine. Alle Untergebenen waren hier gleich, hatten gleich zu reagieren und gleich zu sprechen. Wortschatz und Satzbau waren auf ein Minimum eingeschränkt. – Außerhalb der Stellung, also bei Wochenendurlauben usw., war es geboten, zufällig entgegenkommende ranghöhere Soldaten (ab dem Unteroffizier) mit erhobenem Arm zu grüßen. Dieser würde dann zurückgrüßen.

Welchen tieferen Sinn dies alles hatte, verstand ich erst später. Der Einzelne war nichts anderes als ein Befehlsempfänger, und dass dies so war, war selbstverständlich und musste fester Bestandteil unseres Bewusstseins werden. Nur so ließen sich Kriege führen.

Neu für uns war auch, dass wir selbst in der so genannten Freizeit nicht bewegungsfrei waren. Wir durften unsere Baracke nicht ohne Erlaubnis verlassen, und diese wurde nur gegeben, wenn ein triftiger Grund vorlag, zum Beispiel für die Krankmeldung bei einem Vorgesetzten oder dem Gang zum Sanitäter. Unvorstellbar wäre es gewesen, wenn wir uns etwa draußen längere Zeit in Gruppen aufgehalten oder gar das Stellungsgelände verlassen hätten.

Es war eine schreckliche Zeit. Das Schlimmste von allem war

mein ständiges Heimweh mit der Sehnsucht nach Zuhause und nach Vater und Mutter, und die mich immerfort begleitende Angst, wegen irgendwelcher Nachlässigkeiten mit Urlaubssperre bestraft zu werden. Denn die vierzehntäglichen Wochenendurlaube waren die einzigen Lichtblicke.

Sehr belastend war auch das Zusammenleben und Schlafen mit den anderen Luftwaffenhelfern. Ich war es gewohnt, allein zu schlafen, und schon, wenn ich früher gelegentlich in HJ-Lagern in einem Raum mit anderen übernachten musste, war das schlimm für mich. Ich fürchtete mich vor ihnen, und dafür gab es auch oft genug Grund: Die Größeren fielen über uns Kleinere her und verprügelten uns. Bei den Luftwaffenhelfern wiederholte sich das. Ich war nur mit zweien, Bernhard und Kurt, die ebenfalls klein und zierlich waren, befreundet, während ich mit den anderen eher auf Kriegsfuß stand. Von den vielen Streitigkeiten erinnere ich mich noch besonders an eine Szene, die in mehreren Nächten hintereinander stattfand: Wenn der Stubendurchgang vorüber und das Licht ausgemacht war, ertönte irgendwann von Fritz das Wort „Anheizen!" (das war eigentlich ein Befehl aus der Flugabwehrtechnik) und im gleichen Moment – immer noch im Dunkeln – sprangen die neun anderen aus ihrem Bett und schlugen auf einen von uns dreien mit Holzbrettern ein. Jede Nacht war dann ein anderer von uns dran. Dass sie so systematisch vorgingen, war aber auch unser Glück. Als schon Kurt und ich dran gewesen waren, war abzusehen, dass es in der nächsten Nacht Bernhard treffen würde. Um dem zu entgehen hatten wir uns eine kleine List ausgedacht: Sobald das Licht ausgemacht und es stockdunkel war, stieg Bernhard, der in dem Stockbett unter mir schlief, leise zu mir hoch und legte sich neben mich. Wenig später schlugen sie dann mit ihren Latten auf ein leeres Bett ein. Von da an hatten wir Ruhe.

Weitaus schlimmer traf es einige Monate später den hochbegabten Paul aus meiner Klasse. Er war schon in der Schulzeit ein

Einzelgänger gewesen, war aber von uns allen sehr geschätzt, weil er uns in Mathe und Physik bei den Hausaufgaben half und uns auch von ihm abschreiben ließ. Bei den Luftwaffenhelfern kam er auf die Idee, einen Tauschhandel mit den in unserer Batterie eingesetzten russischen Kriegsgefangenen in Gang zu setzen: Er gab ihnen Brot und sie putzten dafür seine Schuhe. Da die Gefangenen nie genug zu essen hatten, wurde dieser Handel regelmäßig wiederholt. Auch wir anderen beteiligten uns daran. Das Brot, das auch bei uns knapp war, besorgte Paul heimlich aus der Kantine. – Eines Morgens beobachteten wir, wie Paul kurz nach dem Wecken sein Bett abzog und die Laken über einen Stuhl legte. Dort ließ er sie auch während des Frühstücks hängen und machte auch später keine Anstalten, sein Bett wieder zu beziehen. Als ihn der Stubendienst-Mann aufforderte, das schleunigst nachzuholen – wir hätten sonst alle eine der üblichen Kollektivstrafen erhalten – stellte er fest, dass die Laken feucht waren. Ganz offensichtlich hatte Paul während der Nacht im Bett uriniert. Als sich dies in den nächsten Wochen mehrfach wiederholte, stellten wir Paul zur Rede: Er solle gefälligst in der Nacht aufs Klo gehen, anstatt einfach ins Bett zu pinkeln, sagte Fritz, der wie immer unser Wortführer war. Paul reagierte mit Stillschweigen. Das Einzige, was sich in den nächsten Tagen änderte, war, dass er sein Bett nicht mehr abzog, was natürlich zur Folge hatte, dass sich nach wenigen Tagen erst recht ein schrecklicher Gestank ausbreitete. In der gleichen Zeit passierte es, dass einem von uns Geld im Portemonnaie fehlte und dass einen Tag später einem anderen sogar die ganze Geldbörse abhandengekommen war. Es musste also einen Dieb unter uns geben. Paul? Nachzuweisen war ihm das nicht. Aber wer sollte es sonst sein?

Bald gab es unter uns kaum noch ein anderes Gesprächsthema als Pauls Bettnässen und seine Klauerei. Was sollten wir tun? Dass es sich hier um eine psychische Störung handeln konnte, war damals niemandem von uns bewusst. Nachdem alles Schimpfen und Drohen sich als vergeblich herausgestellt hatte, wandten wir uns an den in der angrenzenden Baracke wohnenden Wachtmeister Kubon, der als Scharfmacher bekannt war und von dem wir hofften, dass er sich Paul „gehörig vorknöpfen" würde. Kubon zuckte jedoch nur mit den Achseln und sagte, das sei nicht seine Sache. Aber wenn wir uns entschließen würden, „Selbstjustiz" zu üben, dann würde ihn das zu ihm durchdringende Geschrei von Paul nicht weiter stören.

Also wurde beschlossen, Paul am nächsten Abend gehörig zu verprügeln. Fritz, Helmut und andere, die wie immer bei uns das Sagen hatten, schlugen vor, nach dem Stubendurchgang Paul aus dem Bett zu zerren und ihn mit unseren Koppeln am ganzen Körper grün und blau zu schlagen. So geschah es dann auch. Es wurde ihm zuerst die Schlafanzughose runtergezogen, dann hielten ihn zwei von uns fest, und die anderen schlugen wild mit ihren Koppeln auf ihn ein. Es war furchtbar und dauerte mehr als eine viertel Stunde. Das Erschreckendste war der unwahrscheinliche Eifer, mit dem wir alle zu Werke gingen. Es war selbstverständlich, dass alle mitmachten. Auch ich hatte meinen Ledergürtel in der Hand, kam aber nicht dazu, zuzuschlagen, weil die Größeren so sehr bei der Sache waren, dass für mich kein Platz war, an Paul ranzukommen.

Einige Wochen später wurde er aus dem Luftwaffenhelferdienst entlassen. Was aus ihm geworden ist, ob er wieder in die Schule gehen durfte, und wenn ja, wo – es gab ja in den Schulen für Jungen keine höheren Klassen mehr, da alle zum Militär oder zur Flak eingezogen waren –, haben wir nie erfahren. Auch als wir ein halbes Jahrhundert später bei der Planung eines Klassentreffens versuchten, seine Adresse ausfindig zu machen, mussten wir feststellen, dass es in ganz Deutschland aus dem Jahrgang 1928 niemanden mit dem Namen Paul D. gab. Er konnte also verstorben oder ausgewandert sein. Oder, so dachte ich bei den Nachforschungen, könnte es sein, dass sie ihn in eine psychiatrische Anstalt gesteckt hatten und er dort umgebracht worden war? Diesen Gedanken mochte und mag ich nicht zu Ende denken.

Sehr allmählich gelang es mir, mich innerlich von dem schlimmen Alltag loszulösen und so etwas wie Gegenstrategien zu entwickeln. Was die ständigen Schikanen seitens der Vorgesetzten anbetraf, sagte ich mir: Diese Typen sind nun einmal so, wie sie sind. Sie verhalten sich wie meine Feinde. Zwar kann ich mich nicht gegen sie wehren, aber wenn ich ihnen in meiner Einstellung mit Hass begegne, erleichtert mir das den Umgang mit ihnen („Jawohl Herr Unteroffizier, aber sehr viel lieber würde ich Ihnen jetzt in den Arsch treten!").

Anfang Februar war die Ausbildung zu Ende. Wir hatten jetzt gelernt, noch besser im Gleichschritt zu marschieren, dazu zu singen, uns in dem matschigen Gelände zu bewegen, wenn nötig zu robben und die Kanone zu bedienen. Letzteres – nach meinem Dafürhalten doch die Hauptsache – hatte nur wenig Zeit in Anspruch genommen.

Mitte Februar nahmen wir dann – nach einem vorausgegangenen Stellungswechsel in den östlich von Hannover gelegenen Ort Bemerode – zum ersten Mal Kontakt mit den fünf Geschützen auf, die wir im Ernstfall zu bedienen hatten. Es waren riesengroße Kanonen mit einem Rohr von 10,5 cm Durchmesser. Jedes der Geschütze, auf die wir jetzt verteilt wurden, war von einem hohen Wall umgeben, der bei eventuellen Bombardements vor Splittern Schutz bieten sollte.

Wir warteten auf unseren ersten Einsatz. Wann das genau sein würde, konnte niemand sagen. Es würde davon abhängen, wann die feindlichen Flugzeuge in Reichweite unserer Geschosse fliegen würden. Einstweilen flogen sie auf ihrer Route Richtung Berlin weiter nördlich, so dass wir, wie es im Kommissjargon hieß, eine ruhige Kugel schieben konnten. Es gab zwar häufig – meistens in der Nacht – Fliegeralarm, aber wir mussten uns dann nur in dem jeweiligen so genannten Untertretbunker unterhalb des Walls aufhalten, um im Ernstfall in Sekundenschnelle unseren Platz am Geschütz einnehmen zu können.

Der Aufenthalt in diesem dunklen 4 mal 2 Meter großen Bunker, zusammen mit unserem Unteroffizier, einem Flaksoldaten und zwei für das Hineinschleppen von Munition zuständigen russischen Kriegsgefangenen, war zwar langweilig, aber ungefährlich. Denn so lange wussten wir, dass die Flugzeuge noch weit entfernt waren und uns nicht bombardieren konnten. Auch wenn wir bereits draußen am Geschütz sitzen mussten, bestand diese Gefahr noch nicht. Die Flugzeuge waren jetzt zwar näher, man konnte das Motorengeräusch hören und sie bei Tag auch sehen; aber erst, was bislang noch nicht vorgekommen war, wenn der per Funk erhaltene und vom Unteroffizier an uns weitergegebene Befehl „Gruppenfeuer! – Gruppe!" ergehen würde, wurde es wirklich ernst. Wir waren dann den eventuellen Bomben ohne jeden Schutz preisgegeben.

Ich war als Richtkanonier eingeteilt, hatte also die Aufgabe, das Geschützrohr in die richtige Richtung zu bringen. Dazu saß ich auf einem neben dem Geschütz befindlichen Sattel und musste von hier aus mithilfe einer elektrischen Steuerung das Rohr mal nach oben und mal nach unten bewegen. Bald realisierte ich auch, dass die Gefahr, von einer Bombe getroffen zu werden, erst dann richtig groß war, wenn das Geschützrohr fast senkrecht stand. Nur dann musste man also Angst haben. Ich malte mir aus, wie es sein würde, wenn mir von einer Bombe beide Beine oder Arme abgerissen würden, und ich fragte mich, ob es nicht besser wäre, irgendwann einfach abzuhauen, was aber, das sagte ich mir auch, noch gefährlicher sein würde. Denn außerhalb des Walls wäre ich den Bombensplittern weitaus stärker ausgesetzt, – von der auf Feigheit vor dem Feind stehenden Todesstrafe ganz abgesehen.

Als es dann nach mehreren Wochen endlich so weit war, dass wir zum Einsatz kamen, war der ohrenbetäubende Lärm von fünf beinahe gleichzeitig losdonnernden Geschützen fast schlimmer als die Angst vor den Bomben. Einmal allerdings wurden wir alle von einem gewaltigen Luftwirbel zu Boden geschleudert. Steinbrocken und Splitter schlugen neben uns ein, aber keiner war verletzt. Die Bombe war direkt neben dem Geschützstand runtergegangen. Nur fünf Meter weiter nach links, und wir wären allesamt draufgegangen. Von da an nahm bei den Einsätzen die Angst wieder zu. Zermürbend war obendrein, dass sich manche Einsätze über Stunden hinzogen, dass vorübergehend keine Munition mehr vorhanden war oder der Ladekanonier, der außer den Kriegsgefangenen als einziger schwere körperliche Arbeit zu verrichten hatte, manchmal so erschöpft war, dass er eine Pause einlegen musste.

Dagegen hatten die langen Wartezeiten im Untertretbunker auch ihre positive Seite. Wir kamen uns gegenseitig näher und erlebten uns mehr und mehr als eine verschworene Schicksalsgemeinschaft. Unser Geschützführer, Unteroffizier Valek Kucias, verhielt sich nicht wie ein Vorgesetzter, sondern eher wie ein älterer väterlicher Freund. Wir seien doch noch halbe Kinder, sagte er zu mir, und es sei eine Schande, dass wir hier in unserem besten Alter „verheizt" würden. Auch mit den beiden sowjetischen Kriegsgefangenen, Iwan und Anton, die aus der Ukraine stammten, verstand er sich gut. Er selbst kam aus Oberschlesien, hatte als Muttersprache Polnisch gelernt und konnte sich folglich mit den beiden Gefangenen unterhalten. Über Valek erfuhr ich, dass Iwan und Anton sich als Freiwillige für die Wlassow-Armee gemeldet hatten und darauf hofften, irgendwann aus der Gefangenschaft freizukommen, um dann auf deutscher Seite gegen die Sowjets zu kämpfen. (Erst viel später wurde bekannt, dass alle Mitglieder dieser Wlassow-Armee von sowjetischer Seite nach Kriegsende hingerichtet wurden).

Nur recht selten hatte ich das Gefühl, am Geschütz sinnvolle Arbeit zu leisten. Es fiel mir schwer, zu denken, die dort oben in den Flugzeugen, das sind unsere Feinde, und auf die müssen wir schießen, um unsere Heimat zu verteidigen. Denn meine Feinde, so empfand ich das Leben hier, das sind doch in Wirklichkeit alle unsere Vorgesetzten, angefangen bei den Unteroffizieren, Wachtmeistern, dem Spieß und unserem fiesen Chef, die Menschen also, die uns tagtäglich schikanierten, bis hin zu den Majoren, Obersten und Generälen, die wir nie zu Gesicht bekamen. Ein Gefängnis, so dachte ich weiter, müsste nicht viel schlimmer sein als das hier. Dort hätte ich in meiner Zelle wenigstens Ruhe. – Übrigens stellte sich zum Jahresende heraus, dass alle rings um Hannover eingesetzten Flakkanonen (also unsere eingeschlossen) innerhalb eines Jahres nur ein einziges Flugzeug abgeschossen hatten! Und auch dabei war nicht sicher, ob dieses Flugzeug wirklich von einer Granate getroffen war oder ob es sich hier um eine Notlandung wegen eines Motorschadens gehandelt hatte.

Nach dem Abschluss der Ausbildung hatten wir vormittags viermal in der Woche Schule. Dazu kamen Lehrer aus der Tellkampfschule in Hannover in die Stellung. Man merkte ihnen an, dass sie das ungern taten, und es gab auch Streit mit dem Spieß, als die Lehrer sich wegen ungeheizter Räume weigerten, den Unterricht durchzuführen. Für uns war dagegen die Schule eine Erholung von dem sonst so anstrengenden Außendienst. Aber oft waren wir nach nächtlichen Einsätzen auch so übermüdet, dass es uns schwer fiel aufzupassen. Die Deutsch-Stunden waren für mich außerdem eher ein Beispiel dafür, wie Unterricht nicht sein sollte: Da wir aus Zeitgründen keine Hausaufgaben erledigen konnten, mussten wir uns den gesamten Stoff in den Unterrichtsstunden aneignen. Im Einzelnen sah das dann so aus, dass wir zum Beispiel das Drama „König Ödipus" mit verteilten Rollen lasen und später, ohne die Tragödie besprochen zu haben, einen Aufsatz zum Charakter der Hauptfigur schreiben mussten. Nach der nur einmaligen Lektüre war ich dazu kaum in der Lage, so dass mein

Aufsatz nur aus drei oder vier Sätzen bestand. Ähnlich ging es mir, als wir im Anschluss an einen Wechsel in eine andere Flakstellung das Aufsatzthema „Unsere neue Stellung" erhielten, wozu mir absolut nichts einfiel. Statt eines zusammenhängenden Textes zeichnete ich daher nur einen Lageplan mit der Anmerkung, dass ich hier alles zum Kotzen hässlich fand. Natürlich erhielt ich eine Sechs dafür, allerdings ohne schriftlichen oder mündlichen Kommentar. Großes Lob erntete indessen der Mitschüler Hugo, der seinen Aufsatz vorlesen durfte und die Stellung in den schönsten Farben geschildert hatte. Ich war entrüstet: Konnte denn Bärlage nicht verstehen, dass man auf diese Stellung, in der wir schikaniert und geschunden wurden und nachts unser Leben riskierten, nicht ein Loblied singen konnte? Und hatte er nicht gemerkt, dass Hugo in seinem Aufsatz gelogen hatte?

Aber diese meine Empörung änderte nichts daran, dass ich im Zeugnis in Deutsch eine Fünf erhielt. Nicht gerade schön, dachte ich. Aber ich hatte nicht vergessen, dass ich vorher sowohl mündlich wie schriftlich gut gewesen war und dass ich „eigentlich" recht gut schreiben konnte, – jedenfalls dann, wenn ich es freiwillig tat und wenn ich ausgeruht war. Auch tröstete ich mich damit, dass Bärlage in meinen Augen ein schlechter Lehrer war, der nichts begriffen hatte und sich nicht vorstellen konnte, wie es im Innern von uns sechzehnjährigen, zum Kriegsdienst gezwungenen Jungen wirklich aussah. So ungefähr sehe ich das auch heute noch. Nur denke ich, dass Hugo damals nicht gelogen hat, sondern dass er sich in seiner Phantasie ein schönes Landschaftsbild ausgedacht hatte und aus Büchern oder Zeitungsartikeln auch wusste, wie man so etwas verbal darstellen kann.

Von den nächtlichen Einsätzen abgesehen verging im Übrigen ein Tag wie der andere. Außer zwei Wochen Erholungsurlaub im Juli und den vierzehntäglichen Wochenendurlauben gab es wenig Abwechslung. Aber an zwei Ereignisse erinnere ich mich noch heute: Das eine fand an einem Hochsommertag Ende Juli statt. Es war ungefähr drei Uhr am Nachmittag, und wir waren gerade mit Gerätereinigen beschäftigt, als nach einem plötzlichen Pfiff der Befehl erging, alle momentanen Aktionen sofort abzubrechen und in einer viertel Stunde mit Stahlhelm im Eingangsbereich anzutreten. Dort wurde uns von einem höheren Offizier, den wir nur dem Namen nach kannten, mitgeteilt, dass am Vortag eine kleine „Clique" ehrgeiziger, gewissenloser und verbrecherischer Offiziere ein Komplott geschmiedet habe, mit dem Ziel, den Führer und den Stab der deutschen Wehrmachtsführung auszurotten. Eine von einem Oberst Graf von Stauffenberg im Führerhauptquartier gelegte Bombe habe eine Reihe treuer Mitarbeiter getötet oder verletzt. Hitler sei jedoch mit kleinen Verletzungen davongekommen. Die Oberste Heeresleitung habe daraufhin für alle drei Waffengattungen eine sofortige und unbefristete Urlaubssperre angeordnet. Um dem Ernst der Lage Rechnung zu tragen, werde für den Rest des Tages Infanteriedienst stattfinden. Wir mussten also marschieren, wurden mit voller Ausrüstung durch das Gelände gejagt mit „Hinlegen!", „Auf, marsch, marsch!", „Kehrt, marsch, marsch!" und so weiter, die übliche Maßnahme, die immer dann ergriffen wurde, wenn gesteigerte Disziplin angesagt war. – Da es streng verboten war, bei solchen Übungen zu sprechen, gab es keine Gelegenheit, uns über das vereitelte Attentat auszutauschen. Und auch am Abend und später wurde darüber kein Wort verloren. Dass ich es lieber gesehen hätte, wenn Hitler umgekommen und der Krieg schnell zu Ende gegangen wäre, wagte ich selbst meinen besten Freunden nicht zu sagen.

Das andere Ereignis hing damit zusammen, dass wir uns für die Zeit nach der Entlassung aus dem Luftwaffenhelferdienst Gedanken über unsere militärische Zukunft machen sollten. Dabei standen uns drei Möglichkeiten offen: Wir konnten uns als angehende Abiturienten freiwillig für die Reserveoffizierslaufbahn melden, wir konnten uns aber auch für den Wehrdienst als einfacher Soldat entscheiden, und zwar ebenfalls freiwillig. Die dritte, zumindest theoretische Möglichkeit war, uns überhaupt nicht freiwillig zu melden, was natürlich darauf hinauslief, dass wir trotzdem eingezogen würden. Während meine Stuben-Genossen alle die erste Möglichkeit wählten – sie konnten dann auch den Wunsch für eine bestimmte Waffengattung äußern –, zog ich es bei meinem Hass gegen alles Militärische vor, als einfacher Soldat zu dienen. Ich rechnete mir aus, dass meine Dienstzeit dann am kürzesten sein würde. Freiwillig wollte ich mich allerdings schon melden, denn das wurde erwartet.

Eines Tages teilte mir der Spieß mit, ich solle mich zu einer bestimmten Zeit in Hildesheim auf dem Wehrbezirksamt melden. Zu welchen Zweck das sein sollte, konnte er mir nicht sagen. Es handele sich um eine Verfügung „von oben". Ich machte mich also auf den Weg und freute mich, auf diese Weise für einen Tag vom üblichen Dienst befreit zu sein. Anschließend würde ich dann in Hildesheim meine Großmutter besuchen.

Im Wehrbezirkskommando musste ich mich erst mühsam durchfragen und landete schließlich bei einem Hauptmann, der mich bat, Platz zu nehmen. Er fragte mich, warum ich mich nicht wie meine Kameraden für die Offizierslaufbahn gemeldet hätte. Die deutsche Wehrmacht, fügte er hinzu, sei auf tüchtige Leute wie mich angewiesen. „Ich fühle mich dazu nicht berufen", antwortete ich. – Ob ich das erläutern könne, entgegnete der Hauptmann; wenn ich mich für fähig halte, das Abitur zu machen, dann sei ich doch auch in der Lage, einen entsprechenden Beruf zu ergreifen. – Ich war ratlos, was ich als weitere Begründung anführen könnte, und meinte schließlich, mir würde dazu die rechte Lust fehlen; auch könne ich mir nicht vorstellen, eine gute Figur abzugeben, wenn ich eines Tages vor der Kompanie stehen würde, um Befehle auszuteilen. – Welche beruflichen Vorstellungen ich denn für die Zeit nach dem Krieg hätte, wollte er jetzt wissen. – „Ich interessiere mich für Chemie, für Botanik und auch für Literatur, Kunst und Musik, aber über einen Beruf habe ich noch nicht nachgedacht", sagte ich. „Aber um ehrlich zu sein", fuhr ich fort, „wenn meine Begabung dazu ausreicht, würde ich wohl auch gern Schriftsteller werden." Als er mich daraufhin interessiert anblickte, schilderte ich ihm auch meine bisherigen schriftstellerischen Versuche. – Darauf reagierte er nicht. Er schien zu überlegen, blätterte dann in der vor ihm liegenden Akte, erkundigte sich nach dem Beruf und dem Alter meines Vaters und wollte wissen, wie es denn komme, dass er mit seinen 45 Jahren nicht wie andere an der Front sei. Und ohne meine Antwort abzuwarten, fragte er, ob ich ihm sagen könne, warum mein Vater nicht in die Partei eingetreten sei.

Erst jetzt wurde ich hellhörig: Er will herausfinden, ob meine Weigerung, Offizier zu werden, mit meiner politischen Gesinnung zusammenhing. Und blitzartig ging mir auch durch den Kopf, dass ich in unserer Stube manchmal Zweifel geäußert hatte, ob wir den Krieg noch gewinnen könnten und dass mich jemand verpfiffen haben könnte. Also aufpassen, sagte ich mir. Wenn ich jetzt verkehrte Antworten gebe, reiße ich nicht nur mich, sondern auch Vater rein. „Nein, keine Ahnung", sagte ich, „wir haben darüber nie gesprochen." – „So, so, und das Attentat am 20. Juli, es kann doch kaum sein, dass darüber in Ihrer Familie nicht gesprochen wurde!" – Es war nicht nötig, jetzt zu lügen. Denn tatsächlich hatte Vater damals die Ansicht geäußert, Leute wie Stauffenberg u.a. hätten schließlich einen Fahneneid geschworen und ihn gebrochen; es sei geltendes Recht, wenn sie dafür mit dem Tode bestraft wurden. Ich sagte das, und der Hauptmann blätterte wieder in der Akte. „In Ordnung", sagte er schließlich und stand auf. „Dann können Sie gehen." Und als ich an der Tür stand, die Hacken zusammenschlug und vorschriftsgemäß grüßte, sagte er noch in verächtlichem Ton: „Ich wünsche Ihnen bei Ihren Träumereien weiterhin viel Glück und Erbauung."

Ich hatte jetzt noch so viel Zeit, dass ich mit einem geliehenen Fahrrad für einige Stunden nach Gronau fahren konnte. Während dieser Fahrt überlegte ich ernsthaft, ob ich die Gelegenheit nicht wahrnehmen sollte, für immer abzuhauen. Aber wo sollte ich dann bleiben? Zu Hause sicher nicht. Denn natürlich erwarteten meine Eltern, dass ich meine Pflicht erfüllen würde. Also blieb es bei dem bloßen Gedanken.

Zwei Tage vor Weihnachten wurde ich zusammen mit zwanzig anderen aus dem Luftwaffenhelferdienst entlassen. Die Festtage durfte ich zu Hause verbringen und musste mich dann Anfang Januar nach Gifhorn zum Arbeitsdienst melden. Ich war darauf gefasst, dass wir jetzt noch stärker geschunden wurden als vorher. Denn der Arbeitsdienst war allgemein verrufen. Es wurde gesagt, dass wir es hier mit Vorgesetzten zu tun hätten, die weder für die Offizierslaufbahn noch für eine höhere Position in einer sonstigen NS-Organisation tauglich waren.

Der RAD (Reichsarbeitsdienst), zu dem seit 1935 alle jungen Deutschen, männlich wie weiblich, im Alter von achtzehn Jahren eingezogen werden konnten, und der laut Gesetz der Erziehung „zu einer wahren Arbeitsauffassung, vor allem zur gebührenden Achtung der Handarbeit" dienen sollte, war bereits kurz nach Kriegsbeginn für uns junge Männer auf das siebzehnte Lebensjahr vorverlegt und nach und nach zu einer zunehmend kürzer ausfallenden vormilitärischen Ausbildung umfunktioniert worden; für mich sollte sie knapp drei Monate dauern.

Es wurde auch weit weniger schlimm, als ich erwartet hatte. Nach einem Jahr härtestem Drill und den Einsätzen unter ständiger Lebensgefahr an der Flak erlebte ich den jetzigen Dienst als notwendiges Übel, bei dem nichts Schlimmes passieren konnte. Wir wurden ähnlich wie bei der Flak in einem Barackenlager untergebracht und erhielten als erstes wieder eine Uniform, die diesmal nicht graublau war, sondern braun. (In meiner Erinnerung war hier alles braun: auch die Räume, die Betten und der freie Platz zwischen den Baracken, auf dem wir mehrmals am Tag anzutreten hatten). Auch die lange Unterhose und das lange Nachthemd waren wieder dabei.

Wir erlebten jetzt den gleichen Drill wie früher, nur mit dem Unterschied, dass wir jetzt statt mit dem Geschütz mit dem Gewehr umzugehen hatten, wobei Scharfschießen weitaus weniger wichtig war als das Erlernen der „Gewehrgriffe", also das Gewehr richtig zu halten, es vorschriftsgemäß zu bewegen und über die Schulter zu hängen, was an mehreren Tagen stundenlang geübt wurde.

Unser Dienst, so wurde uns gesagt, sei eine Vorbereitung auf den Kriegseinsatz. Wir sollten lernen, uns schnell zu bewegen, Entbehrungen zu ertragen, unempfindlich gegen Kälte und sogar gegen Schmerzen zu werden. Um zu lernen, uns in Blitzeseile an- oder auszuziehen, wurden wir eines Nachts geweckt und erhielten den Befehl, in drei Minuten draußen anzutreten. Nur wenige schafften das, die meisten standen nach den drei Minuten noch im Unterzeug vor dem Spind, wurden dann aber von den Vorgesetzten rausgejagt und gezwungen, so wie sie waren, zum Teil noch halbnackt und barfuß, anzutreten (draußen lag übrigens Schnee, und wir hatten mehrere Grad Kälte). Dann folgte der nächste Befehl: alles wieder – in drei Minuten – im Nachthemd ins Bett, und sofort darauf wieder Raustreten in voller Uniform usw., usw., mehrere Stunden lang. Zum Schluss dann: im Nachthemd und Holzpantinen raustreten und drei Runden im Laufschritt um die Stellung herum.

Es gelang mir, mich schnell an alles zu gewöhnen. Auch mein Heimweh hatte ich inzwischen überwunden. Nach wie vor verbrachte ich die wie immer knappe Freizeit mit Lesen und Schreiben, und als einer meiner Vorgesetzten, er hieß Rohrich, auf meinem Bett die Reclam-Ausgabe vom „Faust" liegen sah, lobte und bewunderte er mich, und ich hatte seitdem bei ihm einen Stein im Brett. Dieser Rohrich war es auch, der uns in dem Unterricht über Verhaltensweisen gegenüber Vorgesetzten den Rat gab, uns im

Ernstfall vorzustellen, wie der betreffende hohe Offizier gerade seine Hose runterlasse, um zu scheißen.

Wirklich unangenehm war nur der allmorgendliche Appell, der den Vorgesetzten unter anderem dazu diente, Strafen zu verkünden. Diejenigen, die es traf, mussten dann vortreten, sich anhören, was ihnen vorgeworfen wurde und worin ihre Strafe bestand; häufig wurden sie in den „Bau" eingesperrt, ein von oben vergittertes und für uns alle sichtbares Erdloch. Die Vergehen waren im Allgemeinen die üblichen Ordnungswidrigkeiten, also mangelnde Sauberkeit und ähnliches, einmal aber auch fahrlässiger Umgang mit der Ofenheizung: Die Bewohner einer Baracke hatten in der Nähe des Ofens Wäsche aufgehängt, und diese hätte um ein Haar Feuer gefangen. Hier war das Strafgericht furchtbar. Die Beteiligten wurden als Volkschädlinge bezeichnet, die sich am Eigentum des deutschen Volkes vergangen hätten. Eigentlich hätten sie es verdient, in ein Konzentrationslager gesperrt zu werden. Sie sollten jedoch dieses Mal nur mit drei Wochen Bau bestraft werden. Damit wir anderen aber den Ernst der Lage begriffen und die gehörige Sorgfalt walten ließen, sollten wir alle bis zum Ende unserer Dienstzeit eine Urlaubssperre erhalten. Das wurde auch eingehalten. Der für uns alle in zwei Wochen vorgesehene Wochenendurlaub fiel damit flach.

Bei diesen Appellen wurden wir auch immer wieder aufgefordert, schriftlich unsere Mitgliedschaft in der SS zu beantragen. Als sich herausstellte, dass dazu nur wenige bereit gewesen waren, wurden einige von uns in der Nacht geweckt und unter greller Beleuchtung vom Vorgesetzten unter Druck gesetzt. So jedenfalls wurde berichtet. Mich traf es glücklicherweise nicht.

In den letzten Wochen unserer Dienstzeit war es offenbar schwer, noch eine angemessene Beschäftigung für uns zu finden. Im Westen hatten alliierte Truppen den Rhein überschritten, Schlesien und Ostpreußen waren verloren, und überall herrschte Mangel. Unsere Gewehre waren samt der Munition an die Fronten verfrachtet worden, so dass auch Schießübungen etc. nicht mehr möglich waren. Unter dem Vorzeichen „körperliche Ertüchtigung" bekam daher jeder einen Spaten in die Hand gedrückt, und wir marschierten damit auf ein außerhalb der Stadt gelegenes Feld, um dort Gräben auszuheben. Welchen sonstigen Zweck das haben sollte, erfuhren wir nicht. Diese Arbeit wurde auch an den nächsten zwei Tagen fortgesetzt. Und als am vierten Tag der gesamte Acker mit Gräben durchzogen war, erhielten wir den Befehl, die Gräben wieder zuzuschaufeln und am nächsten Tag, sie erneut auszuheben usw. Das setzte sich bis zum 15. März, dem Tag unserer Entlassung, fort.

Jeder von uns erhielt an diesem Tag einen schriftlichen Einberufungsbefehl zur Wehrmacht. Ich selbst sollte mich umgehend in Altengrabow, einer Garnisonsstadt östlich von Magdeburg, melden. Ich beschloss, nicht den direkten Weg dorthin zu nehmen, sondern den Umweg über Gronau, dort zu übernachten und erst am nächsten Tag nach Altengrabow zu fahren.

Einsätze an der Front – Wie der Krieg für mich zu Ende ging

Ich saß im Zug Richtung Altengrabow und betrachtete die Landschaft. Diese ganze Gegend kannte ich noch nicht. Ich staunte über die einsamen Kiefernwälder und die Heideflächen dazwischen, ein mir bis dahin völlig unbekanntes Gelände. – Zwischendurch las ich im „Faust", den ich mir als Reclam-Heft mitgenommen hatte, oder ich dachte über eine Erzählung nach, die ich als Nächstes schreiben wollte. Dadurch gelang es mir, die Trauer über den Abschied von meinen Eltern zu überwinden, einen Abschied, von dem ich glaubte, dass er vielleicht der letzte gewesen sein könnte. Ich war geübt darin, mich auf diese Weise von trüben Gedanken abzulenken.

Schwieriger war es allerdings, mich über die Sorge um die nächste Zukunft hinwegzusetzen. Ich wusste, dass es im Vergleich zu dem Dienst an der Flakkanone oder dem Gräbenschaufeln beim Arbeitsdienst jetzt wirklich schlimm werden würde. Die Gedanken darüber, wie es mir an der Front ergehen würde, hatten mich seit Beginn des Krieges verfolgt, und sie spulten sich in meinem Innern wie ein Automatismus ab: Ich stellte mir vor, wie ich zusammen mit meinen Kameraden vorwärts stürmte, wie die Geschosse zwischen uns einschlugen und wie die ersten von uns getroffen wurden. Oder wie ich inmitten der Detonationen und dem Schreien der Verwundeten darum „betete", dass ich das alles aushalten würde, und wie mich schließlich gegen meinen Willen der Mut verließ und ich, statt voranzustürmen, vor dem Feind zurückwich. Aber das würde ebenso mein Ende bedeuten wie das Vorwärtsstürmen. Ich würde dann von meinen Vorgesetzten hingerichtet werden. Eine leichte Verwundung wäre noch das Beste, ein so genannter „Heimatschuss", der mich für den Kriegsdienst untauglich machte. Aber die schrecklichen Bauchschüsse, von denen ich in den Kriegsbüchern von Werner Beumelburg und Ernst Jünger gelesen hatte, waren eine entsetzliche Vorstellung. Dann lieber sofort sterben! Sogar an Selbstmord hatte ich öfter gedacht, obwohl ich wusste, dass solche Versuche – auch Selbstverstümmelung gehörte dazu – als Sabotage galten und mit dem Kriegsgericht endeten. Den Heldenmut, der hier gefordert war, würde ich nicht aufbringen können. Ich hatte Angst, und ich verachtete mich deswegen. Wenn ich gewusst hätte, dass es Schriftsteller wie Erich Maria Remarque und Stefan Zweig gab, die den Krieg verurteilten, hätte mir das vielleicht geholfen.

Über alles das hatte ich noch mit niemandem gesprochen. Auch mit meinem Vater nicht, dem ich früher viele meiner Gedanken anvertraut hatte. Er dachte und urteilte anders, und die Autoren, die unter Hitler verboten waren, hatte er aus seinem Bücherschrank verbannt.

Wegen mehrfacher Fliegeralarme erreichte ich meinen Zielort Altengrabow erst gegen Abend. Als auf dem Fußweg, den ich zurückzulegen hatte, die Garnison vor mir auftauchte, überfiel mich ein Gefühl von Beklemmung, das ich von früher her kannte und das immer aufgetreten war, wenn mir der Eintritt in eine neue Umgebung mit neuen Menschen und neuen Aufgaben bevorstand, der Schulbeginn, der Wechsel in eine andere Schule, der Anfang der Luftwaffenhelferzeit und des Arbeitsdienstes. Dieses Mal war das Gefühl besonders intensiv. Es musste mit den Kasernen zusammenhängen. Ich kannte Kasernen bislang nur von außen. Die hohe Mauer ringsherum, der Stacheldraht darüber, am Eingang das Schilderhäuschen mit der Wache darin, das alles hatte etwas Bedrohliches an sich, fast wie ein Gefängnis. Daraus zu entkommen musste schwer sein, schwerer jedenfalls als aus den Baracken bei der Flak und beim Arbeitsdienst.

Dieser Eindruck bestätigte sich: Das Erste, was uns am nächsten Morgen beim Antreten gesagt wurde, war, dass wir als Rekruten das Kasernengelände nicht verlassen dürften. Den ersten Ausgang würde es nach acht Wochen geben. Es folgte eine Aufzählung aller weiterer Verbote und der Strafen für deren Übertretung.

Vieles davon kannte ich bereits. Aber ich hatte es anders erlebt: Als Luftwaffenhelfer waren wir ja aus Altersgründen verpflegungsmäßig bevorzugt worden, hatten vormittags Schule, durften vierzehntäglich am Wochenende nach Hause, und mit Kucias hatte ich einen liebevollen, väterlichen Freund gewonnen. Auch den Arbeitsdienst hatte ich dank der Vorzugsbehandlung von dem Oberscharführer Rohrig ganz gut überstanden. Strafen wie Urlaubs- und Ausgangssperren waren zwar schlimm, aber in dem Bewusstsein, dass Flak- und Arbeitsdienst befristet waren, war alles leichter zu ertragen.

Der Dienst in der Wehrmacht hatte dagegen etwas Unwiderrufliches an sich. Als Rekrut gehörte man vom ersten Tag an zu einer Institution, die ihre Tradition hatte. Die Kasernen hatte es schon lange vor dem Krieg gegeben, und nicht nur der Dienst, sondern auch die Freizeit einschließlich Essen und Trinken, allabendlichem Zapfenstreich, Zu-Bett-Gehen, Schlafen und Wecken unterlagen einem strengen und wie es schien zeitlosem Reglement. Drill und Schikanen, die wir seit Jungvolk und Hitlerjugend immer wieder erlebt hatten, hatten hier ihren eigentlichen Ursprung.

Dass dies so war, wurde uns an jedem Tag und in jeder Stunde beigebracht. Schon am ersten Morgen lernten wir – nach dem üblichen Exerzieren, mit dem jeder Vormittag begann – in einer so genannten Unterrichtsstunde die militärischen Dienstgrade und deren Abzeichen kennen, am Nachmittag den militärischen Gruß mit der Hand an der Mütze (anstelle des bei der Flak und im Arbeitsdienst geltenden Hitlergrußes), am nächsten Tag den Aufbau der Truppenverbände von der Division bis hinunter zur Gruppe und am dritten Tag die einzelnen Waffengattungen, wobei wir – erst jetzt, am vierten Tag! – erfuhren, dass wir zu einer Sturmgeschützeinheit gehörten und dass wir deshalb nicht eine Kompanie wie zum Beispiel bei der Infanterie, sondern eine Batterie seien, genau wie bei der Flak. Alles das wurde an mehreren Tagen eingeübt und immer wieder abgefragt. Auch von Beförderungen und von der Offizierslaufbahn war viel die Rede. Es wurde vorausgesetzt, dass alle angehenden Abiturienten Offiziere werden wollten, und wir wurden deswegen in einer besonderen Gruppe zusammengefasst. Dass ich nur ein „Gemeiner" bleiben wollte, interessierte niemanden.

Am vierten Tag wurde unsere Batterie in das im Landkreis Burg gelegene Dorf Möckern verlegt. Offiziere und Unteroffiziere wurden bei Familien einquartiert, alle anderen in dem großen Saal eines Gasthauses. Der ganze Raum war mit doppelstöckigen Betten vollgestellt. In den Gängen dazwischen bekam jeder einen Stuhl zugewiesen, auf den oder um den herum man seine persönlichen Sachen hinpacken konnte. Trotz der Enge hatte ich diesen Platz neben meinem Bett schon nach kurzer Zeit lieb gewonnen. In der knapp bemessenen und darum umso wertvolleren Freizeit saß ich dort und las im „Faust", schrieb, oder ich unterhielt mich mit meinem Nachbarn namens Kater. Wir mochten uns und waren uns darin einig, dass wir alles, was mit dem Kommiss zusammenhing, verachteten und nicht daran dachten, die Offizierslaufbahn einzuschlagen.

Zum ersten Mal erfuhren wir jetzt Einzelheiten über unseren geplanten Einsatz: Unsere Sturmgeschütz-Einheit sollte als Besatzung von Panzern hinter den feindlichen Linien abgesetzt werden und dort den Gegner von hinten angreifen. Wir würden deshalb nicht als Kanoniere, sondern infanteristisch ausgebildet. Jeder von uns wusste, dass dies ein Todeskommando sein würde, aber keiner redete darüber.

Von dem „Unterricht" abgesehen, wurde in den ersten Wochen hauptsächlich exerziert. Wir lernten zum dritten oder vierten Mal Stillstehen, Haltung annehmen, im Gleichschritt marschieren und dazu singen, die Kehrtwendung, die Augen und den Kopf nach links und nach rechts bewegen und vieles andere mehr. Wozu das gut war, wurde nicht gesagt, und natürlich fragte danach auch niemand. (Wie hätten wir diese Frage auch formulieren können? Vielleicht: „Bitte Herrn Unteroffizier fragen zu dürfen, welchen Zweck diese Übungen haben?")

Ähnlich wie beim Arbeitsdienst ging es mir in diesen Wochen auch hier nicht richtig schlecht. Es gab in unserer Gruppe etliche, die jetzt zum ersten Mal dienten, und diesen Anfängern fühlte ich mich überlegen, sowohl beim Exerzieren wie auch bei dem unvermeidlichen Stubendienst und dem Reinigen der Uniform. Ich wusste, worauf es ankam, und das tat mir gut. Im Gelände – meistens einem großen Kiefernwald außerhalb des Ortes, wo Hinlegen, wieder Aufstehen usw. geübt wurde – fühlte ich mich wohl, weil ich diese Landschaft liebte. Auch das regelmäßige Gewecktwerden um fünf Uhr fiel mir als Frühaufsteher nicht schwer.

Aus den Nachrichten und den Feldpostbriefen, die einige von uns erhielten, erfuhren wir, dass sowohl die Amerikaner und Engländer als auch die Russen schon weit auf deutsches Gebiet vorgedrungen waren. Irgendwann, so rechnete ich mir aus, würden sie auch Gronau besetzen, und dann würde es mit dem Briefkontakt mit meinen Eltern endgültig vorbeisein. Hildesheim, wo ein Teil meiner Verwandtschaft wohnte und wo ich zur Schule gegangen war, war am 22. März durch Bombenangriffe zu großen Teilen zerstört worden. Ich fragte mich, ob der Krieg bald zu Ende sein würde, oder ob mit Hilfe der immer wieder propagierten Vergeltungswaffe zum Schluss doch noch eine Wende eintreten würde, worauf meine Eltern immer noch hofften. Letzteres, so schien mir, würde doch nur eine Verlängerung der Kampfhandlungen bedeuten. Und sollte ich das wirklich wünschen?

Ostern rückte heran, und das sollte zwei Tage Freizeit bedeuten. Statt Exerzieren und Geländedienst war am ersten Ostertag Revierreinigen angesagt und zwischendurch las Hauptmann Wendt (Name geändert), der Batteriechef, etwas aus dem Leben Blüchers vor. Am Nachmittag war Kino (mit Veit Harlans Film „Der große König") und am Abend bis 22 Uhr Ausgang. Dabei konnten sich allerdings bloß die Älteren frei bewegen, während wir Rekruten das Quartier nur unter der Aufsicht von Vorgesetzten verlassen durften. Unteroffizier Sander, der die Gruppe 1 mit uns angehenden Abiturienten anführte, ordnete einen gemeinsamen Kneipenbesuch an. Ehe es losging, belehrte er uns über angemessenes Verhalten in der Öffentlichkeit. Dann sagte er, wir würden als erstes einen Rundgang durch den Ort machen, um zu sehen, ob junge Mädchen unterwegs seien, die uns auf unserem Kneipengang begleiten könnten. Wir sollten einfach auf sie zugehen und sie ansprechen.

Ich war froh, dass Sander diesen Job für uns übernahm und war erstaunt, dass sich die Angesprochenen zwar zunächst etwas zierten, dann aber ausnahmslos mitkamen. Ich selbst hätte überhaupt nicht gewusst, was ich hier hätte sagen sollen. – In der Wirtschaft wurden ein paar Tische zusammengerückt und – alles unter Sanders Leitung – eine bunte Reihe organisiert. „Es ist auch erlaubt, dass Sie sich paarweise an andere Tische zurückziehen", sagte er, und einige taten das auch. Die anderen, zu denen auch ich gehörte, rückten zusammen, und wir unterhielten uns über den Alltag im Dorf und über den Krieg. Ein richtiges Gespräch kam dabei nicht auf.

Als wir gegen zehn den Heimweg antraten, blieb einer von uns – er hieß Bartels – mit seinem Mädchen auf der Straße etwas zurück. Ich wunderte mich darüber, dass Sander das übersah und dass er später auch nicht zu bemerken schien, dass wir bei unserer Rückkehr nur zehn statt elf waren. Erst am nächsten Tag wurde mir klar, dass es für solche Fälle eine unausgesprochene Regel gab:

Nur wenn der Betreffende beim Wecken noch nicht zurück war, musste er mit einem Verfahren rechnen.

Ab dem zweiten Ostertag war dann wieder normaler Dienst. Zwei Stunden am Tag wurde exerziert, drei weitere Stunden fanden Übungen im Gelände statt, und in der übrigen Zeit lernten wir von Wachtmeister Velten, mit den wichtigsten Waffen umzugehen. Hier waren jeweils bestimmte Techniken zu erlernen: Beim Karabiner und bei der Pistole die Ermittlung der Abweichung vom anvisierten Ziel und bei der Handgranate die Betätigung des Zündmechanismus. Bei der Panzerfaust sollten wir lernen, die Waffe so zu halten, dass wir von dem Rückstoß nicht hingeworfen wurden. Alles das wurde uns kurz erklärt, aber zum Einüben reichte die Zeit nicht. Ich fragte mich, ob es mir wirklich gelingen würde, einen entgegenkommenden Panzer zu vernichten. Karabiner, Pistole und Handgranate waren dazu nicht tauglich, und die Panzerfaust würde mich bestimmt zu Boden reißen.

In dieser Zeit erhielt ich auch zum letzten Mal Post von meinen Eltern. Es waren gleich mehrere Briefe. Wie immer fehlten auch jetzt die (gut gemeinten) Ermahnungen nicht. Ganz im Gegensatz zu mir, der ich damals nichts so sehr herbeisehnte wie ein Ende der Kampfhandlungen – die Gefangenschaft würde ich praktisch als Befreiung empfinden –, waren die Briefe meiner Eltern mit Durchhalteparolen angefüllt. Sie hatten bis zuletzt geglaubt oder gehofft, „dass eine Wende zum Besseren kommt", und sie beriefen sich dabei auf Hitlers zuversichtliche Reden: „Erst gestern", so hatte mein Vater am 15. Februar 1945 geschrieben, habe der Führer versichert, „dass die große Wende kommen wird, und zwar noch in diesem Jahr". Und meine Mutter schrieb am 1. Februar 1945: „Für den ernstesten Fall" habe sie sich eine „lange Hose zurückgelegt, um sich mit Vater zusammen gegen den Feind zu verteidigen", und das sei eben das „Letzte, was sie tun könnten". „Aber im Ernst", so schrieb sie dann weiter, „glauben wir nicht an diesen Fall", und sie berief sich dabei ebenfalls auf „den Führer" und dessen zuversichtliche Reden. Man dürfe sich nicht von den Menschen, die schwarzsehen, beirren lassen. Neben dem Glauben an Hitler war es dann die Liebe zum Vaterland oder zu Deutschland, was sie hochhielt; so meine Mutter am 6. Februar 1945: Sie werde „ihr Leben gering achten, wenn sie unserem Vaterlande damit dienen" könne. Und das erwartete sie auch von mir, wenn sie schrieb: „Du tust Deinen Dienst für unser Vaterland" ..., „trag's für Deutschland", und mein Vater schrieb in seinem letzten Brief vom 3. April 1945: „Ich bin überzeugt, daß Du immer als aufrechter Deutscher Deine Pflicht erfüllen wirst und wenn es Not tut, für Deutschland mit all seinem Schönen an Musik, Dichtung, Landschaft und Wissenschaft zu sterben bereit sein wirst, das bedarf zwischen uns keiner langen Worte." – Von solchen Gedanken war ich damals weit entfernt. Was ich tat, tat ich, weil es befohlen wurde. Über den Sinn dachte ich nicht weiter nach. Aber nachträglich wird mir an den Äußerungen meiner Eltern klar, wie die darin zum Ausdruck kommende Einstellung dazu beitrug, dass eine große Mehrheit der Deutschen selbst noch in den letzten Jahren der NS-Herrschaft den Krieg bejahte und bereit war ihr Leben einzusetzen, und das trotz der ständigen Niederlagen. Das Gleiche ging auch aus einem Brief meiner Großmutter hervor: Sie berichtete von der kleinen Tochter einer Hausbewohnerin, die ständig Lärm mache. Beschwerden bei den Eltern hätten nichts genützt, und sie kommentierte das mit dem Satz: „Das Kind gehorcht nicht." Gehorsamkeit war von klein an die wichtigste an Kinder zu vermittelnde Eigenschaft.

Zu den vielen Übungen, mit denen die Tage ausgefüllt waren, gehörte auch zu lernen, den Tornister in kürzester Zeit zu packen und die Decke vorschriftsgemäß zusammenzurollen, was immer wieder geübt wurde. Da ich seit jeher in manuellen Dingen ungeschickt war, misslang mir das meistens, und ich musste deswegen die üblichen Strafen wie hundert Kniebeugen oder Dienst während der Freizeit über mich ergehen lassen. Ich ertrug das mit

Gleichmut und war darauf sogar noch stolz. Einmal hatte ich damit besonderes Pech: Wir sollten unsere Gewehre reinigen. Das war eine Kunst für sich, die gelernt und geübt sein wollte. Bei der Kontrolle wurde im Lauf meines Gewehres noch Schmutz entdeckt, und ich musste mich zwei Stunden nach Dienstschluss zur Nachkontrolle melden. Als dann immer noch Dreck gefunden wurde, musste ich mich beim Batteriechef melden. Dieser hielt mir einen kleinen Vortrag. Es handele sich hier nicht nur um Nachlässigkeit. Vielmehr lasse mein Verhalten auf Vorsätzlichkeit schließen. Das sei Sabotage und die geringste Strafe dafür sei Arrest. Die Offizierslaufbahn könne ich mir dann abschminken. Er wolle ein Auge zudrücken und es bei zwei Monaten Ausgehverbot und Ausschluss von allen Freizeitaktivitäten bewenden lassen. Aber bei weiterer Auffälligkeit würde ich in ein Strafbataillon versetzt.

An einem Mittwoch – es musste in den ersten Apriltagen gewesen sein – wurde bekannt gegeben, dass wir am Freitag in Burg vereidigt würden. Bei der dazu vorgesehenen Feier müssten wir ein tadelloses Bild abgeben und auch noch etliches neu lernen. Die Zeit dazu sei sehr kurz, so dass höchste Eile erforderlich sei. Die beiden nächsten Tage dienten ausschließlich der Vorbereitung auf dieses Ereignis: Wir marschierten auf der Landstraße Richtung Hohenziatz auf und ab, um dort den besonders anstrengenden so genannten „Achtungsmarsch" zu lernen. Neue Lieder wurden eingeübt, die Uniform ausgebessert und gesäubert, abgenutzte Uniformstücke gegen neuere ausgetauscht und Lederteile wie Koppel und Stiefel auf Hochglanz gebracht. Wir erhielten Stahlhelme, und vor dem Schlafengehen wurde uns beigebracht, wie wir über Nacht in unsere angefeuchteten Hosen Bügelfalten einzuliegen hatten.

Diese Prozedur misslang mir gründlich. Die Falten befanden sich überall, aber nur nicht dort, wo sie hätten sein sollen. Die Folgen sollte ich zu spüren bekommen, als wir am Nachmittag auf einem Kasernenhof in Burg angetreten waren. Ich stand wie gewöhnlich im vorderen Glied. Bevor das Kernstück der Vereidigung, das Nachsprechen der Eidesformel, stattfand, schritt Hauptmann Wendt die Batterie ab und musterte dabei jeden einzelnen gründlich. Vor mir blieb er kurz stehen und machte mich vor versammelter Mannschaft fertig. Wer ich denn sei und ob ich die Hose voll hätte, brüllte er. Auf Jammergestalten wie mich habe das deutsche Heer gerade noch gewartet. Ich solle im mittleren Glied verschwinden, damit mich niemand zu sehen bekäme.

Ihm hat also meine Bügelfalte nicht gefallen, dachte ich, und mit Rohrichs Ratschlag im Kopf, mir den Typen mit runtergezogener Hose vorzustellen, suchte ich mir einen Platz weiter hinten und wartete ab, was noch kommen würde. Es erschien jetzt der Bataillonskommandeur und sprach uns die Eidesformel vor, die wir im Chor nachzusprechen hatten. Sie lautete:

Ich schwöre bei Gott diesen heiligen Eid, dass ich dem Führer des deutschen Reiches und Volkes, Adolf Hitler, dem Obersten Befehlshaber der Wehrmacht, unbedingten Gehorsam leisten und als tapferer Soldat bereit sein will, jederzeit für diesen Eid mein Leben einzusetzen.

Wieder einmal fragte ich mich, ob es so weit kommen könnte, dass ich den Eid brechen und den „unbedingten Gehorsam" verweigern würde.

An den nächsten Tagen war die allgemeine Stimmung gereizt und der Dienst ungewöhnlich hart. Vermutlich sollten wir auf die Anstrengungen des Einsatzes vorbereitet werden. Eines Abends kamen wir völlig erschöpft von einem ganztägigen Geländedienst zurück. Als wir gerade auf dem Hof weggetreten waren, kam Hauptmann Wendt heraus und befahl uns, wieder anzutreten und uns im Laufschritt Richtung Ortsausgang zu bewegen. An einem frisch gepflügten und vom Regen schlammig gewordenen

Acker mussten wir Halt machen. Wendt baute sich vor uns auf und sagte, wir würden jetzt weitere zwei Stunden Geländedienst machen, aber diejenigen von uns, die müde wären und schon jetzt nicht mehr könnten, sollten nach links raustreten. Als dies niemand tat, ermunterte er uns, ehrlich zu sein. Er schwieg dann und musterte uns. Als erster marschierte Kater nach links heraus, und ungefähr die Hälfte von uns, ich eingeschlossen, folgte ihm.

Wendt wandte sich dem linken Trupp zu: Um uns zu zeigen, dass wir in Wirklichkeit noch könnten und uns nur drücken wollten, werde er jetzt ein besonderes Training für uns veranstalten, die rechte Gruppe hingegen dürfe ins Quartier zurück.

Wir mussten den Oberkörper frei machen und durften zum „Einlaufen" zuerst eine Runde um den Acker herum laufen und dann darüber hinweg. Zwischendurch mussten wir uns hinlegen, robben, weiterlaufen und in Deckung gehen, mit dem Gesicht nach unten, so dass auch dieses mit Schlamm beschmiert wurde. Das wurde ständig und ohne Pausen wiederholt. Als ich beim Laufen zusammen mit einem anderen, er hieß Tobler, mehrmals zurück blieb, nahm Wendt uns besonders vor. Während die anderen sich hinsetzen durften, mussten wir auf dem Acker „pumpen", Liegestütze machen, wobei er den Takt angab: „Hoch, runter, hoch, runter" usw. und dabei das Tempo beschleunigte. Irgendwann versagten meine Kräfte und ich kam nicht mehr hoch, und wenig später passierte meinem Nachbarn dasselbe. Wendt kam zu uns heran, beugte sich über uns und drohte mit Strafmaßnahmen wegen Befehlsverweigerung, wenn wir nicht umgehend das Pumpen fortsetzten. „Ich zähle bis drei, wenn Sie bis dahin nicht weitermachen, sind Sie dran." Unter Aufbietung meiner letzten Kräfte gelang es mir bei reduzierter Geschwindigkeit weiterzumachen, während Tobler liegen blieb.

Erst als ich am Abend vor dem Einschlafen den Tag noch einmal überdachte, stieg eine schreckliche Wut in mir hoch, und ich stellte mir vor, wie es gewesen wäre, wenn ich beim Robben plötzlich aufgestanden wäre und ich dem Hauptmann Wendt in die Eier getreten hätte. Hätte er zurückgetreten, oder hätte er mich sofort abführen lassen?

Noch in derselben Nacht wurde kurz nach zwölf Licht angeschaltet und die Pfeife des Spießes ertönte: „Alarm, Alarm!", rief er. Wir dachten zunächst an den üblichen Fliegeralarm und hatten es mit dem Aufstehen nicht eilig. „Aufstehen, Alarm", wiederholte der Spieß, „es geht heute Nacht an die Front; in einer Stunde muss alles marschbereit sein!" In äußerster Eile zogen wir uns an und packten unseren Tornister. Jeder bekam für einen Tag Marschverpflegung und ein Stück Schokolade, und dann ging es mit einem Bus nach Burg in das Kasernengelände. Dort verbrachten wir die restliche Nacht in einem Luftschutzkeller, wo wir auf Bänken schlafen konnten.

Am anderen Morgen wurde die Zusammensetzung der Gruppen geändert. Kater und zwei andere aus unserer Gruppe wurden durch erfahrene „Fronthasen" ersetzt. Aber Sander blieb unser Gruppenführer. Dass Kater nicht mehr in meiner ständigen Nähe war, bedauerte ich sehr. Er war der Einzige, mit dem ich auch über Privates sprechen konnte und bei dem ich mir sicher war, dass meine Meinung über bestimmte Vorgesetze nicht bei Dritten landete. Als Verehrer von Tolstoj und Dostojewskij fand er es schlimm, dass wir gegen die Russen Krieg führten. Wenn ihm befohlen würde, auf einen Russen zu schießen, würde er danebenzielen, sagte er. – Ich hätte Sander gern darum gebeten, dass wir zusammenbleiben konnten, ließ es aber, weil ich fürchtete, ausgelacht zu werden.

Später empfingen wir zunächst Mäntel und hatten Gelegenheit, unsere Schuhe gegen neue, italienische auszutauschen. Ich zog es vor, meine alten gut eingelaufenen Stiefel zu behalten, sollte das allerdings schon bald bereuen. Jeder bekam einen Karabiner, ein Seitengewehr, Patronentaschen, Munition und eine Panzerfaust. Am Nachmittag standen wir dann zusammen mit drei anderen

Rekrutenbatterien auf dem Kasernenhof mit Gepäck und in voller Montur angetreten. „Es wird Richtung Elbe gehen", erfuhren wir. „Dort werden wir Stellungen graben und diese beziehen, sobald der Feind anrückt. Bis dahin nimmt die Ausbildung unvermindert ihren Fortgang."

Wir hatten einen langen Marsch vor uns. Durch die Stadt Burg ging es noch in geschlossener Ordnung, und einige Male wurde auch ein Lied angestimmt, was jedoch unter der drückenden Last bald verstummte. Als wir die Stadt verließen, lösten wir uns in Gruppen auf und marschierten in Reihe rechts und links der Straße. Es herrschte eine unerträgliche Hitze. Karabiner, Panzerfaust und Tornister verursachten heftige Schmerzen in den Schultern, und ziemlich bald fingen auch meine Füße an weh zu tun.

Die Straße führte zuerst durch eintönige Getreidefelder, und etwas später tauchten an beiden Seiten erst kleinere und dann größere Wälder auf. Ab und zu konnte man links in einiger Entfernung die Autobahn sehen. – Ich fragte mich, ob wir wohl diese Gegend noch einmal wiedersehen würden, vielleicht kämpfend und vermutlich sogar bald. Denn jeden Tag legte der Feind lange Strecken zurück. Anscheinend wurde ihm kaum Widerstand geleistet, und gerade hatte ich von Leuten, die wir unterwegs getroffen hatten, gehört, dass Hildesheim gefallen sei und dass in Hannover gekämpft wurde. Demnach war der Amerikaner auch schon bei uns zu Hause einmarschiert. Wie mochte es meinen Eltern gehen? Lebten sie überhaupt noch?

Völlig erschöpft erreichten wir gegen Abend unser einstweiliges Ziel Hohenwarthe, ein Dorf unmittelbar an der Elbe. Mitten auf der Dorfstraße hielten wir an, legten unser Gepäck ab und durften uns hinsetzen. Aber während die anderen Batterien jetzt ihre Quartiere beziehen konnten, wurde uns mitgeteilt, wir hätten noch eine dreiviertel Stunde jenseits der Elbe zu dem Dorf Glindenberg zu marschieren.

Es ging einen steilen Abhang zur Elbe hinunter, wo wir mit ei-

ner Fähre übergesetzt wurden. Über Wiesen und Brachland marschierten wir auf der anderen Seite weiter. Kurz vor dem Dorf – es
war inzwischen fast dunkel geworden – wurde wieder angetreten.
Um im Ort einen guten Eindruck zu machen, sollten wir dort singend in Reihe und Glied einmarschieren.

Vor der Dorfschule, in der unser Zug untergebracht werden
sollte, hatte sich die Glindenberger Schuljugend versammelt. Die
Jungen und Mädchen, die beim Ausräumen der beiden Schulklas-
sen hatten helfen müssen, hatten offenbar schon den ganzen
Nachmittag auf uns gewartet und waren außer sich vor Freude,
als wir nun endlich da waren.

Trotz aller Müdigkeit mussten wir zunächst angetreten stehen
bleiben. Hauptmann Wendt teilte uns mit, dass wir von jetzt an
eine Infanterietruppe seien und zu der neu aufgestellten Kampf-
truppe Burg gehörten. Wir hätten die Aufgabe, den heranrückenden Feind zurückzuschlagen. Wenn jeder von uns seine Pflicht
erfülle und bereit sei, für unser Vaterland und für Adolf Hitler zu
sterben, sei das nicht aussichtslos. So oder so ähnlich hatte auch
schon der Bataillonskommandeur bei der Vereidigung gesprochen. Ich selbst sehnte mich ganz einfach nach Ruhe und Schlaf
und „träumte" von einer Nacht ohne Fliegeralarm und sonstige
Störungen.

Es sollte anders kommen. Kaum hatte ich mir in dem mit Stroh
ausgefüllten Klassenraum ein Lager zubereitet, wurde ich zusammen mit einigen anderen aus unserer Gruppe von unserem
Zugführer zur Wache eingeteilt. Wir durften also nicht schlafen,
sondern mussten in voller Montur und mit Gewehr draußen bleiben und dafür sorgen, dass sich kein Unbefugter der Truppe nä-
herte. „Wir befinden uns ab heute im Einsatz", sagte der Zugführer, „und Sie wissen, was das für Wachhabende bedeutet: Wer auf
seinem Posten schlafend entdeckt wird, wird erschossen!"

Erst um drei wurden wir abgelöst und schon nach zwei Stunden zum regulären Dienst wieder geweckt. Beim Antreten erfuh-

ren wir, dass der Amerikaner schon im Raum Braunschweig-Helmstedt stand, also nur noch sechzig Kilometer von uns entfernt war. Trotz allem begann auch heute der Tag wieder mit Exerzieren, wobei alle Augenblicke einer von uns wegen einer Kleinigkeit – einem falsch gehaltenen Karabiner, einem offenstehenden Knopf oder schlechter Haltung – in voller Montur zu Kniebeugen verdonnert wurde.

Ich hatte an beiden Füßen starke Schmerzen und ging deshalb zum Sanitäter, der mich für die nächsten Tage krankschrieb. Während die Kompanie Richtung Autobahn ausrückte, durfte ich in dem Klassenzimmer zurückbleiben. Ich wusste nicht, ob ich mich freuen sollte, oder ob ich mich wegen Drückebergerei schämen sollte. Ich hatte zwar wunde Füße, aber ich fühlte mich nicht krank. „Befehl ist Befehl", sagte ich mir schließlich und machte es mir auf meinem Lagerplatz in der Schulklasse bequem.

Etwas später tauchten die Schulkinder auf, die ein paar Tage freigehabt hatten und heute in einem Nachbargebäude wieder Unterricht haben sollten. In den Pausen schauten sie zu mir herein, und auch eine junge Lehrerin ließ sich ein paar Mal bei mir blicken, um aus den Schränken Unterrichtsgegenstände zu holen. Wie alt ich denn sei, fragte sie und schüttelte den Kopf, als ich sagte: „Siebzehn". Ich erfuhr von ihr, dass die feindlichen Panzerspitzen schon kurz vor Magdeburg standen. Ob wir jetzt überrollt würden, oder ob von den deutschen Verbänden Widerstand geleistet würde, wusste sie nicht, denn der Wehrmachtsbericht lag ja immer einen Tag zurück.

Ich genoss es, allein zu sein, im „Faust" zu lesen, Teile daraus auswendig zu lernen und meine Geschichte weiterzuschreiben. So vergingen zwei Tage und Nächte, und erst am dritten Tag erschien gegen Abend bei Einbruch der Dämmerung ein Unteroffizier und befahl mir, mit ihm zusammen und mit drei Kameraden, die von Möckern aus dem Revier nachgekommen waren, an die Front zu folgen. Unterwegs begegneten wir zwei Flakhelferinnen.

Sie waren in Magdeburg aus dem Lazarett entlassen worden und wollten sich jetzt nach Hannover durchschlagen. Wir rieten ihnen, sich in einem Wald verborgen zu halten, bis der Amerikaner vorübergerollt sei. Es ging zunächst durch Wiesengelände und später durch einen ziemlich langen Tunnel. Was sich oberhalb befand, wussten wir nicht, und erst als wir später einen Damm erklommen, wurde deutlich, dass wir an der Autobahn waren und dass diese auf der einen Seite über einen Kanal und weiter östlich über die Elbe führte. Hier irgendwo war meine Gruppe damit beschäftigt, Stellungen auszuheben. Wo genau dies war, wusste auch der Unteroffizier nicht, also sollte ich mich jetzt allein auf die Suche machen.

Nachdem ich vergeblich auf dem Damm hin und her gelaufen war, fragte ich einen Gefreiten, den ich aus Möckern kannte. „Komm mit!", antwortete er und lief wieder nach unten, warf dort seinen Tornister auf die Erde und sagte, ich solle hier warten und auf das Gepäck, das dem Leutnant gehöre, aufpassen. Ob er denn wisse, wo sich Gruppe 1 aufhalte, fragte ich noch mal. „Tu, was ich dir gesagt habe", schnauzte er zurück und machte sich davon. „In drei Stunden geht's los", hörte ich ihn noch sagen. Also wartete ich. Von weitem war Geschützdonner und, wie mir schien, auch schon das Rollen von Panzern zu hören. Ziemlich bald tauchte der Gefreite wieder auf, warf sich das Gepäck über und stieg, ohne ein Wort zu verlieren, den Damm hoch. Ich folgte ihm, war mir aber immer noch nicht sicher, ob er überhaupt verstanden hatte, dass ich auf der Suche nach meiner Gruppe war. Wir marschierten an der Autobahn in westlicher Richtung bis auf die Kanalbrücke, wo wir auf eine aus Kiefernstämmen aufgebaute Panzersperre stießen, an deren rechter Seite für die deutschen Truppen eine Lücke freigelassen war. Sie wurde von einem Posten bewacht. Undeutlich konnte ich auch einige Drähte erkennen, vermutlich die Zündkabel für die eventuelle Sprengung. Hier irgendwo müsse es sein, mit den Worten ging der Gefreite seiner eigenen Wege. Ich irrte weiter unschlüssig umher und hatte Angst, dass ich von anderen für einen „Versprengten" gehalten und auf der Stelle wegen Fahnenflucht aufgehängt würde.

Schließlich hatte ich Glück. Ich traf meinen Freund Kater, der zwar einem anderen Zug angehörte, der mir aber trotzdem sagen konnte, wo sich meine Gruppe ungefähr befand: Unsere Kompanie habe an beiden Seiten der Autobahn in Schützenlöchern Stellung bezogen. Sein Zug habe sich an dem südlichen und mein Zug an dem nördlichen Damm eingegraben. Wenn er richtig verstanden habe, sollten wir auf der Autobahn heranrückende feindliche Panzer zurückschlagen. Für uns als Infanterie sei das ein Todeskommando.

Es war jetzt nicht mehr schwer, meinen Zug zu finden. Die Schützenlöcher befanden sich teils oben direkt neben der Autobahn und teils weiter unten. Ich bekam eines der unteren Löcher zugewiesen und hatte dieses mit einem Kameraden namens Gargosch zu teilen, wobei abwechselnd einer schlafen durfte und der andere wach zu bleiben hatte. „Wenn entdeckt wird, dass ihr gleichzeitig schlaft, werdet ihr beide erschossen", bekamen wir zu hören. Es war schwer, mich mit Gargosch auf bestimmte Zeiten zu einigen: Er war zuerst mit Schlafen dran. Aber als ich ihn nach zwei Stunden – es war ein Uhr – wecken wollte, öffnete er nur kurz die Augen, drehte sich auf die andere Seite um und schlief weiter. Es dauerte eine halbe Stunde, bis ich ihn endlich wach hatte und ich mich hinlegen konnte. Schon kurz nach zwei weckte er mich und meinte, jetzt sei ich wieder an der Reihe, zwei Stunden seien rum. Als ich ihm zeigte, wie spät es war, gab er zwar nach – er hatte wohl nicht daran gedacht, dass ich eine Uhr hatte – versuchte es aber nach einer halben Stunde zum zweiten Mal. Zum Kotzen dieser Mensch, dachte ich, war aber viel zu müde, um meinen Ärger an ihm auszulassen.

Einen ähnlichen Streit hatten wir am nächsten Tag, als wir weiter oben ein neues Loch ausheben mussten. Wir wollten dies zuerst gemeinsam tun, stellten dann aber fest, dass wir uns gegenseitig behinderten, und wir beschlossen, uns abzuwechseln. Gargosch benutzte seine Ruhepause, um für Stunden zu verschwinden und erst zurückzukommen, als ich mit dem Ausschachten fertig war. Er hatte gehört, dass sich an der Straße Richtung Glindenberg die Trümmer eines Lastwagens mit Marketenderware befanden, und es war ihm gelungen, sich daraus einen Vorrat an Tabak und Süßigkeiten zu organisieren.

Inzwischen hatten wir erfahren, dass am Kompaniebefehlsstand die Feldküche eingetroffen war. Einer aus jedem Schützenloch sollte sich dort hinbegeben, um für sich und seinen Kameraden die Verpflegung entgegenzunehmen. Ich übernahm diese Aufgabe, während Gargosch sich über seine Schokolade hermachte. Auf dem Rückweg gab es Tieffliegeralarm. Am ganzen Himmel wimmelte es von feindlichen Jagdflugzeugen, und Sekunden später wurden diese von der in der Nähe stationierten deutschen Flak beschossen. Ein schrecklicher Lärm erfüllte die Luft. Bei uns war plötzlich jegliches Leben erstarrt. Jeder verkroch sich in seinem Schützenloch oder suchte sonst irgendwo Schutz. Ich selbst streckte mich lang in einem Graben aus. Wir hatten Glück. Schon nach wenigen Minuten drehten die Flugzeuge ab, und ich konnte mit der Verpflegung in unser Schützenloch zurückkehren.

Aber kaum war ich dort angekommen und wollte – hungrig, wie ich war – meine Bohnensuppe vertilgen, musste sich der ganze erste Zug an der Panzersperre versammeln, um die Lücke zu schließen. Die dazu ausersehenen Kiefernstämme lagen auf dem Seitenstreifen und mussten – alles von Hand natürlich – an die entsprechende Stelle getragen und zwischen den senkrecht in das Pflaster eingerammten Stämmen aufgeschichtet werden.

Am Nachmittag waren wir damit beschäftigt, unsere Schützenlöcher mit tarnendem Material zu verdecken. Ob dies für die Tiefflieger oder auch für heranrückende Bodentruppen gedacht war, wusste niemand. Die geschlossene Panzersperre und das zunehmende feindliche Artilleriefeuer deuteten jedenfalls darauf hin, dass wir inzwischen die vorderste Front geworden waren, und es war uns mehrfach gesagt worden, dass wir bis zum letzten Mann Widerstand zu leisten hätten.

Gegen Abend konnten wir zum ersten Mal das Pfeifen der heranfliegenden Granaten hören. Seltsamerweise kamen sie nicht nur von Westen, sondern auch von Osten, so dass der Eindruck entstand, dass wir eingekesselt waren. Auch das aus allen Himmelsrichtungen zu hörende Rollen der Panzer deutete darauf hin. Und dass es jetzt wirklich „so weit war", wurde auch daran deutlich, dass jeder ein „Frontkämpferpäckchen" mit Süßigkeiten erhielt, was nach Aussage der Älteren nur angesichts höchster Gefahr geschah. „So jung, und jetzt schon sterben", rief mir der Landser zu, der die Päckchen verteilte.

Wenig später wurde von Schützenloch zu Schützenloch ein Melder geschickt, mit dem Befehl, ein zweites Mal zu der Panzersperre zu kommen, um sie für ein deutsches Sturmgeschützbataillon zu öffnen, das sich noch diesseits des Kanals befand. An der Sperre angekommen, sahen wir schon die ersten Panzer aus dem Dunkel der Nacht auftauchen. Sie hielten unmittelbar neben unseren Schützenlöchern an. Die Besatzung war völlig erschöpft und außerdem betrunken. Da die Leute nicht imstande waren uns zu helfen, benötigten wir mehrere Stunden, um die Sperre zu öffnen und später wieder zu schließen.

Am anderen Morgen konnten wir nicht nur den Abschuss der feindlichen Granaten hören, sondern sie auch einschlagen sehen. Es hieß, die Kanalbrücke sollte in Kürze gesprengt werden und wir sollten auf dieser Seite zurückbleiben und uns irgendwie durchschlagen. Ob kämpfender- oder kapitulierenderweise, blieb offen. Aber schon kurz darauf kam ein anderer Befehl: Weil von Norden her feindliche Panzer auf uns zustießen, sollten wir in kürzester Zeit die gesamte nördliche Seite des Dammes, an der wir uns befanden, räumen und uns auf der südlichen verschanzen.

Kaum war das geschehen, hatte sich schon wieder alles geändert. Die Panzer hatten abgedreht, und wir kehrten in unsere alten Stellungen zurück. Dort sollten wir auf weitere Befehle warten. Diese kamen erst bei Anbruch der Dunkelheit. Wir sollten uns zum dritten Mal auf der Kanalbrücke sammeln und uns nun in östlicher Richtung absetzen.

Wir waren die Letzten, die die Brücke betraten. In einer viertel Stunde, hieß es, werde sie gesprengt. Ungefähr zehn Minuten lang schritten wir nun schweigend hintereinander her, bis wir auf der anderen Kanalseite eine geschützte Stelle erreichten, wo wir in Deckung gingen und auf die Sprengung warteten. Ich war derart müde, dass ich nach kaum einer Minute eingeschlafen war. Erst durch die schwere Erschütterung wachte ich wieder auf. Die Brücke existierte nicht mehr.

Die Erleichterung war riesengroß. Wir waren für das Erste mit der bloßen Angst davongekommen. Niemand aus unserer Kompanie war auch nur verletzt, und ich fragte mich, wem wir das zu verdanken hatten, den feindlichen Panzern, die abgedreht hatten, oder unserem Kommandeur, der statt der Losung „Widerstand bis zum letzten Mann" rechtzeitig den Rückzug angeordnet hatte.

Leider war diese Freude nur kurz, denn das Schlimmste stand uns noch bevor. Bis zum Morgen durften wir schlafen und erfuhren dann, dass der Kampf gegen die Amerikaner vom östlichen Elbufer aus fortgesetzt werden sollte. Wir überquerten den Fluss mit der Fähre und fanden in dem Dorf Hohenwarthe, durch das wir vor wenigen Tagen gekommen waren, zerschossene und menschenleere Häuser wieder. In einem Kiefernwald machten wir Halt, um dort die Sprengung der Elbbrücke abzuwarten. Danach, so wurde uns mitgeteilt, sollten wir irgendwo am östlichen Elbufer Stellung beziehen. Die Schützenlöcher, von denen aus die gegenüberliegende Seite gut zu beobachten sei, existierten schon. Aber wir müssten uns vorsehen, der Weg dorthin führe über verschiedene vom Feind gut einsehbare Äcker und Wiesen.

Unsere Gruppe marschierte in Schützenreihe einer hinter dem anderen her. Sander ging voran. Da er den Weg nicht kannte, musste er öfters anhalten und sich an einer Karte und am Sonnenstand orientieren. – Das gesamte Gebiet lag unter starkem Artilleriebeschuss, aber die meisten Einschläge waren noch weit entfernt, so dass wir nur gelegentlich in Deckung gehen mussten. Das änderte sich, als sich der Wald auf der linken Seite lichtete und schließlich in ein mit vertrocknetem Unkraut und Sträuchern bewachsenes Brachland überging. Das ganze Feld war von Trichtern aufgewühlt, und in dem angrenzenden Wald brannten an verschiedenen Stellen kleine Feuer. Wir machten kehrt und zogen uns in den Wald zurück. Wir sollten hier warten, während Sander allein den Weg zu den Erdlöchern erkunden wollte.

Es dauerte Stunden, bis er zurückkam. Die Löcher, sagte er, lägen in einer Wiese ziemlich nahe an der Elbe, vielleicht zehn Minuten von hier. Es sei ihm gelungen, eine relativ sichere Strecke ausfindig zu machen. Wir würden uns hauptsächlich hinter kleinen Hügeln oder zwischen Büschen fortbewegen. In einige Abschnitte habe der Feind allerdings Einsicht. Diese Stellen sollten wir sehr schnell, und zwar alle zu gleicher Zeit, überqueren. Damit brachen wir auf. Wir gingen wieder in Schützenreihe. Kurz vor der ersten gefährlichen Stelle sammelten wir uns. „Fertig machen zum Sprung!", sagte Sander, und als wir uns sprungbereit hingehockt hatten, erging der Befehl: „Springen!". So etwas hatten wir geübt, und es schien auch zu klappen. Die Einschläge folgten erst, als wir hinter einer Böschung Deckung gefunden hatten. Man hatte uns zwar gesehen, aber die Zeit hatte nicht ausgereicht, um sicher zu zielen. Die Salven nahmen zu. So nahe wie jetzt, hatte ich die Geschosse noch nie einschlagen sehen. Bei jeder Explosion konnte man neben dem Knall das Klingen des Metalls hören. Ein weiteres Vorrücken zu den Erdlöchern an der Elbe würden wir vermutlich nicht überleben. Sander befahl uns daher, uns dort, wo wir gerade waren, einzugraben. Die Schützenlöcher an der Elbe würden wir, wenn überhaupt, erst während der Nacht beziehen können, sagte er.

Unser Kompaniechef sah das anders. Er ließ von einem Melder durchgeben, dass sämtliche Erdlöcher an der Elbe ab sofort mit je zwei Leuten zu besetzen seien. Aber Sander war unschlüssig. „Im Moment geht das nicht", sagte er, als der Melder weitergezogen war, und begann damit, hier, wo wir gerade waren, für sich selbst ein Loch zu graben. Wir anderen folgten seinem Beispiel.

Ich fragte mich, warum wir nicht längst kapituliert hatten. Wenn wir seit Monaten immer nur vom Vormarsch der Alliierten und von unserem eigenen Rückzug gehört hatten, dann war doch kaum zu hoffen, dass jetzt noch eine Wende eintreten würde. Und warum zogen wir uns dann nicht freiwillig zurück, oder besser noch, warum streckten wir nicht ganz einfach die Waffen? – Auch mit dem Sinn der Sprengungen kam ich nicht klar. Allen, die sich nach Westen zurückziehen wollten, war damit der Weg versperrt. Sie würden den Russen in die Hände fallen.

Ich sprach mit Kater darüber: Er war ganz meiner Meinung. Er erzählte mir, dass es anders als bei uns in seiner Gruppe Verwundete gegeben habe und dass sein Gruppenführer an einem Bauchschuss gestorben sei. Eine halbe Stunde habe er noch gelebt und die ganze Zeit habe er schrecklich geschrien und gewimmert.

Es war der erste Tote, den Kater in seinem Leben gesehen hatte. „Dieser Krieg", sagte er „ist ein einziges großes Verbrechen, und es wäre gerecht, wenn die, die ihn angezettelt haben, auf die gleiche Weise stürben wie Unteroffizier Berger." Er schwieg einen Moment und fügte dann hinzu: „Und noch gerechter wäre es, wenn sie gefoltert und vergast würden wie die Juden in den Konzentrationslagern."

Ich war entsetzt, und statt zu antworten, sah ich Kater nur zweifelnd an. „Vergiss es", sagte dieser, „vergiss es, um Himmels willen. Ich habe nie etwas dergleichen gesagt."

Ich wagte nicht weiter zu fragen, und ganz flüchtig erinnerte ich mich an Vaters Erzählung von Landwirt Gesemanns kurzem KZ-Aufenthalt und den Grausamkeiten, die dort angeblich oder tatsächlich geschahen. „Wir sind machtlos gegen das alles", sagte ich, worauf Kater abermals eine Weile schwieg. „Hast du in deinem Leben jemals schon einen Befehl verweigert?", fragte er schließlich und verließ mich, ohne eine Antwort abzuwarten.

Ich verstand nicht, was er mit seiner Frage bezweckte, aber sie ließ mich nicht los. War es ein Vorwurf? Welche Befehle sollte ich verweigern? Letztendlich hatte auch er genauso wie ich „gedient", wie es im Militärjargon hieß, und es würde kein Weg daran vorbeiführen, auch noch weiter zu dienen.

Aber stimmte das wirklich? Darüber hatte ich noch nie nachgedacht. Befehle hatte ich wie selbstverständliche Gegebenheiten einfach hingenommen und sie ausgeführt. So wie man auf Naturereignisse reagiert. Damit war ich aufgewachsen. Ich hatte meine Hausaufgaben pünktlich und sorgfältig erledigt, weil ich sonst bestraft worden wäre; ich hatte am Hitlerjugenddienst teilgenommen, weil Vater – aus guten Gründen – es so wollte; und wenn ich den Wehrdienst verweigert hätte, hätte ich mit Zuchthaus, Konzentrationslager oder Hinrichtung rechnen müssen. Schließlich war Krieg, und auch den Krieg hatte ich wie ein Naturereignis hingenommen. Alle hatten das getan.

Das war bei großen Ereignissen so und auch bei kleinen. Der Alltag des Soldaten, hatte ich mir gesagt, ist mit der Ausführung von Befehlen ausgefüllt, und welchen Nutzen habe ich davon, wenn ich mich hier verweigere? Das Fräulein Klaaßen, die Herren Reineke, Dohm und Bunner, die Hitlerjugendführer und Offiziere und nicht zuletzt Vater und Mutter waren die Stärkeren. Vielleicht gehörte Kater zu denen, die Befehle manchmal ignorierten. So ähnlich wie es manche Klassenkameraden getan hatten, wenn sie, statt Hausaufgaben zu machen, lieber draußen gespielt hatten. Nur waren sie damit nicht weit gekommen. Auf das süße Spiel folgte die bittere Strafe.

Auch Sander hatte einen Befehl verweigert, und vielleicht hatte er damit unser Leben gerettet.

Wir bezogen die Elbe-Stellungen erst nach Mitternacht. Das Geschützfeuer hatte jetzt aufgehört. Wie immer durfte einer schlafen und der andere musste wachen, und Wachtmeister Velten erinnerte uns daran, dass wir erschossen würden, wenn wir gleichzeitig schlafen würden. Ich war diesmal mit Bartels zusammen. Der war zuverlässig und bot sich sogar an, als erster wach zu bleiben.

Erst am nächsten Morgen konnten wir Einzelheiten der Landschaft erkennen. Unser Schützenloch befand sich in einem leicht hügeligen und mit vereinzelten Büschen bewachsenen Wiesengelände, ungefähr dreihundert Meter von der Elbe entfernt. Der Fluss mit dem westlichen Ufer und zwei dahinter liegende Dörfer waren gut einsehbar. Wir hatten den Auftrag, dortige Truppenbewegungen zu beobachten; denn es sei damit zu rechnen, dass der Feind versuchen würde, auf unserer Seite einen Brückenkopf zu bilden. In unserem eigenen Interesse sollten wir die Schützenlöcher nur in der Nacht verlassen. Wenn wir am Tag unbedingt pinkeln oder scheißen müssten, sollten wir uns kriechenderweise aus der Stellung entfernen. Anderenfalls würde der Ami nicht nur uns, sondern auch die ganze Kompanie abknallen. Wo sich die anderen aus unserer Gruppe befanden, wussten wir nicht. Wir konnten von uns aus niemanden sehen.

Wir mussten den ganzen Tag ohne Verpflegung auskommen und – schlimmer noch – wir hatten auch nichts zu trinken. Am Nachmittag war mein Durst so quälend, dass ich mich über alle Vorsicht hinwegsetzte und beschloss, einen hinter uns liegenden Tümpel aufzusuchen, um daraus zu trinken. Wenn ich krank würde, sollte mir das nur recht sein. Viel größer war die Gefahr, direkt beschossen zu werden. Zwar lagen wir Tag und Nacht unter Artilleriebeschuss, aber solange wir nicht gesehen wurden, war die Wahrscheinlichkeit, getroffen zu werden, geringer. Dennoch riskierte ich es. Ich hielt mich kriechender- und robbenderweise dicht am Erdboden. Meinen Kopf hob ich nur gelegentlich, um mich zu orientieren.

Es ging alles gut. Mein Durst war gelöscht.

Nach Einbruch der Dunkelheit sollte einer von uns Essen holen. Da meine Fußwunden wieder zu eitern begonnen hatten, übernahm Bartels dies. Er kehrte erst nach Mitternacht mit kalter Erbsensuppe zurück. Der Weg sei beschwerlich gewesen. Er habe sich einige Male verlaufen und er sei auch beschossen worden.

Am Morgen darauf passierte etwas Seltsames. Bartels hatte um vier die Wache übernommen und ich konnte zwei Stunden schlafen. Als ich aufwachte, war es schon sieben. Und Bartels war verschwunden. Vielleicht musste er austreten, dachte ich. Aber als er nach einer halben Stunde immer noch nicht auftauchte, fürchtete ich, dass es ihn erwischt hatte. Oder war er abgehauen? Erst jetzt fiel mir auf, dass heute Morgen weit und breit tiefe Stille herrschte. Weder in der Nähe noch in weiter Ferne war auch nur ein einziger Schuss zu hören. Das hatte es seit Langem nicht mehr gegeben. Sollte das Undenkbare eingetreten sein? Hatten wir einen Waffenstillstand geschlossen oder kapituliert? Aber das hätten wir doch erfahren müssen.

Ohne weiter zu überlegen, legte ich mich in meiner Grube lang auf den Rücken und blickte in den wolkenlosen Himmel. Ich verbrachte den Tag mit Tagebuchschreiben, Lesen und Träumen, und ich stellte mir vor, wie es sein würde, wenn der Krieg zu Ende wäre. Es würde keine Schikanen, noch nicht einmal Kommandos mehr geben, kein Wachtmeister Velten und kein Hauptmann Wendt würde mich daran hindern können, allein und zu Fuß in meine Heimat zurückzuwandern. – Ich erinnerte mich auch an den Tag in Glindenberg und wie ich es genossen hatte, allein zu sein. Militär und Krieg bedeutete, niemals allein sein zu dürfen, weder am Tag noch bei Nacht.

Spät am Abend tauchte Bartels wieder auf. Sein Verschwinden

hatte einen einfachen Grund gehabt: Während ich schlief, war er von Sander zu einem Einsatz im Kompanietrupp geordert worden, und in der Eile hatte er vergessen mich zu wecken. – Von dauerhafter Waffenruhe konnte leider auch keine Rede sein. Schon kurz vor Mitternacht setzte das feindliche Artilleriefeuer wieder ein.

In der vierten Nacht wurden wir abgelöst. Es folgten jetzt drei Tage in der so genannten Etappe: In einem Waldgelände nahe Burg fanden wir in Schießständen und Untertretbunkern Quartier. Wir hatten Gelegenheit, unsere Klamotten in Ordnung zu bringen, uns gründlich zu waschen, Schlaf nachzuholen und wenn nötig, uns vom Sanitäter verarzten zu lassen. Meine Fußwunden hatten das bitter nötig. Gern hätte ich auch meine Stiefel durch ein paar besser sitzende ausgetauscht. Aber das war nicht möglich.

Eine wirkliche Erholung war das alles nicht. Der Schlaf wurde durch häufigen Tieffliegeralarm unterbrochen, und damit wir nicht auf dumme Gedanken kamen, mussten wir vormittags und nachmittags exerzieren und die Gewehre reinigen (obwohl wir sie niemals gebraucht hatten!). Immer wieder wurden wir tüchtig durch das Gelände gejagt mit Hinlegen, Auf-Marsch-Marsch, Robben usw. Am 20. April, Hitlers Geburtstag, musste die Kompanie antreten und eine Rede von Hauptmann Wendt mit den üblichen Durchhalteparolen anhören. Dabei wurden auch Beförderungen ausgesprochen und Auszeichnungen für besondere Tapferkeit überreicht. Über die militärische Lage erfuhren wir offiziell überhaupt nichts. Aber es sickerte durch, dass die Sowjets einen groß angelegten Angriff in Richtung auf Berlin begonnen hätten.

Der nach drei Tagen folgende nächste Einsatz fand in dem zu neunzig Prozent zerstörten Magdeburg statt. Die Stellungen befanden sich entlang einer Hausreihe östlich der Elbe, von wo aus wir ähnlich wie beim letzten Einsatz verhindern sollten, dass der Feind die Elbe überquerte. Wir mussten nachts regelmäßig fünf Stunden Wache stehen. Tags konnten wir uns in den Häusern aufhalten. Die Bewohner hatten dort ihre gesamte Habe zurückgelassen. Es wurde kräftig geplündert. Einer von uns drang mit brutaler Gewalt in verschlossene Zimmer ein und öffnete die darin befindlichen Schränke, um sie nach Wertgegenständen zu durchsuchen. Ein anderer hatte eine kostbare Motorradjacke in Besitz genommen und ein dritter entdeckte etliche Packen von Papiergeld, stopfte sie in seinen Brotbeutel, um sie wenig später wieder wegzuwerfen. Geld war in diesen letzten Kriegswochen wenig wert. Wo hätten wir uns dafür etwas kaufen können? Ich selbst war vor allem froh über die Lebensmittel, die es hier in Hülle und Fülle gab, so dass ich mich seit Längerem zum ersten Mal richtig satt essen konnte. Im Übrigen verbrachte ich meine freie Zeit mit dem Lesen einer Novelle von C.F. Meyer und einer Gedichtsammlung. Beides hatte ich in einem Bücherschrank aufgegabelt. Einige Gedichte übertrug ich in mein Tagebuch.

Es gab nur wenig Beschuss. Da es verboten war, unsere Behausungen tagsüber zu verlassen, wurde der Feind nicht auf uns aufmerksam und konnte deshalb auch nicht auf uns schießen. Einmal allerdings wurden Bartels und ich auf unserem nächtlichen Marsch in die Stellungen direkt mit MG-Feuer belegt. Wir konnten uns gerade noch rechtzeitig zwischen den Mauern einer Hausruine verbergen, erhielten dann aber von hinten Feuer aus unseren eigenen Reihen. Offenbar hatte man uns für Amerikaner gehalten.

In der nächsten Nacht zogen wir uns aus Magdeburg zurück. Und wieder einmal war unsere Gruppe ohne Verluste davongekommen. Ich war unendlich dankbar dafür, dachte aber gleichzeitig, dass ich es vielleicht auch vorgezogen hätte, eine richtige Feuertaufe überstanden zu haben. Ich hätte dann vor mir selbst besser dagestanden und mir sagen können: „Du hast das ausgehalten, bist nicht feige davongelaufen, und du gehörst von jetzt an zu den erfahrenen Fronthasen." Stattdessen hatte ich nur wunde Füße. Sie fingen auf dem fünfstündigen Marsch wieder zu schmerzen an, und zwar so stark, dass die Wunden erneut verbunden werden mussten.

Wir übernachteten in einer großen Scheune und setzten am nächsten Tag unseren Marsch fort. Jetzt trat ein, was wir schon seit Längerem befürchtet hatten: Es sollte an die Ostfront gehen, die sich im Moment irgendwo zwischen Frankfurt/Oder und Berlin befand. Meine Hoffnung auf baldige Gefangennahme von den Amerikanern hatte sich damit zerschlagen. An der Ostfront würden wir entweder sterben oder in russische Gefangenschaft geraten, was, soviel schien klar, Tod durch Verhungern oder Schlimmeres bedeutete.

Es sei denn, ich würde die Truppe eigenmächtig verlassen. Diesen Gedanken hatte ich bislang nicht zugelassen. Aber jetzt machte ich Ernst damit. Wenn ich jetzt zögere, sagte ich mir, wird es zu spät sein. Der zurückzulegende Fluchtweg zur Elbe wird dann mehrere hundert Kilometer betragen. Meine ohnehin spärlichen Lebensmittel reichen dafür nicht aus, und das Risiko entdeckt zu werden ist zu groß. – Umgekehrt traute ich mir zu, mich in dem Gebiet zwischen Möckern und der Elbe, das ich in der Ausbildungszeit und den Einsätzen gut kennen gelernt hatte, halbwegs zurechtzufinden.

Immer wieder, wenn mir Zweifel kamen, rief ich mir Katers Äußerungen ins Gedächtnis zurück. „Der Krieg ist lange verloren und dieses NS-Regime besteht aus Verbrechern. Abhauen ist unsere einzige Rettung", hatte er gesagt. Aber im selben Moment dachte ich auch an Vater. In seinem letzten Brief hatte er geschrieben: „Ich bin überzeugt, daß du immer als ein aufrechter Deutscher deine Pflicht erfüllen und, wenn es nottut, für Deutschland zu sterben bereit sein wirst", was nur bedeuten konnte: Aushalten bis zum letzten Mann.

Aber wie würde ich es hinbekommen, mich unbemerkt von der Truppe zu entfernen? Ich spielte in Gedanken verschiedene Möglichkeiten durch. Zum Beispiel könnte ich unter dem Vorwand, meinen Fuß neu verbinden zu müssen, zurückbleiben und dabei in dem benachbarten Buschwald einfach verschwinden, – eine Alternative die allerdings bald ausschied: Während einer Ruhepause erfuhr ich, dass für Leute mit Fußbeschwerden noch Platz in einem offenen Transportwagen sei, und ohne lange nachzudenken, meldete ich mich. Damit war diese Chance vertan, und die letzte noch verbleibende Möglichkeit würde meine Flucht während der Nacht sein. Es wurde bekannt gegeben, dass wir in Möckern übernachten würden. Ich stellte mir vor, dass wir wieder unseren alten Schlafsaal beziehen würden und dass ich von der außerhalb liegenden Latrine nicht zurückkehren würde.

Vielleicht kommen auch noch andere auf die Idee abzuhauen, dachte ich, und wunderte mich darüber, dass ich – bislang jedenfalls – der erste und einzige sein würde.

Während der Fahrt hatte ich Gelegenheit, meine Fluchtroute zu planen. Auf meinem Tornister sitzend, neben mir zwei Kameraden, die sich über Zigaretten und schlechte Verpflegung unterhielten, betrachtete ich die Gegend. Rechts erstreckte sich in ziemlicher Länge ein Wald, links gab es in einiger Entfernung eine Eisenbahn, sonst grünende und blühende Felder. Die Straße, auf der wir fuhren, würde der schnellste Weg Richtung Elbe sein Aber hier würde ich rasch von einer Streife entdeckt werden. Ich musste darum versuchen, in den angrenzenden Wäldern voranzukommen und mich zwischendurch immer mal wieder an dem Verlauf der Autostraße orientieren. Ortschaften musste ich natürlich meiden.

Wir erfuhren, dass unser Schlafplatz, anders als erwartet, außerhalb von Möckern liegen würde. Um dort hinzukommen, mussten wir indessen den Ort durchqueren. Offenbar war die Kunde davon schon vorausgegangen. Scharenweise standen Mädchen und Frauen auf den Bürgersteigen und warfen uns, die hier ehemals einquartiert waren, Geschenke zu, und einige von uns verschwanden auch kurz in der Menge, was von den Vorgesetzten stillschweigend geduldet wurde. Es ging durch die altbekannten Straßen hinauf zu der Landstraße, wo wir einst den Paradeschritt geübt hatten, am Sportplatz vorbei, dem Ort täglicher Anstrengungen und Schikanen, den Weg durch den großen Kiefernwald, wo unsere letzte Geländeübung stattgefunden hatte, und in dem wir schließlich Halt machten, um dort zu übernachten. Jede der drei Batterien bekam eine Stelle zu gewiesen, auf der sie sich zum Schlafen niederlassen konnte.

Mich von hier aus in der Nacht unbemerkt zu entfernen, war im Prinzip einfach, denn es war erlaubt, den Lagerplatz zum Austreten zu verlassen. Wenn ich allerdings mein Gepäck und mein Gewehr bei mir hatte, würde das Verdacht erregen. Andererseits würde ich ohne Mantel, Decke und Proviant nur schwer zurechtkommen. Alles hing also davon ab, dass die anderen fest schliefen. Aber wie sollte ich das im Dunkeln feststellen? Ganz ohne Risiko, dachte ich, wird es nicht abgehen, und wenn ich merke, dass mich jemand sieht, kann ich immer noch behaupten, ich wollte mir einen anderen Schlafplatz suchen.

Vor Einbruch der Nacht schritt ich das Gelände noch einmal ab, um mir einen Überblick darüber zu verschaffen, wer wo lag und welchen Weg ich am besten einschlagen könnte. Dabei stellte ich fest, dass ich bis zum Ende des Lagerplatzes nur eine kurze Strecke zurücklegen musste und dass es außerdem genügend Unterholz, Holunderbüsche, Schlehen und dergleichen gab, die mir in der Dunkelheit Schutz geben würden. Das beruhigte mich, und ich beschloss, mir erst einmal ein paar Stunden Schlaf zu gönnen. Aber ich war viel zu aufgeregt, um einschlafen zu können. Die verschiedensten Gedanken gingen mir durch den Kopf: Würde es mir wirklich gelingen, die Elbe zu erreichen, und wenn ja, wie sollte ich es anstellen, eine von deutschen Truppen unbewachte Uferstelle zu finden? Wie groß war das Risiko, dass man mich beim Schwimmen abknallen würde? Und immer wieder: Was würde mein Vater sagen, wenn ich ihm meine Fahnenflucht beichten würde? Aber würde ich dazu überhaupt noch kommen, dachte ich zugleich. Denn bei einer deutschen Niederlage würden Vater und Mutter sich in die Luft sprengen. Die beiden Handgranaten, die sie sich dazu verschafft hatten, hatten sie mir bei meinem letzten Besuch gezeigt; ich selbst hatte auch eine bei mir, und ich wollte sie hochgehen lassen, kurz bevor ich den Russen in die Hände fiel. Aber würde ich das wirklich tun? Ich war doch ein Feigling.

Im Moment hatte ich andere Sorgen: Wann war der beste Zeitpunkt? Vermutlich kurz nach Mitternacht. Um fünf würden die anderen geweckt, und bis dahin wäre ich so weit von der Truppe entfernt, dass mich niemand einholen konnte. Aber ich riskierte dann auch, mich zu verirren, und deswegen beschloss ich bis um vier zu warten. Es war dann noch dunkel genug, und später, in der Stunde zwischen Wecken und Verladung auf die Transportwagen, würde in dem Stress und Aufbruchswirrwarr jeder so sehr mit sich selbst beschäftigt sein, dass meine Abwesenheit erst ganz zum Schluss bemerkt würde.

Dabei beließ ich es. Die Zeit bis dahin verging langsam, und nur in der letzten Stunde hatte ich Mühe, mich wach zu halten. Als es dann so weit war und ich einen Großteil der Gefahrenstrecke schon zurückgelegt hatte, musste ich noch ein letztes Hindernis überwinden: Ich musste beim Verlassen des Lagerplatzes sichergehen, dass ich nicht von dem Wachtposten entdeckt würde, der auf seinem Gang um das Gelände jede viertel Stunde meine Fluchtroute kreuzen würde. Ich musste daher einen Moment abpassen, in dem er gerade vorbeigegangen war.

Darauf wartete ich allerdings vergeblich. Er kam nicht. Stattdessen entdeckte ich ihn beim Weitergehen sitzend an einen Baum gelehnt. Er war offenbar eingeschlafen. Aber mit Sicherheit konnte ich das nicht erkennen. Um weiterzukommen, musste ich entweder über ihn hinweg steigen (und riskieren, dass er mich bemerkte) oder ihn weiträumig umrunden. Letzteres würde schwierig sein, weil ich mir den Weg durch viel Gestrüpp bahnen müsste, was nicht ohne Geräusch vor sich gehen konnte. Ich versuchte es trotzdem und nahm mir die Zeit, jeden einzelnen Zweig zur Seite zu biegen oder vorsichtig abzuschneiden. Das gelang nahezu lautlos. Plötzlich stolperte ich über einen querliegenden Ast, den ich nicht gesehen hatte. Der Ast zerbrach und ich landete im Dickicht. Während ich versuchte, wieder herauszukommen, hörte ich Schritte. Es konnte nur der Wachtposten sein, der aufgewacht war, und ich musste damit rechnen, dass er das Gestrüpp absuchen würde. Aber das Einzige, was zu hören war, waren die langsam leiser werdenden Schritte.

Ich war gerettet, und ich war frei, wenigstens vorläufig.

Trotz der Dunkelheit war es leicht, mich in den nächsten Stunden so weit von dem Lagerplatz zu entfernen, dass ich es wagen konnte, mich von einem Teil meines Gepäcks zu befreien. Dabei machte ich meinen ersten Fehler. Ich wollte versuchen, für einen Zivilisten gehalten zu werden und vergrub deshalb mein Gewehr. Nur war es kaum möglich, an Zivilkleidung zu kommen. Ich hätte dazu den Wald verlassen müssen, was viel zu gefährlich war. Ich musste also weiter meine Uniform tragen. Wenn mich trotz aller Vorsicht jemand aufgreifen würde, würde ich behaupten, wegen meiner Fußwunde zurückgeblieben zu sein. Aber das, dachte ich, wird mir wegen des fehlenden Gewehrs niemand glauben. Daran war nun nichts mehr zu ändern. Die Gefahr, in der ich ständig schwebte, musste ich in Kauf nehmen. Dabei fiel mir mein Tagebuch ein. Es enthielt viele Eintragungen über meine Erlebnisse beim Militär und beim Arbeitsdienst bis hin zu Namen von Vorgesetzten und Kameraden. Davon musste ich mich trennen. Ich grub also wenig später ein weiteres Loch und verscharrte darin in einer Blechdose das Tagebuch, nicht ohne mir die Stelle genau zu merken, in der Hoffnung, es nach Kriegsende wieder ausgraben zu können.

Ein weiteres Problem waren meine Lebensmittel. Ich kam nur langsam voran und bis zur Elbe würde ich eventuell drei oder vier Tage unterwegs sein, aber der Vorrat reichte allenfalls für zwei Tage, und auch das nur, wenn ich ihn gewaltig streckte. Außer einer Plastikdose mit Zucker und einer Büchse Schmalzfleisch, die ich mir in Magdeburg angeeignet hatte, befand sich nur noch die gestern erhaltene Brot- und Wurstration in meinem Brotbeutel.

Von diesen Sorgen abgesehen überwog aber zunächst ein gewaltiges Glücksgefühl. Keine Vorgesetzten mehr, keine ärgerlichen Kommandos und Drill und kein Zank mit Kameraden. Bei dem wunderbaren Frühlingswetter erlebte ich den einsamen Marsch durch die Wälder wie eine Wanderung mit meinen Eltern. Es fiel mir auch leicht, mich anhand des Sonnenstands zu orientieren. Während der Fahrt Richtung Möckern hatte ich mir genau eingeprägt, wo größere Waldstücke, freiliegende Ackerfelder oder Dörfer lagen. Wenn irgend möglich, ging ich auf einsamen und verschlungenen Waldwegen. Die schützten mich nicht nur vor Militärstreifen, sondern auch vor Beschuss von feindlichen Tieffliegern, die tagsüber immer wieder das Gelände überflogen.

Natürlich ließ es sich nicht immer vermeiden, auch freiliegendes Gelände zu überqueren. Wenn mir dann Menschen entgegenkamen, versuchte ich zuerst auszumachen, ob es Soldaten oder Zivilisten waren. Ersteren wich ich grundsätzlich aus, indem ich rechtzeitig im Wald verschwand, und bei Letzteren überlegte ich, ob ich sie um Lebensmittel anbetteln sollte. Erst als mein eigener Vorrat aufgezehrt war, tat ich das wirklich, hatte jedoch nur ein einziges Mal, bei einem Schäfer, Erfolg. Er schenkte mir ein hartes Stück Brot und wünschte mir für meinen weiteren Weg viel Glück. Er hatte wohl erraten, was ich vorhatte; aber wir sprachen nicht darüber.

Später entdeckte ich auf einem Müllhaufen eine abgeschabte Jacke und beschloss, sie gegen meinen Uniform-Rock auszutauschen. Schon bald danach bereute ich das. Ich war mir nicht sicher, ob man mich mit dieser Jacke – sie war dunkelgelb und hatte Metallknöpfe – nicht für einen geflohenen Gefangenen halten würde, und kehrte zu dem Müllhaufen zurück, um meinen Militärrock wieder anzuziehen.

Nach und nach verließ mich auch meine Zuversicht. Mich plagte Hunger und außerdem hatte ich die Orientierung verloren. Meinem Gefühl nach war ich schon in der Nähe der Kreis- und Garnisonsstadt Burg, und diese war höchstens einen halben Tagesmarsch von der Elbe entfernt. Aber der schwerste Teil meines Unternehmens stand mir noch bevor. Eine Stelle zu finden, an der ich über die Elbe kommen würde, könnte nur gelingen, wenn ich in Erfahrung bringen konnte, wo sich östlich der Elbe noch deutsche Truppen aufhielten, denen ich natürlich auszuweichen hatte. Ich war also gezwungen Erkundigungen einzuziehen. Aber wo und von wem? In die Dörfer wollte ich auf keinen Fall gehen, denn ich konnte nicht sicher sein, ob sich dort nicht Militär aufhielt. Ich musste also die – insgesamt wenigen – Zivilpersonen fragen, die mir unterwegs begegneten. Aber auch da war Vorsicht geboten: Wenn mir jemand entgegenkam, überlegte ich zuerst, ob ich wagen sollte, ihn anzusprechen, und wenn ich mich dann dazu entschieden hatte, versuchte ich unverbindlich ein Gespräch anzufangen; zum Beispiel erkundigte ich mich nach dem Weg nach Burg, um dann eher beiläufig zu meiner eigentlichen Frage zu kommen. Auf diese Weise erfuhr ich schließlich, dass sich unsere Truppen aus weiten Teilen des Gebiets zwischen Elbe und Burg zurückgezogen hatten. Aber eben nur aus weiten Teilen. Wo sich diese befanden, blieb offen.

Ich setzte meinen Marsch fort, in der Hoffnung, in der Nähe der Elbe noch Genaueres zu erfahren. Schlimmstenfalls musste ich jetzt auch bewohntere Gegenden aufsuchen.

Als ich gegen Abend den Wald verließ, um eine Wiese zu überqueren, entdeckte ich etwas weiter weg ein Gehöft. Dort wollte ich klingeln. Ich würde zuerst um Brot bitten, mir dann einen Weg Richtung Elbe beschreiben lassen und zum Schluss – dieses Risiko ließ sich nicht umgehen – direkt die Frage stellen, ob sich die deutschen Truppen von dort schon zurückgezogen hätten.

Ich hatte Glück. Ich begegnete schon vor dem Gehöft einem älteren Zivilisten, der gerade dabei war, Müll wegzuwerfen. Den sprach ich an. Zu essen habe er leider selbst nicht genug. Er sei als Flüchtling auf Almosen seiner Wirtsleute angewiesen, führte er aus und kam dann schnell auf die „ganze Scheiße" zu sprechen, die wir dem „Schweinehund Hitler" zu verdanken hätten. Ich konnte also offen über mein Vorhaben sprechen. Er riet mir, in das benachbarte Dorf zu gehen. Dort gebe es eine Familie, die schon anderen geholfen hätte. Als Ortskundige würden sie mir sagen können, wo ich am ungefährlichsten türmen könne. Das Dorf bestehe nur aus wenigen Häusern, und von hier aus gesehen sei es das vierte Haus, in dem die Leute wohnten. Ich müsse aber gut aufpassen, schloss er, „im dritten Haus ist die SS untergebracht".

Ich machte mich auf den Weg und klopfte in dem vierten Haus an. Es wurde sofort geöffnet, und mir trat eine schwarze Gestalt entgegen. Nur undeutlich erkannte ich auf der Uniform das SS-Emblem. Ich war geliefert. Ich stammelte ein paar kurze Worte der Entschuldigung heraus und begann dann damit, meinen Spruch herzubeten, den ich mir unterwegs ausgedacht und etliche Male eingeübt hatte. Der SS-Mann ließ mich nicht ausreden: „Melden Sie sich in Burg bei Oberleutnant Müller, dem Kompaniechef der dortigen Reserveeinheit", sagte er und ließ mich allein.

Ich brauchte eine Weile, um zu verstehen, was passiert war. Ob ich mich in der Haustür geirrt hatte, oder mich der Mann auf dem Gehöft bewusst ins Verderben geschickt hatte, war jetzt unwesentlich. Ich war ertappt. Aber ich war noch frei. Sollte ich mich tatsächlich in Burg melden oder sollte ich meine Flucht fortsetzen? Der Schreck saß mir noch so in den Gliedern, dass es mir schwer fiel, klar zu denken. Einen richtigen und sicheren Weg zur Elbe wusste ich immer noch nicht, ich hatte Hunger und meine Füße schmerzten. Würde ich allein zurechtkommen oder unterwegs liegen bleiben und dann doch noch aufgegriffen werden? Ich war auch erleichtert, dass ich nicht sofort festgenommen und abgeurteilt worden war. Man wird mir auch in Burg glauben, und es ist unwahrscheinlich, dass sie mich jetzt noch zu den Russen an die Ostfront schicken, sagte ich mir und beschloss, der Aufforderung des SS-Manns Folge zu leisten.

Ich erreichte Burg am späten Nachmittag des nächsten Tages und meldete mich sofort in der dortigen Einheit. Der Oberleutnant Müller saß an seinem Schreibtisch und hatte eine Generalstabskarte vor sich ausgebreitet. Anders als gestern der SS-Mann hörte er sich meine Geschichte bis zum Ende an und fragte dann, warum ich bei der Versorgung meiner Fußwunde nicht die Hilfe eines Sanitäters in Anspruch genommen hätte, anstatt zurückzubleiben und meinen Fuß selbst zu verbinden. Vermutlich wäre das doch schneller gegangen und ich hätte die Truppe dann wieder einholen können.

Der Sanitäter sei im Zug weit vorn gewesen, antwortete ich, ich selbst aber ganz hinten, und ich hätte mich dann einfach an unseren Unteroffizier gewendet, der mir ein Stück Mullbinde in die Hand gedrückt und dann gesagt habe: „Sehen Sie selbst zu, wie Sie damit fertig werden, aber beeilen Sie sich!" Das Verbinden sei recht schnell gegangen, aber danach sei mein Abstand von der Truppe dennoch so groß gewesen, dass ich sie nicht mehr hätte einholen können. Meine Kräfte hätten mich im Stich gelassen.

Er wollte dann wissen, um welche Einheit es sich gehandelt habe, und beugte sich nach meiner (wahrheitsgemäßen) Antwort wieder über die Karte. Schließlich stand er auf, zeigte mit dem Finger auf den Ort Möckern und sagte: „Die Entfernung zwischen dem damaligen Standort Ihrer Truppe und hier beträgt ungefähr zwölf Kilometer, also kaum einen halben Tagesmarsch. Wie kommt es, dass Sie für Ihre Rückmeldung drei ganze Tage gebraucht haben? Und die wichtigste Frage: Wo haben Sie ihr Gewehr gelassen? Die Antwort darauf will ich Ihnen sagen: Weil Sie es vorgezogen haben, sich eigenmächtig Richtung Elbe abzusetzen. Sie haben sich unerlaubt von der Truppe entfernt. Sie sind ein Deserteur. Welche Strafe darauf steht, wissen Sie: Sie werden aufgehängt." Und nach kurzer Pause fügte er hinzu: „Lassen Sie sich im Keller vom Sanitäter verbinden!"

Während der Sanitäter meine Wunde verarztete, warte ich darauf, im nächsten Moment abgeführt und hingerichtet zu werden. Wie alt ich denn sei und ob ich einer von denen wäre, mit denen wir ab morgen noch den Krieg gewinnen wollten, fragte der Sani, und ich verstand zunächst nicht, wovon er sprach. Erst als er hinzufügte, dass der Jüngste fünfzehn und der Älteste über sechzig wäre, ahnte ich, was hier vor sich ging: Sie waren dabei, eine neue Truppen-Einheit aufzustellen.

„Ich weiß es nicht", antwortete ich und rechnete immer noch mit dem Schlimmsten.

Ein Unteroffizier kam herein und fragte: „Ist der Mann fertig?", und zu mir gewandt sagte er: „Melden Sie sich im Raum vier", worauf er wieder verschwand.

Im Raum vier, den ich wenig später betrat, warteten Zivilisten und Hitlerjungen in Uniform darauf, eingekleidet zu werden. Ich selbst erhielt nur neues Schuhwerk und durfte anschließend in einem Nachbarraum zusammen mit anderen ein Bett belegen. Hier endlich erfuhr ich, dass wir in eine neu gebildete Division gesteckt werden sollten, deren Aufgabe es sein würde, unsere nach Westen abziehenden Truppen gegen den Feind zu verteidigen. – Von meiner Desertation war nicht mehr die Rede. Die Frage, was den Oberleutnant Müller dazu bewogen hatte, seine Ankündigung nicht wahr zu machen, kann ich bis heute nicht beantworten.

Am Tag darauf wurde nach dem Antreten bekannt gegeben, es sei der Wille des Führers, dass wir die vom Feind noch nicht besetzten Landesteile bis zum letzten Mann verteidigen sollten, und dazu seien in sämtlichen Städten und Gemeinden alle Männer im Alter von 12 bis 70 Jahren eingezogen worden. Für unsere Ausbildung sei der heutige Tag vorgesehen, am Vormittag Grundausbildung, am Nachmittag Umgang mit Gewehr und Panzerfaust. Schon morgen solle der Einsatz beginnen.

Wir wurden in Gruppen eingeteilt, und in den nächsten vier Stunden wurde dann nach den üblichen Kommandos wie „Stillgestanden!", „Richt Euch!", „die Augen links!" usw. wieder mal militärische Disziplin eingeübt. Am Nachmittag folgten Gewehrgriffe, Gewehrreinigen und abermaliges Exerzieren. Da keine Panzerfäuste mehr vorrätig waren, musste die entsprechende Übung ausfallen.

Bevor am nächsten Morgen unsere Kompanie in Marsch gesetzt wurde, hielt Oberleutnant Müller eine kurze Ansprache: Unser Führer Adolf Hitler sei im Kampf gegen den Bolschewismus gefallen und habe in seinem Testament den Großadmiral Dönitz zu seinem Nachfolger ernannt. Dieser habe verfügt, dass der militärische Kampf weitergehe.

Wir marschierten zunächst in nördlicher Richtung und später zur allgemeinen Erleichterung nach Westen. Im Vergleich zu dem, was ich von früheren Fußmärschen gewohnt war, ging es eher gemütlich zu. Fast stündlich wurden Pausen eingelegt, Schnaps und Verpflegung war überreichlich vorhanden, und es war sogar erlaubt, in ungeordneten Gruppen zu laufen. Es ging das Gerücht herum, die Deutschen hätten sich mit den Amerikanern und Engländern verbündet und würden jetzt gemeinsam gegen die Russen kämpfen. Andere bestritten das und meinten, wir seien schon auf dem Weg in die Gefangenschaft und alle unter achtzehn (also auch ich!) würden sofort nach Hause geschickt. Sogar über vorzeitiges Türmen wurde zuweilen geredet. Sobald die Gelegenheit dazu da sei, meinten einige, würden sie das sofort tun. Dazu schwieg ich lieber.

Gegen Abend machten wir Halt auf einem Wiesengelände, das mit einem Damm abschloss. Dahinter, hieß es, sei die Elbe. Wir würden hier nicht übernachten, sagte unser Zugführer, sondern nur eine kleine Rast machen, um anschließend unsere Stellung zu beziehen. In der Nacht würden deutsche Truppenverbände auf dem Rückzug erwartet, und man rechne damit, dass sie angegriffen würden. In diesem Fall seien wir es, die dafür zu sorgen hätten, dass der Rückzug reibungslos verlief.

Die Rast zog sich hin, ohne dass etwas geschah. Erst gegen acht empfingen wir der Reihe nach erneut Verpflegung, Schnaps und eine größere Menge von Gewehrpatronen.

Als schon die Sonne untergegangen war, tauchte erneut der Zugführer auf und teilte mit, dass der Einsatz jetzt beginne. Von der Regimentsleitung sei durchgegeben worden, dass wir auf der anderen Flussseite einen Brückenkopf bilden sollten. Wir würden die Dunkelheit abwarten und dann in Gruppen von sechs bis sieben Mann in einem Kahn übersetzen. Wenn alles so lautlos wie möglich geschehe, sei das Risiko klein. Der Ami halte sich erst etliche Kilometer von unserer Landestelle entfernt auf und könne uns von dort aus nicht sehen. Am nächsten Morgen würden wir dann „Kontakt mit ihm aufnehmen". Dennoch sei Beschuss nicht auszuschließen, sei es von drüben oder von hier.

Eine Stunde später zogen wir im Gänsemarsch über den Damm an die Elbe und gingen dort zwischen Weidenbüschen in Deckung. Daneben wartete schon ein Gefreiter mit einem kleinen Boot. Wir wurden eingeteilt, und die Operation begann. Jede Überfahrt dauerte einschließlich der Rückfahrt etwa eine halbe Stunde. Ich selbst sollte mit meiner Gruppe beim achten Mal dran sein; ich musste also noch vier Stunden warten. Das war zwar schlimm, aber auszuhalten. Denn da es bislang keinen Beschuss gegeben hatte, war anzunehmen, dass es auch bei uns gut gehen würde. Ich versuchte noch etwas zu schlafen. Weil ich aber damit rechnete, dass wir doch noch beschossen würden, ging das nicht.

– Gegen Mitternacht war es dann so weit. Wir verließen zu acht unser Versteck und waren in wenigen Minuten am Elbufer, wo der kleine Kahn schon auf uns wartete.

Wir versuchten so geräuschlos wie irgend möglich auf das Boot zu kommen und fuhren dann mit behutsamen Ruderschlägen los. In der Mitte des Flusses hielten wir an, und der Gefreite flüsterte: „Es ist Befehl, dass Ihr jetzt nacheinander und mit aller Vorsicht eure Waffen versenkt." Eine Erklärung dafür war nicht erforderlich. Alle kamen der Aufforderung nach und die Fahrt konnte fortgesetzt werden.

Erst nach der Landung wurde mir klar, was hier vor sich gegangen war. Unser Zugführer hatte auf eigene Faust und ohne den Befehl dazu für unseren Zug und für sich die Flucht geplant, dies aber bis zum Schluss getarnt. Hätte sich nur ein einziger geweigert mitzumachen, hätte der Zugführer sein Leben riskiert.

Alles Weitere verlief ohne Zwischenfall. Wir warteten den nächsten Morgen ab und zogen dann landeinwärts in die Richtung, wo unser Zugführer den Ami erwartete, um am Ende mit erhobenen Händen in die ersehnte Gefangenschaft zu geraten.

Der Krieg war für uns zu Ende.

Die Gefangenschaft war in der Tat eine Erholung. In der ersten Woche übernachteten wir auf freiem Feld in einem riesengroßen Sammellager in der Nähe von Calbe und wurden von dort aus in die Gegend von Hannover abtransportiert, wo wir in einem halbzerstörten Kasernengelände untergebracht wurden. Ich denke gern an diese Zeit zurück. Denn abgesehen von mehreren Stunden Appell, zu dem wir in der Mittagszeit antreten mussten, konnten wir über unsere Zeit frei verfügen, und wer wollte, konnte im Rahmen einer von den Gefangenen ins Leben gerufenen Lageruniversität Vorlesungen hören, wovon ich eifrig Gebrauch machte. Ich erinnere mich an eine viermal wöchentlich stattfindende Vorlesung zur deutschen Geschichte im Mittelalter, Vorträge zu Goethes „Faust" und eine Einführung in die Allgemeine Psychologie. So ungefähr, dachte ich, könnte es später in meinem Studium zugehen.

In einer von den Alliierten herausgegeben Zeitung las ich zum ersten Mal Details über die Gräuel in den KZs und die systematische Ermordung der in Deutschland und in den von uns besetzten Gebieten lebenden Juden. Kater hatte also damals nicht gelogen, und für mich waren diese Artikel eine nachträgliche Rechtfertigung meiner versuchten Desertation. Vaters Briefe mit seinen Mahnungen, für mein Vaterland den Tod nicht zu scheuen, waren damit gegenstandslos geworden. Aber da hatte ich mich geirrt: Als ich Monate später meinen Eltern von meiner Desertation erzählte, schüttelte mein Vater den Kopf und meinte, das sei Fahnenflucht gewesen, und die sei generell zu verurteilen.

Es bestand die Möglichkeit, uns freiwillig zum Ernteeinsatz zu melden und dann vorzeitig aus der Gefangenschaft entlassen zu werden. Ich meldete mich, und kurz darauf wurde mir dann tatsächlich mitgeteilt, dass ich entlassen würde. Allerdings durfte ich das Kasernengelände nicht sofort verlassen, sondern ich wurde zuerst mit vielen anderen in das in der Lüneburger Heide gelegene Munsterlager verlegt. Der Transport dorthin war das einzige Mal, wo ich Angst hatte, körperlich misshandelt zu werden.

Wir sollten auf offene Lastwagen verladen werden und mussten uns dazu am Straßenrand in Reihe und Glied aufstellen und zwei Stunden im Stehen warten. Dann erschienen drei mit MG und Schlagstöcken bewaffnete farbige US-Soldaten und erteilten den Befehl: „Angehörige der SS und der Waffen-SS raustreten." Natürlich meldete sich hier niemand. Denn der gleiche Befehl war im Laufe unserer Gefangenschaft schon etliche Male ergangen, und alle SS-Leute waren inzwischen längst ausgesiebt und in Speziallager verfrachtet. Dennoch mussten wir jetzt den Oberkörper frei machen und der Reihe nach mit gehobenem rechtem Arm vortreten, um von einem der US-Soldaten auf das Vorhandensein von SS-Emblemen untersucht zu werden.

Danach postierten sich die US-Soldaten mit gehobenem Schlagstock an der Hinterseite des offenen Lastwagens, und wir mussten uns – wieder einzeln – im Laufschritt auf den etwa hundert Meter entfernten offenen LKW zubewegen und hineinklettern. Wenn das nicht schnell genug ging, bekamen wir mit dem Schlagstock eins übergezogen. Mindestens jeden zweiten traf es, am Rücken, am Hals oder auch am Kopf. Ich selbst kam zum Glück ungeschoren davon.

Wenige Tage später war ich dann endgültig entlassen.

Die ersten Jahre nach dem Krieg

Das Glücksgefühl, wieder richtig frei zu sein, wurde ziemlich bald von den Mühen eines eher schwierigen Alltags abgelöst. Schon die äußeren Umstände waren nicht einfach: Zwar war der kleine Ort Gronau nicht zerbombt, aber aus den verschiedensten Gründen war der Wohnraum äußerst knapp. Denn viele Einwohner der benachbarten Städte Hannover und Hildesheim hatten ihre Wohnungen verloren und waren nach Gronau umgesiedelt. Hinzu kamen dann noch die vielen Flüchtlinge aus den verlorenen Ostgebieten, und zu allem Überfluss hatten die Besatzungsmächte noch etliche Gronauer Häuser beschlagnahmt, um dort ihre Offiziere unterzubringen. Und natürlich traf uns das auch. Ich musste in unserem Wohnzimmer schlafen und dieses auch noch mit einem Flüchtling aus Ostpreußen teilen.

Die Lebensmittel waren knapp und größtenteils nur mit Lebensmittelmarken zu beziehen, die zur Deckung des aktuellen Bedarfs allerdings nicht ausreichten. Wer es sich finanziell leisten konnte, besorgte sich das Fehlende auf dem damals blühenden Schwarzmarkt, was bei unseren geringen Einkünften jedoch nur begrenzt möglich war: Einmal in der Woche begab sich mein Vater in die Gronauer Molkerei und kam dann mit ein oder zwei Pfund Butter zurück. Wie viel er dafür bezahlt hatte, habe ich nie erfahren. Manches erhielten wir auch von den Großeltern in Elze.

Wir hatten in der Tat wenig Geld damals. Da die Leine- und Deister-Zeitung noch nicht wieder erschien, war mein Vater stellungslos. Das wenige Geld, das uns zur Verfügung stand, verdiente meine Mutter mit Klavierstunden. Und auch auf Ersparnisse konnten wir nicht zurückgreifen. Denn diese mussten laut einem Gesetz der Militärregierung zusammen mit allen anderen Einnahmen auf ein so genanntes Sperrkonto überwiesen werden, von dem monatlich nur ein geringer Betrag abgehoben werden konnte. Für die Freigabe musste ein schriftlicher Antrag auf „Vermögensentsperrung" gestellt werden, und darüber wurde dann auf der Grundlage eines von jedem erwachsenen Bürger auszufüllenden „Entnazifizierungsantrags" entschieden.

Dieses aus 142 Einzelfragen bestehende Papier enthielt unter anderem eine Aufzählung von 95 NS-Organisationen (zum Beispiel NSDAP, Waffen-SS, NS-Ärztebund), zu denen anzugeben war, ob die Ausfüllenden hier ein Mitglied gewesen waren und ein Amt darin innegehabt hätten. Die Bearbeitung dieses auch von meinem Vater ausgefüllten Fragebogens dauerte 3 ½ Jahre, und erst dann erhielt mein Vater die schriftliche Mitteilung, dass er „lediglich dem Namen nach und ohne Einfluss förderndes Mitglied des NSFK (Nationalsozialistisches Fliegerkorps)" gewesen sei.

Bis zum November, also in den nächsten vier Monaten, gab es noch keine Schule, so dass ich praktisch jeden Tag zusammen mit meinen Eltern verbringen musste. Ich atmete auf, als dann im November 1945 die Schule wieder eröffnete. Aber die tägliche Fahrt nach Hildesheim war unter den Nachkriegsbedingungen beschwerlich. Wegen der ständigen Verspätungen war ich oft den ganzen Tag unterwegs. Häufig hielten die Züge auch mitten auf der Strecke längere Zeit an und wir verpassten beim Umsteigen die Anschlüsse in Elze oder in Nordstemmen. In Hildesheim mussten wir längere Fußwege durch die total zerstörte Stadt zurücklegen. Denn unser altes Schulgebäude am Dammtor existierte nicht mehr. Unser Unterricht fand daher in einer großen Villa im Stadtteil Moritzberg statt.

Ich hatte in der Zwischenzeit auch viel über einen künftigen Beruf nachgedacht, und es stand jetzt mehr oder weniger fest, dass ich nach dem Abitur Literatur- oder Theaterwissenschaft studieren wollte, um später mein Geld als Lektor in einem Verlag oder als Regisseur in einem Theater zu verdienen. Deutsch wurde darum an der Schule das wichtigste Fach für mich. Dafür arbeitete ich viel, und anders als in der Luftwaffenhelferzeit bemühte ich mich jetzt auch, es meinen Deutschlehrern recht zu machen.

Das war zwar im Mündlichen recht einfach; hier musste ich nur die durchgenommenen Werke gründlich lesen und mir den Inhalt merken, damit ich in den Diskussionen mitreden konnte. Aber im Schriftlichen tat ich mich nach wie vor schwer. Es gab jedoch Ausnahmen: Wir sollten einen Hausaufsatz schreiben zu dem Thema: „Nicht der ist auf der Welt verwaist, / Dessen Vater und Mutter gestorben, / Sondern der für Herz und Geist / Keine Liebe und kein Wissen erworben" (Friedrich Rückert). Dazu etwas zu schreiben fiel mir leicht: Ich hatte mich in den Monaten davor in die Philosophie von Schopenhauer eingearbeitet und erst kürzlich das Buch „Aphorismen zur Lebensweisheit" gelesen. Das dort beschriebene „heitere Naturell" mit dem „Frieden des Herzens" und dessen Gegenteil die „geistige Stumpfheit" fand ich in Rückerts Ausspruch wieder, und ich konnte ihn darum ohne lange zu überlegen im Sinne von Schopenhauer auslegen. Es blieb dabei nicht aus, dass ich in meinem Text auch Schopenhauers Art zu argumentieren und einige seiner Fachausdrücke (z.B. „das Ding an sich" oder „die Nichtigkeit der irdischen Dinge") übernahm, und ich war mir dessen auch bewusst und glücklich darüber, dass ich endlich einen Stil gefunden hatte, der mir lag, und dass ich dazu noch nicht einmal die Aphorismen erneut lesen musste. Die Sätze flossen mir praktisch wie von selbst aus der Feder. Ich änderte zwar hinterher einiges, war aber zum Schluss so richtig zufrieden. Ähnlich wie früher gab ich auch diesmal den Aufsatz meinem Vater zu lesen. Er war begeistert. Da er sonst mit Lob eher zurückhaltend war, freute ich mich natürlich und wertete sein Urteil als Bestätigung meiner Ansicht, im Prinzip gut schreiben zu können.

Umso überraschter war ich dann, als mir ein paar Tage später der Lehrer (er hieß Kortemme) bei der Rückgabe in fast triumphierendem Ton mitteilte, er habe mir eine Sechs geben müssen, denn es sei doch klar, dass mein Aufsatz nicht von mir sei, sondern dass ich ihn abgeschrieben hätte. Ich war fassungslos und bestritt natürlich Kortemmes Behauptung. Anschließend traf es meinen Freund Siegfried Grupe. Auch ihm warf Kortemme vor, er habe abgeschrieben und er erhalte deshalb eine Fünf. (Warum Fünf statt Sechs wie ich, blieb mir ein Rätsel). Ich meldete mich jetzt noch einmal und bat Kortemme, uns zu sagen, von wem wir seiner Meinung nach abgeschrieben hätten. Das wisse er nicht, antwortete er. Aber dass unsere Texte mit der gesamten Ausdrucksweise nicht von uns stammten, das sei doch offensichtlich. So etwas könne jemand in unserem Alter unmöglich schreiben.

Nach der Stunde tauschten Grupe und ich uns aus. Natürlich hatte auch er nicht abgeschrieben, aber er hatte wie ich zuvor philosophische Texte gelesen, und zwar von Nietzsche. Wir überlegten, ob wir gerichtlich gegen Kortemme vorgehen sollten, meinten dann aber, dass wir damit unsre gute Abiturnote gefährden würden, und nahmen davon Abstand.

Stattdessen forderten wir Kortemme in der nächsten Deutschstunde auf, seine Behauptung zurückzunehmen und die Noten entsprechend zu ändern. „So einfach ist das nicht", sagte er und bat uns, unsere Aufsätze in der Klasse vorzulesen. Wir taten das. In der Diskussion ging es dann mehr um Inhaltliches: Es wurde bezweifelt, ob es so etwas wie geistige Stumpfheit wirklich gäbe, und der Mitschüler Brunotte meinte, dass meiner Darstellung wohl eine arg idealistische Einstellung zu Grunde läge. Außerdem wurden mir hinkende Vergleiche vorgeworfen. Kortemme hielt sich zurück. Er ließ sich zum Schluss unsere Hefte geben und änderte meine Sechs zu einer Vier und Grupes Fünf zu einer Drei. Ein Kommentar blieb aus. Diese Vier war gewiss ärgerlich. Andererseits fühlte ich mich nach wie vor geschmeichelt, dass Kortemme gemeint hatte, mein Text stamme von einem gestandenen Wissenschaftler.

Im letzten Jahr vor dem Abitur hatte ich dann glücklicherweise einen anderen Deutschlehrer (er hieß Rauterberg), der meine über Vater erworbenen Literaturkenntnisse zu würdigen wusste. Meine Noten verbesserten sich, und bald stand ich auf Zwei. Aber um diese Note für das Abschlusszeugnis zu halten, war es nötig, auch einen guten Abituraufsatz zu schreiben, einen Klassenaufsatz also, und darin war ich nie besonders gut gewesen. Unter Zeitdruck zu schreiben, hatte ich noch nicht gelernt, und das hatten wir auch im Deutschunterricht nie geübt. Zwar wurden wir dazu angehalten, vor Schreibbeginn eine Gliederung zu machen, aber ich wurde in der Regel trotzdem nicht fertig. Woran das lag, wusste ich nicht.

Ich beschloss, das Aufsatzschreiben zu Hause zu üben. Ich stellte mir selbst ein Thema und nahm mir vor, in vier Stunden fertig zu sein. Mit knapper Not gelang mir das auch. Ich hatte ein Thema zum zweiten Teil von Goethes „Faust" gewählt, und zwar zur Bedeutung der Verse 11936-37 „Wer immer strebend sich bemüht, den können wir erlösen" für den Ausgang der Tragödie. Darüber hatten wir in einer der letzten Unterrichtsstunden gesprochen, und in der Diskussion war mir dazu auch einiges eingefallen. Auf diese meine Ideen griff ich beim Schreiben meines Übungsaufsatzes zurück, und ich war auch zum Schluss ganz zufrieden damit.

Natürlich wagte ich nicht zu hoffen, dass Rauterberg ausgerechnet dieses Thema für den Abituraufsatz wählen würde. Aber da er empfohlen hatte, uns vor dem Abitur noch einmal gründlich mit dem „Faust" zu beschäftigen, war es doch nicht ganz ausgeschlossen. Und für diesen Fall hob ich meinen Text auf, um ihn zu der Klausur mitzunehmen.

Aber am Abend vor dem Klausurtermin bekam ich Bedenken: Es würde kaum möglich sein, meinen Text unbemerkt vor mich hinzulegen und ihn abzuschreiben. Ich müsste ihn also gut verstecken, aber dann würde er mir nichts nützen. Andererseits war ich doch auf ihn angewiesen. Und ich brauchte die gute Note, um zum Studium zugelassen zu werden. Was sollte ich tun? In meiner Verzweiflung las ich den Text noch mehrere Male durch, bis ich ihn nahezu auswendig konnte.

Ich memorierte ihn am nächsten Morgen noch einmal und nahm ihn trotzdem mit, wollte ihn aber nur dann benutzen, wenn ich nicht mehr weiterwusste. Ich saß ganz vorn. Ich müsste also einen Moment abpassen, in dem Rauterberg sich weiter hinten befand und mich nicht sehen konnte, überlegte ich. Alles kam nun darauf an, dass wir ein Thema bekamen, das wenigstens ungefähr zu meinem Text passte. Und ich hatte Glück. Das Thema war zwar ein anderes, betraf aber den „Faust", und ich würde zumindest den ersten Teil meines Textes übernehmen können, dachte ich, und das Gute dabei war, dass ich jetzt auch den ersten Satz schon hatte. Diesen zu finden, war für mich immer besonders schwer gewesen. Tatsächlich übernahm ich dann nur den ersten Satz. Und dann fiel mir sogleich ein anderer, besserer ein, und ich war plötzlich im Schreiben drin und schrieb einen völlig anderen Text. – Was mir geholfen hatte, meine Schreibschwierigkeiten zu überwinden, konnte ich mir damals wohl kaum erklären. Und es sollten etliche Jahre vergehen, bis ich die Probleme endgültig überwunden hatte.

Die mündliche Prüfung schaffte ich mit Ach und Krach: Eine Fünf in Latein – „Nicht zu fassen", denke ich heute – verhinderte wegen der Zweien in anderen Fächern zwar nicht, dass ich bestanden hatte, aber mit der Gesamtnote „genügend" waren das keine guten Voraussetzungen, schon im folgenden Wintersemester zum Studium zugelassen zu werden.

Es stand jetzt endgültig fest, dass ich Theaterwissenschaft studieren wollte, und da ich wusste, dass dieses Fach auch in Göttingen gelehrt wurde, bewarb ich mich dort um eine Zulassung. Mir wurde mitgeteilt, dass ich eine Eignungsprüfung abzulegen hatte und dass ich mich dafür zu einem bestimmten Zeitpunkt im Dekanat der Philosophischen Fakultät melden sollte.

Als ich dort eintraf, musste ich mich zuerst von dem damaligen Dekan, dem Romanisten Prof. Kellermann, beraten lassen. Ob es nicht besser sei, mich nach einem nicht akademischen Beruf umzusehen, sagte er. Denn selbst wenn ich in der Zulassungsprüfung eine gute Note erhalten würde, müsse ich vermutlich noch länger warten. Es gebe in Göttingen für die Germanistik einen rigiden Numerus Clausus, und für die Zulassung spielten neben der Abiturnote noch eine Reihe von anderen Kriterien eine Rolle, zum Beispiel das jeweilige Alter, Dauer des Kriegseinsatzes, eventuelle Kriegsverletzungen und natürlich die Ergebnisse der an der Uni abzulegenden Zulassungsprüfung. Dann würde ich eben warten, entgegnete ich, und erhielt von Kellermann den Rat, die Wartezeit für eine gründliche Vorbereitung auf das Studium zu nutzen. Wenn ich die Absicht hätte, später am Theater tätig zu werden, wäre es nützlich, viele ältere und neuere Theaterstücke zu lesen und auch jetzt schon Texte auswendig zu lernen.

Diesem Vorschlag kam ich nach, und ich musste es in Kauf nehmen wieder von morgens bis abends zu Hause zu bleiben. Ich las also wichtige Werke der Weltliteratur, konzentrierte mich aber vor allem auf Literatur, die im Dritten Reich verboten war. In Vaters Bibliothek gab es davon wenig. Von Thomas Mann zum Beispiel nur die „Buddenbrooks". Als ich meinen Vater nach dem Buch fragte, musste er erst suchen, und er fand es schließlich in einer hinteren Buchreihe. „Damit es von den Nazis niemand sehen konnte", sagte ich. „Nicht nur deswegen", konterte er. In den hinteren Reihen stünde das nicht Lesenswerte, wozu auch Thomas Mann gehöre, dessen Romane dekadent seien und die den Leser herunterzögen, anstatt ihn zu erheben.

Manches besorgte ich mir aus der Hildesheimer Stadtbücherei, ließ mich dabei von einer sehr belesenen Bibliothekarin beraten und mir auch die Gründe sagen, weshalb sie ein Buch für lesenswert hielt. Wenn ich die Sachen dann selbst las, behielt sie im Allgemeinen recht. Manchmal allerdings waren ihre Gründe auch etwas merkwürdig, wie zum Beispiel bei den Gedichten von Stefan George. Als sie merkte, dass ich unschlüssig war, ob ich die Ausgabe mitnehmen sollte, sagte sie, es lohne sich, diese Gedichte zu lesen, denn sogar Goebbels habe sie geschätzt, der ja auch Mitglied in dem George-Kreis gewesen sei.

Diese Jahre, in denen ich weiterhin bei meinen Eltern wohnte, waren sehr belastend. Ich hatte kein eigenes Zimmer und musste daher von morgens bis abends die oft stümperhaften Klavierübungen der Schüler und Mutters Ermahnungen mit anhören. Wenn ich Ruhe haben wollte, musste ich nach draußen gehen. Allmählich hatte ich meine Eltern ganz einfach über. Aber da ich finanziell von ihnen abhängig war, musste ich mir auch schweigend mit anhören, dass sie mit meiner ersten Liebe, sie hieß Gisela, nicht einverstanden waren, weil sie eine Arbeitertochter war und sich auch beim Essen nicht richtig benehmen konnte. „Sie fuchtelt mit ihrem Besteck in der Luft herum, anstatt es neben dem Teller liegen zu lassen, wie es sich gehört", so höre ich meine Mutter sagen. – Alle Personen, mit denen es meine Eltern zu tun hatten, wurden danach beurteilt, ob sie „etwas Besseres" waren oder nicht. Und das könne man schon an ihren Äußerungen feststellen: „Wenn ich in der Eisenbahn sitze", sagte meine Mutter einmal, „dann müssen die anderen nur den Mund aufmachen, und ich höre schon nach den ersten Sätzen, wohin jemand gehört." – Natürlich verkehrten meine Eltern nur mit den „Besseren". Der Doktortitel genügte schon für die Auswahl. Wenn Freunde oder Bekannte zu Besuch kamen, dann achtete meine Mutter darauf, dass ich sie mit „Herr Doktor" oder „Frau Doktor" anredete. Letzteres auch dann, wenn nur der Ehemann den Titel trug. – Sogar die Geschäfte, in denen wir einkauften, wurden nach solchen Gesichtspunkten ausgewählt. Ich sollte meine Schulhefte nicht bei einem Herrn Böse kaufen, weil dieser in einer Gewerkschaft war. Denn Gewerkschaften waren aus der Sicht meiner Eltern nicht standesgemäß. – Es war auch in den Augen meiner Eltern ganz und gar unmöglich, dass die Tochter eines befreundeten Ehepaars eine Beziehung mit einem englischen Besatzungsoffizier hatte. Und noch schlimmer war es für sie, dass eine von Idas Nichten einen englischen Sergeanten geheiratet und Kinder mit ihm bekommen hatte. Die Engländer waren schließlich nach wie vor unsere Feinde, und mit denen verkehrte man, wenn überhaupt, nur amtlich.

Ich versuchte alles, um von zu Hause wegzukommen: Ich praktizierte als Hilfsdramaturg am Theater in Hildesheim, zog als Regieassistent mit einer Wanderbühne durch die Lande und bewarb mich, leider vergebens, auch an anderen Universitäten.

Studium und Assistentenzeit in Göttingen

Ende Oktober 1949 erhielt ich dann endlich die schriftliche Mitteilung meiner Zulassung. Ich reiste nach Göttingen und bezog im Stegemühlenweg zusammen mit einem Kommilitonen ein Zimmer. Ich war selig, und mir wurde erst jetzt bewusst, wie sehr ich unter dem Zusammenleben mit meinen Eltern gelitten hatte. – Es fiel mir nicht schwer, mich an der Universität zu orientieren. Ich studierte im Hauptfach Germanistik und in den Nebenfächern Geschichte und Philosophie. Bei der Auswahl der Lehrveranstaltungen ging ich in den ersten Semestern ganz meinem damaligen Interesse für neuere deutsche Literatur nach. Ich genoss es, in den Hörsälen die „klugen" Professoren zu bewundern, und im Stillen stellte ich mir vor, wie es sein würde, wenn ich eines Tages selbst dort oben stehen und von den Studierenden bewundert würde. Natürlich sprach ich darüber mit niemandem. Anders als in der Schule wurden meine schriftlichen Arbeiten und meine Referate jetzt wieder positiv bewertet, und das hatte zur Folge, dass ich nach einigen Semestern endgültig beschloss, den langen und vermutlich auch dornenreichen Weg der Universitätslaufbahn einzuschlagen.

Mir wurde dann allerdings auch schnell klar, dass es in der von mir bevorzugten Neugermanistik so gut wie aussichtslos sein würde, später eine Anstellung als Hochschullehrer zu bekommen. Dazu würde die Konkurrenz viel zu groß sein, und ich würde riskieren arbeitslos zu werden. Ich verlegte darum meinen Studienschwerpunkt auf die Altgermanistik, und es war auch nicht schwer, für den Studienabschluss ein entsprechendes Promotionsthema zu erhalten. Um meine Eltern finanziell zu entlasten, arbeitete ich ab dem sechsten Semester halbtägig als studentische Hilfskraft in einem universitären Forschungsinstitut für niederdeutsche Mundarten. Es gelang mir dann trotzdem, nach insgesamt sechs Jahren das Studium mit dem Doktortitel zu beenden.

Aber was dann? Wenn ich Hochschullehrer werden wollte, musste ich mich habilitieren, also eine weitere große wissenschaftliche Arbeit schreiben. Und das wiederum würde viel Zeit und Geld kosten. Wie andere das geschafft hatten, war mir ein Rätsel. Ich ließ mich von meinen akademischen Lehrern Hans Neumann und Wolfgang Krause beraten und stieß auf Skepsis: Die Risiken seien zu hoch. Selbst wenn es mir gelingen würde, mich zu habilitieren, sei es unsicher, ob ich – so wie sie – auf einen Lehrstuhl berufen würde, und Neumann wies dabei auf die etlichen Privatdozenten hin, die seit Jahren für kein oder wenig Geld am Institut Arbeit leisteten und es noch nicht geschafft hätten, von hier wegzukommen. Krause ließ auch Zweifel an meinen Fähigkeiten durchblicken. Um es an der Hochschule zu etwas zu bringen, so Neumann, sei ein ungewöhnliches Maß an Ausdauer und wissenschaftlichem Elan nötig, und er nannte als Beispiel den Sohn des Göttinger Historikers Percy Ernst Schramm, der soeben mit „summa cum laude" promoviert habe. Mir fiel dazu das Stichwort Standesdünkel ein, aber natürlich sprach ich das nicht aus.

Ich setzte mich über die Bedenken hinweg und nahm auch in Kauf, dass Habilitation und Geldverdienen schwer miteinander vereinbar waren. Ich hatte zwar das Glück, dass meine Hilfskraftstelle jetzt in eine ganztägige Assistentenstelle umgewandelt wurde. Aber meine dortige Arbeit an einem mehrbändigen niederdeutschen Wörterbuch war eher technischer Art und als Grundlage für eine wissenschaftliche Arbeit kaum geeignet. Ich musste mich also anderweitig umsehen.

Das war nicht einfach. Ich musste sehr viel wissenschaftliche Literatur lesen, um herauszufinden, auf welchen Gebieten es Forschungslücken gab. Und wenn ich glaubte, ein geeignetes Thema gefunden zu haben, begann ich mehrmals schnell mit dem Schreiben. Ich musste dann aber bald feststellen, dass meine Kenntnisse auf dem jeweiligen Gebiet nicht ausreichten. Anstatt weiter zu lesen, um meine Kenntnisse zu erweitern, sah ich mich nach einem anderen Gebiet um, wo dann wieder das gleiche passierte. Denn ich wollte unbedingt schreiben. Schreiben war ja seit meiner Kindheit eine meiner Lieblingsbeschäftigungen gewesen. Ich hatte Geschichten geschrieben und mehrere Romane angefangen, sie dann aber unvollendet liegen gelassen.

Zu Hilfe kam mir schließlich die Tatsache, dass es zu meinen damaligen Aufgaben auch gehörte, Einführungskurse ins Gotische, Altsächsische sowie ins Alt- und Mittelhochdeutsche abzuhalten, und dass ich dabei immer wieder feststellte, dass für die älteren Sprachstufen eine gut ausgearbeitete Syntax fehlte. Für das Altsächsische gab es dazu zum Beispiel nur die 1897 erschienene „Syntax des Heliand" von Otto Behaghel, die inzwischen veraltet und auch völlig unübersichtlich war.

Ich entschied mich, eine neue altsächsische Syntax zu erarbeiten. Mit der altsächsischen Sprache war ich durch meine Seminare gut vertraut, aber ich hatte es schwer, einen geeigneten theoretischen Ansatz zu finden. Fest stand für mich nur, dass die endgültige Darstellung wissenschaftlichen Ansprüchen genügen sollte, gleichzeitig aber auch für Nicht-Linguisten oder Studierende der älteren deutschen Sprachstufen verständlich sein sollte. Letzteres bedeutete, dass ich ähnlich wie in der Duden-Grammatik zum Neuhochdeutschen mit traditionellen grammatischen Kategorien zu arbeiten hatte, dass also die Verwendung neuerer Grammatiktheorien zumindest in der Endfassung ausfiel.

Indessen stellte sich bald heraus, dass ich mir mit dieser Entscheidung schwer lösbare Probleme aufgebürdet hatte: Die traditionellen syntaktischen Kategorien reichten zur Beschreibung nicht aus. Das zeigte sich unter anderem daran, dass es nicht möglich war, einen eindeutigen Zusammenhang zwischen den Wortarten (also Substantiven, Adjektiven, Verben usw.) und den auf der Satzebene anzusiedelnden Kategorien (also Subjekt, Prädikat, Objekt etc.) herzustellen. Hier klaffte eine Lücke. Um sie zu schließen, waren umfassende Untersuchungen erforderlich.

Ich arbeitete mich in die damals vorhandene linguistische Literatur ein, fand aber weder bei den amerikanischen Strukturalisten (Leonard Bloomfield, Zellig Harris u.a.) noch bei den deutschsprachigen Grammatikern (Leo Weisgerber, Hans Glinz, Hennig Brinkmann etc.) Ausführungen zu meinem Problem.

Ich war schon dicht davor aufzugeben, da stieß ich bei der Durchsicht aktueller Zeitschriften in der Ostberliner „Zeitschrift für Phonetik, Sprachwissenschaft und Kommunikationsforschung" auf einen von Manfred Bierwisch verfassten Aufsatz mit dem Titel „Ein Modell für die syntaktische Struktur deutscher Nominalgruppen" und las mich darin sofort fest. Es war dies meine erste Bekanntschaft mit der generativen Transformationsgrammatik. Vorher hatte ich von dieser von dem US-Amerikaner Noam Chomsky begründeten und paradoxerweise zuerst in der DDR und erst etwas später in Westdeutschland adaptierten Theorie noch nie etwas gehört. – Obwohl ich es schwer hatte, mich anhand dieses Aufsatzes in den Formalismus einzuarbeiten, erkannte ich – fast auf den ersten Blick –, dass hier mit neuen, streng definierten Beschreibungskategorien gearbeitet wurde und auf diese Weise die „Lücke" zwischen den Satzgliedkategorien und den Wortarten gefüllt wurde. So jedenfalls verstand ich Bierwisch bei meiner ersten Lektüre. Die theoretischen Voraussetzungen musste ich mir erst noch erarbeiten. Ob es möglich sein würde, auf dieser Grundlage eine altsächsische Grammatik zu rekonstruieren, ließ ich erst einmal offen.

Andererseits drängte die Zeit. Ich war damals 38 Jahre alt, meine Tochter Uta war schon geboren, und seit meiner Promotion waren mehr als zehn Jahre vergangen. Alle zwei Jahre musste in der Fakultät eine Verlängerung meines Arbeitsvertrags beantragt werden, und ich war bisher jedes Mal unsicher gewesen, ob sich die Fakultät mit meinen Begründungen zufriedengeben oder ob irgendwann die Verlängerung abgelehnt würde. Aber das hinderte mich nicht daran, die Arbeit an der altsächsischen Grammatik zunächst liegen zu lassen und mich gründlich mit der generativen Grammatik auseinanderzusetzen. Neben den bis dahin in der Reihe „Studia Grammatica" veröffentlichten Arbeiten zur deutschen Grammatik las und diskutierte ich mit Göttinger Kollegen Chomskys „Syntactic Structures", und ich fuhr nach Ostberlin, um dort persönlichen Kontakt mit Bierwisch, Karl Erich Heidolph und Wolfgang Motsch aufzunehmen und mit ihnen das Für und Wider zu einer generativen Grammatik einer toten Sprache zu diskutieren.

Mein Vorhaben fand Interesse: Bierwisch ermunterte mich, meine Arbeit zu der generativen Grammatik einer toten Sprache fortzusetzen: Wenn man davon ausgehe, so Bierwisch, dass auch die Sprecher älterer Sprachen ein Gespür für grammatisch richtige und grammatisch fehlerhafte Äußerungen gehabt hätten, dann dürfe man sich nicht damit begnügen, die in den überlieferten Sprachdenkmälern enthaltenen Äußerungen nur grammatisch zu klassifizieren. Sondern das Ziel von Grammatiken toter Sprachen müsse sein, die Fähigkeit der damaligen Sprecher zur Erzeugung der grammatisch richtigen und Vermeidung der grammatisch falschen Äußerungen in Form von Regeln zu rekonstruieren. Der Zwang zu formalisieren sei auch eine gute Möglichkeit, bislang unbekannte Regularitäten überhaupt erst herauszufinden.

Ich setzte also meine Analyse fort. Sehr vereinfacht gesagt bestand meine Arbeit jetzt darin, zu den beiden Texten „Heliand" und „Altsächsische Genesis" ein Lexikon anzulegen und zu jedem Item auf der Grundlage der vorhandenen Satzbelege die Verknüpfungsmöglichkeiten zu ermitteln, um dann in einem zweiten Schritt daraus einen formalisierten Regelmechanismus herzustellen.

Letzteres war sehr mühsam. Um den drei von Chomsky geforderten Eigenschaften einer grammatischen Darstellung, nämlich Adäquatheit, Einfachheit und Eleganz, gerecht zu werden, waren bei jeder aufzustellenden Regel lange Überlegungen und Recherchen erforderlich, und im Stillen beneidete ich meine Kollegen in der Ostberliner Arbeitsstelle darum, dass sie die Möglichkeit hatten, ihre Entwürfe vorzustellen und zu diskutieren, wohingegen ich ganz auf mich allein gestellt war. Es gab damals in Göttingen niemanden, der in der Lage gewesen wäre, die Details meiner Arbeit mit mir durchzusprechen, und schon gar nicht hätten mir meine späteren Gutachter helfen können. Ich hätte aber auch gar nicht gewagt, sie daraufhin anzusprechen.

Meine äußeren Arbeitsbedingungen waren indessen im letzten Jahr sehr günstig. Mein Chef stellte mich von fast allen dienstlichen Verpflichtungen frei, so dass ich jetzt ganztägig meiner wissenschaftlichen Arbeit nachgehen konnte.

In dieser Hinsicht hatte ich es besser als manche anderen Assistenten, die zum Beispiel umfangreiche Verwaltungsaufgaben zu erledigen hatten oder im Auftrag ihrer Professoren Lehrveranstaltungen durchführen mussten, wobei diese im Vorlesungsverzeichnis normalerweise nur unter dem Namen ihres Chefs angezeigt wurden. Hier lag vieles im Argen, und als Assistent war man mehr oder weniger rechtlos.

Ziemliches Aufsehen erregte in dieser Hinsicht ein Vorfall im musikwissenschaftlichen Institut, wo mein Freund Hans Otto Hiekel arbeitete. Er hatte von seinem Chef den Auftrag erhalten, bei der Verwaltung die Erstattung von Auslagen zu beantragen, und er hatte dabei festgestellt, dass es sich hier um die Kosten für eine private Auslandsreise handelte, und sich deswegen geweigert, die Rechnung weiterzugeben. Als dann einige Wochen später die Verlängerung seines Arbeitsvertrages anstand, teilte der Chef meinem Freund ohne Angabe von Gründen mit, das Arbeitsverhältnis sei nunmehr beendet. Damit war auch Hans Ottos

Hochschulkarriere beendet. Er musste sich nach einer anderen Anstellung umsehen. Es gelang ihm, vom Härtel-Verlag gegen Bezahlung mit einer Händel-Ausgabe betraut zu werden, und als diese abgeschlossen war, ging er in den Schuldienst.

Im Sommer 1967 war ich dann endlich mit der Habilarbeit fertig. Ich war beim Schreiben relativ zügig vorangekommen, wobei mir – aus meiner heutigen Sicht – zu Hilfe kam, dass sich der Aufbau der Arbeit aus den zuvor verzettelten und geordneten Sätzen und Satzteilen ergab. Vieles im Text bestand aus Aufzählungen von Wörtern, deren Verknüpfungsmöglichkeiten und den sich daraus ergebenden Regeln.

Die Arbeit hatte einen Umfang von 534 Schreibmaschinenseiten und war nur für Spezialisten verständlich. Ich nahm mir vor, sie später zu kürzen und sie so umzuformulieren, dass sie zumindest für Altgermanisten verständlich wurde. Aus Zeitgründen musste ich dann allerdings darauf verzichten. Der Text blieb für immer unveröffentlicht.

Nachdem ich die Arbeit im Dekanat eingereicht hatte, standen mir mehrere Monate mit bangem Warten bevor. Dreierlei konnte passieren: Im günstigsten Fall würde die Arbeit akzeptiert. Ich könnte sie aber auch mit der Auflage, größere oder kleinere Teile zu ändern, zurückerhalten, und im ungünstigsten Fall könnte sie auch ganz abgelehnt werden. Dann müsste ich mich nach einer Anstellung außerhalb der Universitäten umsehen oder den Rest meines Berufslebens mit Wörterbucharbeit verbringen. Bei dem in Göttingen ungewohnten Thema war es ungewiss, wie meine Gutachter reagieren würden. Da drei von den vier Gutachtern nicht mit generativer Grammatik vertraut waren, war es denkbar, dass sie sich von dem formalen Teil abschrecken ließen und dass sich dies negativ auf das Gesamturteil auswirken würde. Von einem vierten Gutachter wusste ich, dass er zwar Chomsky gelesen hatte, dass er den Ansatz aber ablehnte. Da die Arbeit in der Fakultät zur Ansicht auslag, konnte es auch passieren, dass einer der anderen Professoren Einspruch erhob und „mein Fall" dann in einer Fakultätssitzung verhandelt wurde. Und genau darum machte ich mir Sorgen. Denn die zur Fakultät gehörenden Professoren waren – so glaubte ich jedenfalls – praktisch allmächtig; ich war mir sicher, sie würden alles tun, um zu erreichen, dass in ihren Augen unwürdige Personen von ihrem erlauchten Kreis ferngehalten wurden.

Bei diesen Überlegungen fiel mir ein zwei Jahre zurückliegender Vorfall ein: Ich hatte eines Tages einen Anruf von der Dekanatssekretärin Fräulein von Seebach erhalten, ich möchte mich um elf zu einem Gespräch mit dem Dekan einfinden. Worum es denn ginge, wollte ich wissen. Das würde ich dann schon vom Dekan selbst erfahren, antwortete sie. Ich ahnte Schlimmes und begab mich also ins Dekanat. Was im Himmel denn in mich gefahren sei, dass ich für eine Tagung in Einbeck Fahrt- und Unterkunftskosten beantragt hätte, fuhr mich der Dekan an. Ich war irritiert. Denn ich hatte an dieser Tagung im Auftrag meines Chefs Prof. Heinrich Wesche teilgenommen und sie auch auf dessen Veranlassung hin als Dienstreise deklariert. „Nach Einbeck", fuhr der Dekan fort, „das ist doch lächerlich, da hätten Sie auch mit dem Fahrrad hinkommen können." – „Na gut", sagte ich, „dann ziehe ich den Antrag zurück". – „Das ist nicht nötig. Er ist schon hier im Papierkorb gelandet. Sie können gehen." Selbst wenn der Dekan von der Sache her gesehen vielleicht recht gehabt hatte, oder wenn ganz einfach die Geldmittel ausgegangen waren, an der Demütigung trug ich dennoch schwer.

In meinem Habilitationsverfahren trat der günstigste Fall ein. Alle Gutachten waren positiv, und auch in der Fakultät gab es keine Einwände. – Am Anfang des nächsten Jahres erhielt ich vom Dekan die Aufforderung, ein Thema für das Kolloquium einzureichen.

Dieses Kolloquium stand mir schwer bevor. Es bestand aus einem halbstündigen Vortrag vor der Fakultät und einer anschließenden Diskussion, in der die Anwesenden auch Fragen stellen konnten, die mit dem Thema nichts zu tun hatten. Da in der Fakultät die verschiedensten Fachrichtungen vertreten waren, war abzusehen, dass mir fachfremde Fragen auch tatsächlich gestellt würden. Es war also praktisch unmöglich, mich angemessen vorzubereiten.

Für meinen Vortrag wählte ich ein Thema aus dem Umkreis der generativen Semantik (einem Teilgebiet der generativen Grammatik), das diesmal allerdings nicht auf das Altsächsische, sondern auf das Neuhochdeutsche bezogen war. Das war mir wichtig, weil ich die Venia legendi (die Lehrbefugnis) für die gesamte deutsche Philologie beantragt hatte, um bei späteren Bewerbungen ein breites Spektrum von Fachkenntnissen vorweisen zu können. Im Übrigen erhoffte ich mir mit diesem Thema auch Fragen, auf die ich kompetent würde antworten können.

An einem Samstag um 10.30 Uhr war es dann so weit. Ich stand im Flur des Aulagebäudes vor dem Sitzungssaal und traf dort einen anderen Habilitanden, der sein Kolloquium soeben hinter sich gebracht hatte. Es war sein zweiter Anlauf. Beim ersten Kolloquium war er gescheitert. Es sei auch diesmal quälend gewesen, sagte er mir, und er rechne mit dem Schlimmsten. Er wurde hereingerufen und kam schon nach wenigen Minuten wieder raus. Die Erleichterung war ihm anzusehen, er hatte es geschafft.

Kurz darauf war ich dran. In dem Sitzungssaal waren ungefähr dreißig Mitglieder des Lehrkörpers versammelt. Sie saßen hufeisenförmig, und vor dem offenen Ende stand das Pult, von dem aus ich vorzutragen hatte. Ich besann mich auf die in meinen Seminaren erlernte Technik, mit dem Publikum Kontakt aufzunehmen, fühlte mich aber gestört, als ich feststellte, dass einige Professoren, statt mir zuzuhören, mit Lesen beschäftigt waren. Ob oder wie sehr die anderen interessiert waren, konnte ich von den Gesichtern nicht ablesen.

Aber das Schwierige war ja nicht der Vortrag, sondern die anschließende Diskussion: Als erster stellte mir mein Chef Wesche eine Frage, die er mir vertraulich vorher mitgeteilt hatte. Hier hatte ich es also leicht, und ich hatte Gelegenheit mich „freizusprechen". Auch bei den nächsten Fragen, bei denen es um methodische Aspekte der Semantikforschung ging, lief alles gut.

Aber als ich schon glaubte, das Schlimmste überstanden zu haben, wurde es erst richtig unangenehm. Einer der Professoren, ich nenne ihn hier X, meldete sich zu Wort und holte, ehe er zur Sache kam, weit aus: Er habe zu seinem Bedauern erst zu spät Gelegenheit gehabt, sich mit meiner Habilschrift zu befassen, obwohl es sich im Prinzip gehört hätte, ihn als Gutachter hinzuziehen (dabei blickte er den Dekan an). Auf die gravierenden Mängel, die er bei der Lektüre der Arbeit festgestellt habe, könne er in dieser Sitzung nicht eingehen. Er halte es aber für seine Pflicht zu prüfen, ob meine Befähigungen für die von mir beantragte Venia legendi ausreichten. Er werde deswegen von dem Recht Gebrauch machen, mir Fragen zu stellen, die mit dem Vortragsthema nicht zusammenhängen. Aber er gehe davon aus, dass jemand wie ich, der sich seit zwanzig Jahren in der Germanistik tummele, hier gut Bescheid wisse.

Von den drei Fragen, die er jetzt stellte, bezogen sich zwei auf textkritische Probleme von nahezu unbekannten mittelalterlichen Autoren, auf Gebiete also, mit denen ich mich wissenschaftlich nie befasst hatte und bei denen X, wie ich vermutete, sicher sein konnte, dass ich hier passen müsste. Aber offensichtlich hatte er übersehen, dass ich vor Jahren bei meinem Lehrer Hans Neumann gründliche textkritische Kenntnisse erworben hatte und darüber auch examiniert worden war, so dass es mir ein Leichtes war, auch über die „Summa theologiae" aus dem Anfang des neunten Jahrhunderts detailliert Auskunft zu geben. Nur bei der letzten Frage, die Heinrich von Veldekes Roman „Eneit" betraf, musste ich eingestehen, dass ich dazu nichts wusste.

Die vorgesehene Sitzungszeit war jetzt abgelaufen und ich musste draußen warten. Ich hatte ein ganz gutes Gefühl. Die eine nicht beantwortete Frage wird mir nicht das Rückgrat gebrochen haben, dachte ich. Denn insgesamt, so sagte ich mir weiter, hatte ich kein schlechtes Bild abgegeben. Ich hatte den „hohen Herren" vorgeführt, dass in der Linguistik eine kleine Revolution stattgefunden hatte. Im Stillen hoffte ich, damit wenigstens einige der anwesenden Philologen etwas beeindruckt zu haben.

Dieses gute Gefühl reduzierte sich allerdings bald, als sich die Wartezeit mehr und mehr in die Länge zog. Ich hatte mit maximal 15 Minuten gerechnet, aber inzwischen war schon eine Stunde vergangen, und ich wartete immer noch. Nach und nach hatten sich meine Freunde und Mitarbeiter aus dem Niedersächsischen Wörterbuch eingefunden und leisteten mir seelischen Beistand. Meine damals hochschwangere Frau war zu Hause geblieben.

Nach einer weiteren Viertelstunde wurde ich hereingebeten und erfuhr – ohne weiteren Kommentar – dass die Fakultät mehrheitlich beschlossen habe, mich zur öffentlichen Probevorlesung (dem letzten Teil des Habilitationsverfahrens) zuzulassen, und dass von meinen drei Themenvorschlägen die „Tun-Umschreibung im Niederdeutschen" ausgewählt worden sei. Ich hatte also bestanden.

Allerdings gab es dann am Nachmittag noch ein enttäuschendes Nachspiel. In einem Anruf bei Neumann – ich wollte mich für seine Unterstützung bedanken – erfuhr ich, warum sich am Vormittag die Beratung so in die Länge gezogen hatte. Auf Wunsch des Kollegen X habe die Versammlung über die von mir beantragte Venia diskutiert und sei zu dem Ergebnis gekommen, die Venia auf Niederdeutsche Philologie zu beschränken. X habe dies mit meiner Publikationsliste mit überwiegend niederdeutschen Themen begründet, und er habe dabei auch meine nicht ausreichenden mediävistischen Kenntnisse ins Feld geführt. Aber ich solle mir darum keine großen Sorgen machen, meinte Neumann, ich sei mit meiner Habilitation trotzdem berechtigt, zu allen von mir gewünschten Themen Lehrveranstaltungen abzuhalten.

Dennoch traf mich diese Mitteilung hart. Denn ich rechnete mir aus, dass ich jetzt kaum Chancen hatte, auf einen Lehrstuhl für ältere und neuere Germanistik oder germanistische Linguistik berufen zu werden, und ich äußerte dies auch in meinem Telefonat mit Neumann. Er sah das auch so, meinte aber, ich könne nach zwei oder drei Semestern in der Fakultät über eine (so genannte) „Umhabilitation" die Venia für die Gesamtgermanistik beantragen. Damit beendeten wir das Gespräch. Die Frage, ob er, Neumann, denn nicht den Versuch unternommen habe, die Versammlung zu meinen Gunsten umzustimmen, verkniff ich mir, dachte mir aber meinen Teil. Ich war enttäuscht. Bei dem großen Einfluss den Neumann – auch als Akademiemitglied – an der Fakultät hatte, wäre er mit seinem Votum vermutlich durchgekommen.

Die für zwei Wochen später am 10. Juni angesetzte öffentliche Antrittsvorlesung war dann kein großes Problem mehr. Es sei eine reine Formsache, bei der es, so erklärte mir der Dekan, nur darauf ankomme, die Zeit von einer dreiviertel Stunde nicht zu überschreiten, auch nicht um eine halbe Minute. Warum das so sei, solle ich nicht fragen. Es sei eben so, und er werde das genau kontrollieren. Auf Inhalt und Vortragsweise komme es dagegen nicht an. – Da ich zu dem gleichen Thema schon vor einigen Jahren auf einer Tagung referiert hatte, kam ich auch mit der Vorbereitungszeit gut hin, und ich konnte sogar die letzten zwei Tage in der Klinik bei meiner Frau und unserer am 8. Juni geborenen zweiten Tochter Cornelia verbringen.

Alles verlief dann auch planmäßig. Anders als im Kolloquium waren als entscheidungsbefugte Personen nur der Dekan, Neumann und Wesche anwesend und außerdem ein paar Freunde. Da die Veranstaltung im geographischen Institut, einem vom universitären Geschehen etwas abgelegenen Ort, stattfand und –

wie bei Habilitationen üblich – schlecht plakatiert war, war dieses geringe Interesse auch kein Wunder. – Ich kam mit der Zeitkalkulation gut hin, wurde weder zu früh noch zu spät fertig und erntete dafür vom Dekan, der mit der aufgeklappten Taschenuhr in der vorderen Reihe gesessen hatte, Lob.

Auch der Vortrag selbst fand viel Zustimmung. Obwohl ich wegen der einzuhaltenden Zeit den Text abgelesen hatte, hatten alle sehr aufmerksam zugehört; es sei richtig spannend gewesen, sagte mir Neumann (es war das erste Mal, dass ich von ihm gelobt wurde!) und weitaus besser als mein Kolloquiumsvortrag zur generativen Semantik. Das Umgekehrte wäre mir eigentlich lieber gewesen. Aber die Bereitschaft, Neues zur Kenntnis zu nehmen und dabei auch die unvermeidlichen Verständnisschwierigkeiten in Kauf zu nehmen, sagte ich mir, ist an dieser Universität wohl wenig ausgeprägt.

Meine Sorge, dass ich wegen der eingeschränkten Venia es schwer haben würde, einen Ruf zu erhalten, erwies sich als unbegründet. Schon wenige Wochen nach Abschluss meiner Habilitation erhielt ich von dem Direktor des Forschungsinstituts für Deutsche Sprache (Deutscher Sprachatlas), Ludwig Erich Schmitt, die Einladung, mich auf eine H-4-Professur für Deutsche und Germanische Philologie in Marburg zu bewerben. Und bereits gegen Ende des Jahres erhielt ich vom Hessischen Kultusminister den Ruf an die Philipps-Universität Marburg. Ich hatte damit – in meinem einundvierzigsten Lebensjahr – mein Berufsziel erreicht. Wie ich später erfuhr, war Schmitt auf dem Germanistentag durch meinen Vortrag über die Zeitkalkulation für die Fertigstellung von Mundartwörterbüchern auf mich aufmerksam geworden. Den Ausschlag bei der Entscheidung für mich hatte dann die (damals seltene) Kombination von Kenntnissen in Mundartforschung und generativer Grammatik gegeben.

Bis zu meinem Dienstantritt in Marburg war ich noch ein Semester lang Mitglied des Lehrkörpers der „Georgia Augusta" in Göttingen und hatte dabei die Gelegenheit, den Universitätsbetrieb von der „anderen Seite" her kennen zu lernen. Es war so, als hätte sich eine neue Welt für mich geöffnet. Das begann schon im Kleinen: Mein Chef sagte mir, ich müsse ihn jetzt nicht mehr mit „Herr Professor" anreden, in Zukunft sei er der Herr Wesche für mich; die Durchführung von Lehrveranstaltungen musste ich jetzt nicht mehr beantragen, sondern ich wurde vom geschäftsführenden Direktor darum gebeten, und im Gegensatz zu früher konnte ich jetzt auch das Thema (generative Grammatik) selbst auswählen.

Sehr gut erinnere ich mich auch noch an meine erste Teilnahme an einer Fakultätssitzung. Diese Sitzungen waren ja nicht öffentlich, und ich hatte den Raum, in dem die Versammlungen stattfanden, bisher nur zweimal von innen gesehen, einmal bei meinem Habil-Kolloquium und dreizehn Jahre vorher, als mir nach dem Rigorosum (der mündlichen Prüfung für den Doktortitel) die Note verkündet wurde. Er war für mich so etwas wie ein heiliger Ort, in dem feierliche und unwiderrufliche Dinge geschahen, von denen wir „Sterbliche" uns kein Bild machen konnten. Das ganze Gebäude strahlte diese Atmosphäre aus (in der daneben befindlichen Aula waren bei meiner feierlichen Immatrikulation die Professoren im Talar einmarschiert).

Solche und ähnliche Gedanken gingen mir durch den Kopf, als ich an einem Mittwochnachmittag gegen vier Uhr diesmal als Mitglied der Versammlung den Raum betrat. Dieses Mal, dachte ich, bin ich frei. Ich kann kommen und gehen, wann ich will, und niemand kann mir Vorschriften machen. Aber hier irrte ich mich. Als ich mir ahnungslos einen Platz auf einem gepolsterten Lehnstuhl in der vorderen Reihe am Tisch ausgesucht hatte, teilte mir der schon anwesende Dekan mit, diese vorderen Plätze seien den Ordinarien vorbehalten, für Privatdozenten wie mich seien die hinteren Reihen (ohne Tisch und mit harten Holzstühlen) vorgesehen. – Das Bild, das ich mir von diesen Sitzungen gemacht hatte, entzauberte sich schnell. Verhandelt wurde unter anderem über die Verteilung von Geldmitteln und über bezahlte und unbezahlte Lehraufträge an auswärtige Dozenten. Warum dies alles hinter verschlossenen Türen stattfand, blieb mir ein Rätsel.

Als Hochschullehrer in Marburg

Bei meinem Amtsantritt in Marburg (im Januar 1969) war hier die Studentenrevolte voll im Gange. Es verging kaum ein Tag, an dem an der Uni nicht irgendwo demonstriert oder gestreikt wurde. Die Foyers waren voll von Plakaten, auf denen die Untaten irgendwelcher Ordinarien angeprangert wurden, oder die bekannt machten, zu welchem Zeitpunkt bestimmte Vorlesungen oder Seminare gestört werden sollten. Ich blieb davon in den ersten Monaten verschont, da ich erst ab Frühjahr Lehrveranstaltungen abhalten musste. – Ich fragte mich, welche Rolle ich als Professor spielen würde, wenn die revoltierenden Studenten in mein Institut eindringen würden. Würde es mir gelingen, dann die Ruhe zu bewahren, bei Auseinandersetzungen „neutral" zu bleiben, oder würde bzw. sollte ich angesichts der in Göttingen selbst erlittenen Demütigungen mich rückhaltlos auf die Seite der Studierenden und Mitarbeiter stellen? Wie aber, so fragte ich mich weiter, sollte ich mich verhalten, wenn die Studenten bei ihren Forderungen nach Mitbestimmung marxistische Lehrinhalte von mir verlangten? Dazu wäre ich zwar im Prinzip bereit, aber von meinen Kenntnissen her wohl kaum in der Lage. Würde ich dann zum Beispiel der Einrichtung einer marxistischen „Gegenuniversität" zustimmen, um Konflikten aus dem Wege zu gehen? Und wie würden sich meine Kollegen in solchen Situationen verhalten? Dazu wusste ich bislang noch gar nichts.

Die erste Gelegenheit, darüber mehr zu erfahren, hatte ich bei einem bevorstehenden, aber terminlich noch nicht festgelegten Streik der Germanistikstudenten, bei dem, wie man gehört hatte, auch die Hörsäle und Institutsräume besetzt werden sollten. Ich traf zufällig einige meiner Kollegen aus der Neugermanistik im Treppenhaus des Institutsgebäudes. Sie waren unschlüssig, ob sie ihre Räume überhaupt betreten sollten, weil sie sich davor fürchteten, bei den Go-ins dort eingesperrt zu werden und das vielleicht sogar über Nacht. Ich hatte es schwer, diese Angst zu verstehen, und sagte ihnen, dass bei solchen Besetzungen die Professoren normalerweise zuerst zum Gespräch aufgefordert würden und dass sie im Falle ihrer Weigerung immer noch Gelegenheit hätten, den Raum zu verlassen. „Sie können sich wohl gar nicht vorstellen, was hier alles schon passiert ist", sagten sie mir und beschlossen dann, schon jetzt ihre Lehrveranstaltungen ausfallen zu lassen und das Gebäude schnellstens zu verlassen.

Der Streik fand dann erst in der nächsten Woche statt, wurde auch vorher angekündigt, und wir Professoren waren eingeladen, ins Audimax in die Vollversammlung zu kommen und dort zu den Forderungen der Studenten Stellung zu nehmen. Zusammen mit einigen, aber längst nicht allen germanistischen Kollegen ging ich hin. Insgesamt waren wir fünf gegenüber wohl tausend Studenten (unter denen sich allerdings auch Mitarbeiter aus dem wissenschaftlichen Mittelbau befanden). Wir mussten zuerst eine Reihe von längeren, für mich größtenteils unverständlichen Beiträgen der Studenten über uns ergehen lassen, in denen es nur zum Teil um das Studium ging, und danach sollten wir dazu Stellung nehmen. Alle seien gespannt darauf zu hören, ob oder inwieweit wir bereit seien, auf ihre Forderungen einzugehen.

Da ich nicht verstanden hatte, worin genau diese Forderungen bestanden, ließ ich zunächst meine Kollegen sprechen und erschloss aus ihren Äußerungen, dass es den Studenten a) um die paritätische Mitbestimmung bei der Erstellung von Studienplänen, b) um die Praxisrelevanz aktueller Lehrinhalte (kein Althochdeutsch und kein Mittelhochdeutsch mehr) und c) um Mitbestimmung bei künftigen Berufungen ging. Bis auf c), hörte ich von meinen Kollegen, ließe sich über all das reden, aber dann dürfe nicht nur Bestehendes kritisiert und abgelehnt werden, sondern es müssten auch konkrete Vorschläge gemacht werden. Darauf warteten sie bis heute vergebens. Nur eines müsse klar sein: Mitsprache ja, aber Mitbestimmung nein. Schließlich würde auch ein Grundschullehrer bei seinen Schülern nicht die Erlaubnis einholen, ihnen Lesen und Schreiben beizubringen. Es gab viele Zwischenfragen, Buhrufe und Zischen, aber kaum Beifall.

Ich kam als letzter dran. Ich stellte mich zunächst vor, gab zu, etwas aufgeregt zu sein, und sagte dann – sinngemäß, denn an Einzelheiten erinnere ich mich nicht mehr –, dass ich Verständnis für die Situation der Germanistikstudenten hätte. Denn ich hätte in Göttingen als Student und Mitarbeiter sehr unter den Schikanen einiger Ordinarien gelitten. Gotisch, Alt- und Mittelhochdeutsch hätte ich nur gezwungenermaßen gelernt, und ich hätte dadurch viel Zeit verloren. Für die Schulpraxis seien Kenntnisse in deutscher Grammatik wichtiger. Dass die Studentenvertreter in entscheidenden Fragen ihrer Ausbildung nicht nur mitsprechen, sondern auch mitbestimmen dürften, sei für mich eine Selbstverständlichkeit. – Ich war nach wie vor aufgeregt, musste immer wieder mühsam nach Worten suchen und war absolut unzufrieden mit mir.

Dass ich zum Schluss stürmischen Beifall erhielt und dass hinterher mehrere Mitarbeiter mir gratulierten und sagten, ich hätte ihnen aus der Seele gesprochen, verstand ich überhaupt nicht.

Das alles konnte aber nicht verhindern, dass ich mir weiterhin Sorgen machte. In den vielen Gesprächen mit Kollegen und Studenten war mir bewusst geworden, dass es schwer sein würde, den hohen an mich gestellten Erwartungen gerecht zu werden: Denn die Mehrzahl der Germanistikstudenten hatte dieses Fach gewählt, weil sie sich für Literatur interessierten, aber nicht für die ebenfalls vorgeschriebene Linguistik. Die sprachwissenschaftlichen Seminare waren ihnen eine Last, und ich musste befürchten, dass sie genauso auf mich losgingen wie jetzt auf viele meiner

Kollegen. Wie würde ich mich dann verhalten? Würde ich es hinbekommen, die studentischen Forderungen zu erfüllen, oder würde ich im Falle einer Störung die Lehrveranstaltung einfach abbrechen? – Ein anderes Problem war inhaltlicher Art. Es war damals üblich, das Fachwissen vorrangig in Vorlesungen zu vermitteln, wohingegen die Seminare hauptsächlich aus studentischen Referaten bestanden, die von dem Professor nur abschließend mehr oder weniger kurz kommentiert wurden. Dadurch sparte man Zeit für eigene Forschung, deren Ergebnisse in Form von Veröffentlichungen und Vorträgen auf Kongressen dazu dienten, unter Fachkollegen bekannt zu werden.

Es gab also zwei Adressatengruppen: Die Studenten und die Fachkollegen. Beiden gerecht zu werden war nicht einfach. Ich sprach über dieses Problem mit meinem Kollegen Herbert Ernst Wiegand, der damals unter Ludwig Erich Schmitt Assistent im Deutschen Sprachatlas war. Er sagte dazu: „Wenn die Studenten mir dumm kommen, Herr Keseling, dann scheiße ich sie einfach lautstark zusammen. Was die können, das kann ich schon lange." „Und was Ihre Zeit anbetrifft", fügte er hinzu, „die können Sie sparen, wenn Sie die Leitung der Proseminare an Ihre Mitarbeiter delegieren", und er verwies dabei auf einen Doktoranden namens Manfred Geier. Wenn es mir gelingen würde, den als Assistenten zu engagieren, würde er in meinen Seminaren eine große Hilfe sein.

Ich nahm mit Geier telefonisch Verbindung auf und lud ihn zu einem Vorstellungsgespräch ein. Da er mir schon auf den ersten Blick sympathisch war und sich auch in moderner Sprachwissenschaft gut auskannte – er arbeitete über „Chomskys Revolutionierung der Linguistik" – stellte ich ihn ohne Bedenken als Mitarbeiter ein. Zu seinen Aufgaben sollte unter anderem die Durchführung von Einführungskursen in die generative Grammatik gehören. Wegen des zu erwartenden großen Andrangs beauftragte ich damit auch noch zwei weitere Mitarbeiter. Da Manfred Geier bei den „linken" Studenten bekannt war, hoffte ich, dass diese in das von ihm angebotene Seminar kommen würden und die übrigen zu mir und zu den anderen Mitarbeitern.

Und so geschah es auch. Was ich allerdings nicht vorausgesehen und in der Zeit vor Geiers Einstellung auch nicht gewusst hatte, war, dass er bei der Arbeit an seiner Dissertation zu dem Ergebnis gekommen war, dass der von Chomsky postulierten Sprachfähigkeit ein der Sache nicht gerecht werdender Sprachbegriff zugrunde liege.

Erst im folgenden Semester, als die von Geier instruierten Studenten in meinem Hauptseminar auftauchten, wurde mir klar, dass sie nicht im Geringsten gewillt waren, Kenntnisse über generative Grammatik (eines meiner damaligen Spezialgebiete) zu erwerben, sondern dass sie überzeugt davon waren, dass sie hier etwas „Falsches" lernen würden. Es war dies eines der schlimmsten Seminare, die ich in den achtundzwanzig Jahren meiner Marburger Lehrtätigkeit erlebt habe: Und dabei saßen in diesem Seminar nur etwa zwanzig TeilnehmerInnen, darunter ein Student namens Nemitz, dessen kritische Anmerkungen mir schwer zu schaffen machten. Es ging um „Ausgewählte Probleme der generativen Grammatik für Fortgeschrittene". Wegen des schwierigen Gegenstands wurden hier nicht wie sonst üblich Referate gehalten, sondern die Teilnehmer sollten zu jeder Sitzung einen kürzeren Abschnitt aus einem Einführungstext lesen und dazu eine schriftliche Aufgabe lösen, zum Beispiel zu einem vorgegebenen Satz einen P-Marker (Baumgraphen) erstellen. In der jeweiligen Sitzung sollte dann einer seine Lösung an die Tafel schreiben und die anderen sollten dazu Stellung nehmen.

Die Schwierigkeiten begannen schon in der ersten Sitzung, in der ich das Seminarkonzept vortrug und nach einer Weile von Nemitz unterbrochen wurde: Er fühle sich hier überfahren, sagte er, auf die von mir ausgebreiteten Einzelheiten könne er sich erst nach einer Diskussion über die gesellschaftliche Relevanz des

Gegenstands generative Grammatik und der Tauglichkeit für die Unterrichtspraxis einlassen. Das sähe ich umgekehrt, entgegnete ich, Diskussionen dieser Art wären doch erst sinnvoll, nachdem man ausreichende Kenntnis über die generative Grammatik erworben hätte. Von einem anderen Teilnehmer wurde dann vorgeschlagen, wir sollten uns statt mit grammatikalischen Details mit Chomskys Methoden befassen. Meine Erwiderung, dass sich Chomsky in seinen Schriften dazu meines Wissens nur einmal, und zwar in den „Syntactic Structures" und auch dort nur sehr kurz, ausgelassen habe und dass man sich damit unmöglich ein ganzes Semester befassen könne, ließ er nicht gelten. Als ich dann die Stelle vorlas und dahingehend erläuterte, dass die Wege, auf denen ein Forscher syntaktische Strukturen entdecken könne (zum Beispiel durch Intuition, durch Auslassungs-, Ersetzungs- und Verschiebeproben), im Sinne von Chomsky nicht Teil der Theorie seien, wertete Nemitz das als Indiz für fehlende Methodenreflexion.

Aber dabei blieb es dann. Da ich mich nicht in der Lage sah, ein Alternativprogramm anzubieten und auch die Teilnehmer dazu keine Vorschläge machen konnten, gingen wir in den einzelnen Sitzungen so vor wie geplant.

Zermürbend war allerdings, dass kaum eine Sitzung verging, ohne dass – meistens von denselben Teilnehmern und vor allem von Nemitz – Grundsatzdiskussionen über die Reichweite der generativen Grammatik oder über Alternativen wie z. B. Dependenz- und Valenzgrammatiken eingefordert oder Einwände gegen die Gültigkeit bestimmter Analysen oder Regeln vorgebracht wurden. Auch diesen Einwänden konnte ich bloß mit dem Hinweis begegnen, dass man – theorieimmanent – Bewertungen der einzelnen Regeln nur mit Hilfe der Kriterien „Beschreibungs- und Erklärungsadäquatheit", „Generalisierbarkeit" und „Einfachheit" vornehmen könne und dass man dazu erst einen Überblick über den gesamten Regelmechanismus haben müsse. Wenn ich dann längere Ausführungen über das, was erst noch kommen sollte, machte, wurde mir schnell deutlich, dass ich jetzt über die Köpfe meiner Studenten hinwegredete und dass ganz offensichtlich etwas mit meinem didaktischen Seminarkonzept nicht stimmte. Auch war ich mir nicht sicher, ob Nemitz und seine Mitstreiter es vielleicht hauptsächlich darauf anlegten, mich in die Enge zu treiben. „Unter diesen Umständen sehe ich mich nicht in der Lage, dieses Seminar fortzusetzen", hatte ich auf der Zunge, unterdrückte es aber und verwendete stattdessen in der Woche zwischen den Seminaren sehr viel Zeit auf die Vorbereitung, worunter dann wiederum die Qualität meiner anderen Seminare und meiner Vorlesung litt.

Am Ende des Seminars war ungefähr die Hälfte der Teilnehmer weggeblieben. Denen, die durchgehalten hatten, erteilte ich die Scheine auf der Grundlage von regelmäßiger Anwesenheit. Spezielle Leistungsnachweise waren damals noch nicht erforderlich.

Was sollte ich jetzt tun? Ich war mir sicher, dass ich in meinen nächsten Seminaren über generative Grammatik die gleichen Schwierigkeiten haben würde. Ich sah mich nach anderen Themen um. Aber alles, was es damals an linguistischen Theorien gab, war mindestens ebenso schwer zugänglich wie die generative Grammatik, und zu der im Schulunterricht praktizierten traditionellen Grammatik gab es keine theoretische Grundlage. Sie wies außerdem viele Lücken und Ungereimtheiten auf. Sie zu vermitteln würde auf eine bloße Einpaukerei hinauslaufen.

Ich schob das Problem erst einmal ungelöst vor mir her.

Es war dies eine Zeit, in der mehr oder weniger alles in einer Art von Aufbruch oder Umbruch war. So jedenfalls erlebte ich diese Jahre. Während die Studenten rebellierten, dachten wir linken (oder angeblich linken) Professoren darüber nach, wie wir die kapitalistische Gesellschaft, in der wir lebten, ummodeln könnten.

Wie das hinzukriegen sei, wusste indessen niemand von uns so recht. Klar war nur, dass es eine sozialistische Gesellschaft sein sollte, ohne Privateigentum, wie zum Beispiel mein Mitarbeiter Manfred Geier meinte, als er eines Tages vorschlug, ich könne doch mein Geld, das ich verdiente, mit ihm und anderen teilen. Realiter blieb es beim bloßen Diskutieren, was nie ein Ende zu nehmen schien, und bei der Teilnahme an Demonstrationen, sei es in Marburg, Frankfurt oder sogar in Bonn. Oft waren es Tausende, überwiegend Studenten, die auf den Marktplätzen und Straßen zusammenkamen, um sich zum Schluss zu großen Umzügen zu formieren. Ich marschierte eifrig mit, bis es mich dann irgendwann langweilte und ich mit einigen Kollegen eine Arbeitsgruppe gründete, um dort zu überlegen, wie man es bewerkstelligen könnte, nicht nur Studenten, sondern auch die vielen „passiv dahinlebenden Normalbürger" zu mobilisieren. Man müsse auf der Straße auf sie zugehen und sie in Gespräche verwickeln, um ein politisches Bewusstsein in ihnen zu wecken.

Aber wo genau sollte das stattfinden? Marburg schien uns ungeeignet, weil die Gefahr bestand, dass man uns kannte und vielleicht dankend abwinken würde. Wir wählten daher den benachbarten Ort Kirchhain. An einem Sonntagvormittag mit besonders gutem Wetter fuhren wir dann tatsächlich zu viert dort hin und bauten uns je zu zweit an verschiedenen Stellen auf. Das Ganze dauerte nicht viel länger als jeweils eine halbe Stunde: Die Angesprochenen hatten sich entweder ohne ein Wort zu sagen umgedreht und waren weggegangen oder sie hatten uns den Vogel gezeigt. Nicht ein einziger wollte überhaupt mit uns reden.

Wir blieben also – wohl oder übel – unter uns und diskutierten in diversen Gruppen zu den verschiedensten Themen, unter anderem auch über die verschiedenen kommunistischen Strömungen wie Leninismus, Maoismus, Trotzkismus etc. In Marburg dominierte eine vom MSB Spartakus und auch von meinem Freund und Kollegen Reinhard Kühnl propagierte Richtung, die der DKP nahe stand und sich ideologisch an der sozialistischen Politik in der damaligen DDR orientierte. Es blieb nicht aus, dass wir in diesem Zusammenhang auch über die beiden deutschen Staaten diskutierten, wobei Reinhard mich davon überzeugen konnte, dass die DDR der bessere deutsche Staat sei, weil hier von Sozialismus nicht nur geredet würde, sondern weil er in die Praxis umgesetzt sei.

Genauso wie Reinhard fuhr auch ich von Zeit zu Zeit nach „drüben", und schon bei meinem nächsten Grenzübertritt brachte ich gegenüber dem kontrollierenden Volkspolizisten meine Bewunderung zum Ausdruck, indem ich sagte, ich sei doch glücklich, nunmehr das bessere Deutschland betreten zu können, worauf der Beamte jedoch mit keiner Miene reagierte. Ich war enttäuscht, weil ich doch freudige Zustimmung erwartet hatte.

Ich unternahm dann einen langen Streifzug durch Ostberlin, wofür ich mir bei früheren Besuchen nicht die Zeit genommen hatte, und wunderte mich, dass die meisten Stadtteile – mit Ausnahme der nach Moskauer Vorbild neu aufgebauten Stalin-Allee, heute Karl-Marx-Allee – überwiegend aus Ruinen bestanden, dass es nur wenige Geschäfte gab und dass ich auf meinem Marsch zwischen Alexanderplatz und Bahnhof Friedrichstraße nicht ein einziges Restaurant fand, wo ich meinen Hunger hätte stillen können. Aber das alles konnte mich nicht von meiner Überzeugung abbringen, dass ich mich hier in einem zwar armen, aber doch von den Kapitalisten nicht ausgebeuteten Land befand.

Ich hatte damals den Ehrgeiz, auch meinen Seminarinhalten eine politische, das hieß sozialistische Note zu geben, tat mich aber schwer damit. Denn wenn ich ehrlich war, dann musste ich mir sagen, dass es in der gesamten mir bekannten linguistischen Literatur keinerlei marxistische Lehrinhalte gab. Ganz im Gegensatz übrigens zu der damals in der linken Szene bekannt gewordenen „Kritischen Psychologie", die von dem Berliner Psychologen

Klaus Holzkamp vertreten wurde. Dessen Schriften lasen und diskutierten wir in privaten Arbeitsgruppen, und wir mussten dabei mit Neid zur Kenntnis nehmen, dass diese sozialistische Denkrichtung an der Freien Universität Berlin sogar in einem eigenen Institut gelehrt wurde, einem Institut, das sich von dem alten „konservativen" psychologischen Institut abgespaltet hatte, so dass es hier jetzt zwei psychologische Institute gab, eines mit „bürgerlich-konservativen" und eines mit „fortschrittlichen", also sozialistischen Lehrinhalten, letzteres unter Holzkamps Leitung.

Die Kritische Psychologie wurde dann für uns Linke so etwas wie ein Idol. Aber eine kritische Germanistik oder kritische Linguistik war so gut wie undenkbar, und ich kannte auch unter meinen Fachkollegen niemanden, der sich dazu Gedanken gemacht hatte. Ich musste also politisch passiv bleiben und konnte nur beobachten, was Kollegen und Studenten anderer Studienfächer in den nächsten Jahren unternahmen: Unter anderem war dies ein groß angelegter Kongress „Kritische Psychologie" mit mehr als 3 000 Teilnehmern, der unter Holzkamps Leitung im März 1977 in Marburg stattfand. Dank der Unterstützung des damaligen Universitätspräsidenten Rudolf Zingel konnte der Kongress sogar in den Arbeitsräumen der Universität durchgeführt werden.

Natürlich konnte ich hier nur als Zuhörer teilnehmen. Um quasi aus erster Hand schnell etwas über diese Forschungsrichtung zu erfahren, entschied ich mich, in die unter anderen von Holzkamp und dessen Frau Ute Holzkamp-Osterkamp geleitete Arbeitsgruppe im Auditorium Maximum zu gehen. Der Saal war bis auf den letzten Platz mit Zuhörern, in erster Linie Studenten, gefüllt, die jeden Vortrag und jeden Redebeitrag immer dann mit brausendem Beifall quittierten, wenn die kritische Psychologie dabei positiv wegkam, die aber auf kritische Beiträge mit lauten Buhrufen reagierten. Das hielt den ganzen Nachmittag und Abend an, und mehrmals mussten kritische Beiträge auch vorzeitig abgebrochen werden, weil die Redner praktisch nicht mehr zu

Wort kamen. Irgendwie erinnerte mich diese Art „Scherbengericht" an die NS-Zeit mit den großen von Goebbels organisierten Massenveranstaltungen. Ich war schockiert und auch kaum in der Lage, die Beiträge inhaltlich zu verstehen.

Ich habe vergessen, wie es mir in den Stunden danach ging. Ich erinnere mich nur, dass ich beim Abendessen in einem benachbarten Restaurant meinen früheren Studenten Nemitz wiedertraf, der sich diesmal richtig zu freuen schien, mit mir zusammen zu sitzen, sich aber zu den Vorträgen weder negativ noch positiv äußerte. – Vermutlich muss es einige Tage oder Wochen gedauert haben, bis ich mir zugestand, dass ich die Aussagen der Kritischen Psychologie entweder nicht verstand oder sie für nichtssagend hielt. Und schon gar nicht war ich bereit, die Ansätze der bisherigen, von den Kritikern als bürgerlich bezeichneten Psychologie in Bausch und Bogen zu verdammen. Für meine eigene linguistische Forschung konnte ich die Kritische Psychologie ohnehin nicht verwenden.

Bei meiner Suche nach praktikablen, i.e. lehrbaren Seminarinhalten war mir jedenfalls die Kritische Psychologie keine Hilfe. Als ich die Probleme mit meiner Frau diskutierte, die sich damals auf ihr zweites Staatsexamen vorbereitete, wollte sie von mir wissen, ob mir der russische Autor Aleksej A. Leont'ev und dessen Buch mit dem Titel „Sprache – Sprechen – Sprechtätigkeit" bekannt sei. Ich hatte davon noch nie etwas gehört, sah mir das Buch aber an und las mich darin fest. Interessant fand ich den Verweis auf einen anderen sowjetischen Autor namens Galperin, und über diesen lernte ich dann die kulturhistorische Psychologie der Wygotski-Schule kennen.

Zwar wurde mir schnell klar, dass diese psychologische Sprachtheorie keine Alternative zur generativen Grammatik sein konnte, aber allein die Tatsache, dass diese Wissenschaftler, zu denen auch der im Westen bekannte Neuropsychologe Lurija gehörte, Russen waren und in der DDR übersetzt worden waren, würde sie bei meinen Studenten vor dem Vorwurf „bürgerlich" bewahren.

Mir kam dabei zu Gute, dass unter den Studentenverbänden in Marburg damals – neben den sich an Mao orientierenden Roten Zellen – der Marxistische Studentenbund Spartakus dominierte, welcher sich in seinen Zielen an der DKP orientierte, und deren Mitglieder eine vergleichsweise strenge Arbeitsmoral hatten. Einige von ihnen erklärten sich bereit, mit mir zusammen in einer Vorbereitungsgruppe ein Konzept für das nächste Hauptseminar zu erarbeiten und in den Sitzungen Arbeitsgruppen zu leiten. Hier wurde dann jeweils ein kleiner Text von Leont'ev, Galperin oder Wygotski Zeile für Zeile laut gelesen und der Inhalt zum Schluss in eigenen Worten wiedergegeben. Das Ziel war zu lernen, genau zu lesen und die Texte erst dann zu diskutieren, wenn man die Inhalte verstanden hatte. Auf diese Weise gelang es uns, trotz der hohen Teilnehmerzahl arbeitsfähig zu bleiben. Ziemlich bald stand ich bei den Germanistikstudenten in dem Ruf „politisch in Ordnung", also „links" zu sein, und ich konnte es mir im übernächsten Semester sogar leisten, ein eher stumpfsinniges Seminar über traditionelle Syntax anzubieten, in dem wir den Teilnehmern Grundbegriffe der so genannten Schulgrammatik beibrachten, zum Beispiel den Unterschied zwischen Substantiv und Subjekt oder zwischen Deklination und Konjugation, was sie eigentlich schon in der Schule hätten lernen sollen.

Als ich jedoch zwei Jahre später auf eine Vorbereitungsgruppe verzichtete, traten die alten Schwierigkeiten erneut auf, jetzt allerdings nicht mehr in Form von Kritik an den Seminarinhalten, sondern in Form von Passivität, fehlendem Interesse und mangelnder Mitarbeit. Auch Beschränkungen der Teilnehmerzahl auf 30 änderten daran nichts. Gelegentlich gab es allerdings auch Seminare, in denen alles wunderbar lief. Nahezu alle arbeiteten mit, es wurden Fragen gestellt, ich antwortete darauf, es kamen weitere Fragen, und das hielt bis zum Ende des Semesters an.

Aber das war nicht die Regel. Ziemlich oft schleppte sich – bei den gleichen Themen – wieder alles mühsam dahin. Woran lag das bloß? Langweilte ich mich und übertrug meine Langeweile unbewusst auf die TeilnehmerInnen? Hatte ich diesmal unbegabtere Studenten in dem Seminar? Oder waren die Themen nicht interessant genug?

Um Letzteres auszuschließen, sah ich mich nach anderen Themen um und stieß dabei auf die von amerikanischen Soziologen entwickelte Konversationsanalyse, in der – auf der Grundlage von Tonbandaufnahmen – untersucht wurde, nach welchen Regeln Alltagsgespräche gestaltet werden, wie z. B. Gespräche eröffnet und abgeschlossen werden, wie Sprecherwechsel organisiert werden oder nach welchen Prinzipien neue Themen eingeführt werden. Mir wurde dabei schnell klar, dass auch die Kommunikation in Seminarsitzungen nach bestimmten Regeln vor sich geht und dass alle Teilnehmer und der Seminarleiter mehr oder weniger unbewusst entsprechend prozedieren.

Ich spekulierte darauf, dass sich die Teilnehmer hier in ihrem Verhalten wiedererkannten und die Texte deshalb mit Interesse lesen würden. Aber das Gegenteil war der Fall. Sie ließen sich von der schwierigen Terminologie abschrecken und weigerten sich, die Texte überhaupt zu lesen.

Ganz offensichtlich lag es also an der Schwierigkeit der Texte, nicht aber an deren Inhalt. Da es aber zu den genannten Themen keine anderen, leichter lesbaren Texte gab, musste ich versuchen ohne sie auszukommen. Ich überlegte, ob ich in einfacher Sprache die jeweiligen Fakten vortragen sollte. Aber das würde viel Zeit in Anspruch nehmen, und ich würde riskieren, dass die Zuhörer dabei einschliefen. Hinzu kam die Schwierigkeit, dass die meisten Studierenden ja nicht in meine Seminare kamen, weil sie sich für die linguistischen Themen interessierten, sondern weil der damalige Lehrplan sie dazu zwang. Vielfach waren sie der Überzeugung, dass sie hier ihre kostbare Zeit verschwenden müssten, und sie blieben dann immer einmal wieder den Sitzungen fern.

Für mich war das eine schwer einzulösende Herausforderung. Ich hatte es mit Studenten zu tun, die mir nur gezwungenermaßen oder gar nicht zuhörten. Das ließ sich nur schwer ändern. – Irgendwann kam mir die Idee, dass ich versuchen könnte, aus den linguistischen Texten Aspekte herauszuarbeiten, die mit Situationen zusammenhingen, die die Studierenden vermutlich selbst erlebt hatten. Zum Beispiel waren die meisten von ihnen wohl schon einmal mit ihren Äußerungen nicht verstanden oder missverstanden worden und hatten auch erfahren müssen, wie ihre Gesprächspartner darauf reagierten.

Um an Situationen dieser und ähnlicher Art anknüpfen zu können, so überlegte ich weiter, dürfte ich sie nicht nur erwähnen, sondern es würde besser sein, wenn ich versuchen würde, sie in den Sitzungen zu reproduzieren. Vielleicht in einem Rollenspiel! Ich verwarf diesen Vorsatz aber wieder, weil mir keine konkreten Situationen dazu einfielen. In meinen Überlegungen kam mir zweierlei zu Hilfe: Zum einen war es damals noch nicht lange her, dass ich eine eigene mehrjährige Psychoanalyse abgeschlossen hatte, in der ich auch Nützliches über Gesprächstechniken erfahren hatte. Ich hatte viermal in jeder Woche erlebt, was die Verweigerung einer freundlichen Begrüßung mit mir machte und was es für mich bedeutete, wenn ich, auf der Couch liegend, die hinter mir sitzende Therapeutin nicht sehen konnte und niemals wusste, ob sie dem, was ich sagte, zustimmte oder nicht. Aber dieses verwirrende Schweigen hatte mich zugleich auch angezogen und seltsame Gefühle in mir geweckt, Gefühle, die ich bis dahin noch nicht kennen gelernt hatte. Ich fühlte mich auf mich selbst zurückgeworfen, und ich war dabei einig mit mir.

Zum anderen beschäftigte ich mich damals mit den so genannten Krisenexperimenten des amerikanischen Soziologen Harold Garfinkel, der mit diesen Experimenten grundlegende Regeln der sozialen Interaktion erforschte. Wenn zum Beispiel im Experiment eine Studentin ihre Eltern fortwährend siezte, ließen sich an den irritierten Reaktionen der Eltern die ihnen nicht bewussten sozialen Normen rekonstruieren.

Bei der Lektüre von Garfinkels Text irrte ich irgendwann mit meinen Gedanken ab und dachte wieder an meine Psychoanalyse. Auch hier wurden ja – genauso wie in den Experimenten – soziale Regeln verletzt, und in der Therapie hatte ich Nutzen daraus gezogen. Immer noch in meinen Tagträumen befangen kam mir plötzlich die verrückte Idee, ob es nicht möglich wäre, meine nächste Sitzung – sie war morgen – so zu gestalten, dass sie Elemente einer psychoanalytischen Situation enthalten würde. Ich würde mich dann bei der Eröffnung der Sitzung wie ein Analytiker verhalten und mit meinen StudentInnen so umgehen wie mit den PatientInnen in einer Gruppen-Psychotherapie. Das war zwar verrückt. Aber ich hätte dann die Möglichkeit, anhand der verfremdeten Seminarsituation die Verhaltensregeln einer regulären Sitzung herauszuarbeiten.

Am Tag darauf, als ich mich auf die Seminarsitzung vorbereitete, dachte ich: Ganz so verrückt ist meine gestrige Idee doch nicht. Zumindest aus dem Seminaranfang kann ich ein Krisenexperiment machen. Der normale Ablauf ist ja rituell festgeschrieben. Der Professor kommt pünktlich, aber auf keinen Fall zu früh rein und eröffnet die Sitzung, indem er laut das Wort ergreift, die Teilnehmer mit einem Guten Morgen oder Guten Tag begrüßt und danach das heutige Thema bekannt gibt oder den Verlauf der vorigen Sitzung rekapituliert. Dergleichen wird von allen erwartet, es hat sich fest eingespielt und niemand denkt darüber nach. Aber wenn ich als Seminarleiter gegen diese Regeln verstoße, wird das auf die Teilnehmer wie ein Affront wirken, den ich dazu benutzen kann, ihnen die Regeln bewusst zu machen. Wunderbar! Anders als sonst, so nahm ich mir vor, werde ich, ohne ein Wort zu sagen, von meinem Platz aus in die Runde blicken und abwarten, was dann kommt. Irgendjemand wird nach einer Weile das Schweigen schon brechen, sagte ich mir. Aber ich selbst werde es nicht sein. Wenn sie mich angreifen, werde ich mich nicht verteidigen, und Fragen werde ich nicht beantworten. Alles Weitere wird sich dann schon ergeben. Als Linguist und Experte für Gesprächsabläufe wird es mir bestimmt gelingen, aus der Situation etwas zu machen.

Günstig für meinen Plan war, dass wir in diesem Seminar – mit dem Thema „Gesprächsanalyse" – ohne Tische im Kreis saßen. Das hatte ich schon ab der ersten Sitzung so eingerichtet, um auf diese Weise nonverbale Botschaften in der Praxis demonstrieren zu können. Es konnte also nahezu jeder jeden sehen, und das zu erwartende allgemeine Schweigen würde darum umso bedrückender sein.

Aber es sollte anders kommen. Ich saß auf meinem Platz und war gespannt, was passieren würde. Ich fragte mich, ob ich es wirklich schaffen würde, das Schweigen sehr lange auszuhalten, oder ob ich es vorziehen würde, nach einigen Minuten dann doch mit irgendeiner Bemerkung zu beginnen. Aber was sollte ich machen, wenn sie einfach aufstanden und den Raum verließen?

Inzwischen waren fast alle Plätze besetzt. Es war schon fünf Minuten über der Zeit und alle schienen auf meine Eröffnung zu warten. Auch die Gespräche der Teilnehmer untereinander hatten aufgehört. Und dann passierte es. Es wurde leise die Tür geöffnet und herein trat eine zu spät kommende Teilnehmerin mit einem großen Schäferhund. Sie setzte sich auf den letzten noch freien Stuhl, und der Hund nahm mitten in der Runde Platz.

Dergleichen war damals in den Zeiten der Studentenbewegung nicht unüblich, und ganz sicher sollte es eine gezielte Provokation sein. Ich als Seminarleiter tat darum gut daran, mich nicht provozieren zu lassen. Aber mein Vorhaben war damit gründlich gescheitert: Wenn ich weiterhin schweigen würde, würde man das als Reaktion auf die Anwesenheit des Hundes interpretieren; ich hätte mich provozieren lassen, und die von mir selbst beabsichtigte Provokation würde untergehen.

Ich zog es also vor, regulär zu eröffnen und den Hund zu ignorieren. Allerdings gab es dann später auch hier noch einen Konflikt der schon bekannten Art. Jemand beschwerte sich, dass der wissenschaftliche Text, der als Hausaufgabe gelesen werden sollte, unverständlich sei, so dass er die Lektüre schon nach der zweiten Seite aufgegeben habe. Andere stimmten ihm zu, und ziemlich bald entwickelte sich daraus eine Grundsatzdiskussion über den Sinn von Linguistik-Seminaren. Als Lehramtskandidaten für das Fach Deutsch, so bekam ich wieder einmal von den Studenten zu hören, nähmen sie an den sprachwissenschaftlichen Lehrveranstaltungen nur gezwungenermaßen teil, und ich möge das gefälligst zu Kenntnis nehmen.

„Mit anderen Worten", entgegnete ich, „Sie möchten jetzt lieber nach Hause gehen und erst in der letzten Sitzung wiederkommen, um Ihren benoteten Schein abzuholen." Tatsächlich verließen jetzt einige den Raum und zeigten mir dabei grinsend den Vogel.

Es war schwer, unter diesen Bedingungen die Sitzung fortzusetzen. Um die letzte halbe Stunde „rumzukriegen", tat ich etwas, was ich unter normalen Bedingungen verabscheute: Ich bat die Teilnehmer, den Text zur Hand zu nehmen und ging ihn dann Satz für Satz mit Kommentaren durch. Ich nahm in Kauf, dass daraus ein langweiliger Monolog wurde und auch noch einige andere weggingen.

Die Frau mit dem Hund hatte bis zum Schluss ausgehalten. Interessant war übrigens, dass der Hund immer dann, wenn jemand in der Diskussion laut wurde, aufgestanden war und sich außerhalb der Runde hingesetzt hatte, um kurz darauf seinen alten Platz wieder einzunehmen.

Dies alles hinderte mich indessen nicht daran, mein Vorhaben ein nächstes Mal durchzuführen, allerdings in einem anderen Seminar, in dem es ebenfalls um Gesprächsanalyse ging. Dieses Mal hatte ich den Ablauf noch genauer vorbereitet und mein Verhalten so geplant, dass sich aus dem, was „falsch" gelaufen war, gut ein regulärer Beginn würde rekonstruieren lassen.

Ich betrat wie beim ersten Mal pünktlich den Raum, setzte mich auf meinem Platz und schwieg. Nach einigen Minuten sagte ich laut: „Bitte fangen Sie an!", und als niemand reagierte, wiederholte ich noch etwas lauter: „Bitte fangen Sie an!" Erst jetzt eröffnete ich die Sitzung und rekonstruierte gemeinsam mit den TeilnehmerInnen, was hier vorgefallen war: Unbewusste Erwartungen waren nicht erfüllt worden, und dies hatte Irritationen und Ärger hervorgerufen. Erwartet hatten sie einen normalen Seminarbeginn, der zusammen mit der Eröffnung, der Bekanntgabe des Themas usw. so etwas wie eine geschlossene Gestalt ist, die den Beteiligten Sicherheit vermittelt. Stattdessen hatten sie einen Seminarleiter vorgefunden, der zuerst lange geschwiegen hatte und sie danach zu etwas aufforderte, was sie nicht verstehen oder erfüllen konnten. Denn den (formalen) Anfang bestimmt der Seminarleiter und nicht sie. „Zu der Gesamtgestalt einer Seminarsitzung", so fasste ich die Rekonstruktion zusammen, „gehört, dass Sie von Anfang bis Ende wissen, was der Leiter und Sie zu tun und zu lassen haben, wozu auch, zum Beispiel, gehört, dass Sie zuweilen oder während der ganzen Zeit nicht mitarbeiten, im Gegensatz zum Seminarleiter, von dem Sie erwarten, dass er nicht nur anwesend ist, sondern die Sitzung gestaltet."

Aktionen dieser und ähnlicher Art führte ich von jetzt an ziemlich oft durch. Ich hatte entdeckt, dass die Gesprächsanalyse, mit der wir uns damals beschäftigten, sich vorzüglich dazu eignete, den gewöhnlichen Ablauf von Seminarsitzungen zu durchbrechen, um anschließend auf einer Metaebene zu besprechen, was hier vorgefallen war und den Teilnehmern daran die entsprechenden Gesprächsaktivitäten bewusst zu machen. Denn in jedem Gespräch, einerlei welcher Art, ob privat oder offiziell, verwenden wir – vielfach unbewusst – bestimmte Techniken, die dazu dienen, unsere Äußerungen in die jeweilige Situation einzupassen oder sie überhaupt verständlich zu machen. Wenn wir zum Beispiel dem Gegenüber andeuten wollen, dass wir das Gespräch jetzt gleich abschließen möchten, dann können wir dazu in unsere Rede das Wort „gut" (mit langgezogenem „u") einflechten. Oder als Zuhörer können wir durch unser Blickverhalten und die Verwendung der Partikel „hm" dem Partner signalisieren, dass wir ihm (noch) zuhören. All das ist regelgeleitet, und wenn wir gegen diese Regeln verstoßen, kann das verheerende Folgen haben. Wenn ich etwa ohne ein entsprechendes Signal ein Zweipersonengespräch einfach abbreche und weggehe, wird der andere das mit Recht als Affront interpretieren.

In meinen Seminaren machte ich mir dies also zu Nutze und entwickelte zusammen mit meinen MitarbeiterInnen ein umfangreiches Repertoire von Szenarien, mit denen jeweils ein bestimmtes gesprächsanalytisches Phänomen eingeführt und erläutert wurde. Zum Beispiel reagierte ich auf eine von einem Teilnehmer gestellte Frage mit Stillschweigen, statt sie zu beantworten oder zu sagen, dass ich sie nicht beantworten könne, oder ich unterbrach den Redebeitrag einer Teilnehmerin nach jedem Satz mit einem „gut", das zwar am Gesprächsende, aber nicht mitten im Gespräch am Platze gewesen wäre. Recht wirksam war auch, wenn wir einen Teilnehmer unvermittelt anblickten und dabei unsere eigene Äußerung einige Sekunden unterbrachen. Der Teilnehmer fühlte sich dann angesprochen und wollte wissen, was wir von ihm wollten.

Aus meiner heutigen Sicht war manches Vorgehen auch stark überzogen und diente in erster Linie dazu, in das Einerlei der Lehrveranstaltungen etwas Pepp zu bringen, zum Beispiel wenn wir vor einer ersten Seminarsitzung Stühle und Tische weggeräumt hatten und wir alle auf dem Fußboden saßen, was sich insgesamt zwar als belebend herausstellte, aber gesprächsanalytisch nicht zu verwenden war. Recht spektakulär war auch die erste Sitzung eines Hauptseminars, in der wir die eintreffenden Teilnehmer einzeln mit Handschlag begrüßten und Smalltalk mit ihnen machten, so als wären sie die Gäste und wir die Gastgeber einer Party (womit der Unterschied zwischen einzelnen Gesprächstypen deutlich gemacht werden sollte).

Mit der Zeit, vielleicht nach ein oder zwei Jahren, verlor ich die Lust an diesen Aktionen. Und mir wurde auch klar, dass ich hier praktisch auf die Aktionen der Studenten reagiert hatte: Genauso wie diese mit ihren Go-ins u. ä. den Ablauf von Lehrveranstaltungen gestört hatten, so hatte ich als Professor dafür gesorgt, dass Seminarsitzungen nicht ordnungsgemäß beginnen oder durchgeführt werden konnten. Hinzu kam, dass ich mehrfach erlebt hatte, dass Teilnehmer auf die Regelverletzung aggressiv reagierten und aus diesem Grund nicht mehr in der Lage waren, sich auf die Seminarinhalte zu konzentrieren.

Aber Lehrveranstaltungen wie vordem, die auf die Rezeption und Weitergabe von wissenschaftlichen Texten beschränkt waren, hielt ich auch jetzt nicht mehr ab. Ganz ohne Aktion konnte ich nicht leben: Zusammen mit einem Lehrer und mit meinem Freund und Kollegen Georg Auernheimer entwickelte ich ein Verfahren zur Analyse von Störungen im Unterricht. Dazu hielt jeweils ein Seminarteilnehmer ein Referat und anschließend wurde darüber diskutiert. Wir Seminarleiter hielten uns dabei zurück. Die hier ablaufende Kommunikation zwischen Unterrichtendem und Teilnehmern wurde mit Hilfe von Videoaufnahmen festgehalten (je eine Kamera richtete sich auf den Referenten und auf die Teilnehmer) und später gemeinsam analysiert. Immer dann, wenn entweder der Referent oder die Zuhörer oder auch beide äußerten, dass es ihnen beim Vortragen bzw. beim Zuhören schlecht gegangen war, wenn die Zuhörer etwa den Vortrag nicht richtig verstanden hatten oder wenn der Referent das Gefühl gehabt hatte, dass die Teilnehmer nicht mehr zuhörten, dann wurde anhand der Videoaufnahmen der Ablauf der Unterrichtsstunde rekonstruiert. Zumeist ließen sich auf diese Weise die Ursachen der jeweiligen Störung herausfinden. Es konnte zum Beispiel gezeigt werden, dass der Referent keinen ausreichenden Blickkontakt mit den Zuhörern gehabt und deshalb nicht bemerkt hatte, dass er offenbar nicht verstanden wurde. Oder umgekehrt ließ sich herausfinden, dass einige Zuhörer an bestimmten Stellen des Vortrags weggeschaut oder Blickkontakt mit anderen Zuhörern gesucht hatten.

Sehr viel später weiteten wir solche und ähnliche Analysen auch auf schriftliche Kommunikation aus. Auch hier ging es um die Bearbeitung von Störungen. Von da an begann ich, mich für die Schreibprobleme, unter denen viele Studenten litten, näher zu interessieren.

Ich hatte in Lehrveranstaltungen und in Gesprächen mit Kollegen und Studierenden die Erfahrung gemacht, dass sich viele Studierende beim Schreiben wissenschaftlicher Texte schwertaten. Da in den meisten Seminaren die Leistungsnachweise an schriftliche Hausarbeiten gebunden waren und manche TeilnehmerInnen speziell hier scheiterten, zögerten sich die Examina lange hinaus, und nicht selten wurde letztlich sogar das Studium abgebrochen. Die meisten Lehrenden wussten, dass dies so war, taten aber nichts dagegen.

Auch ich war in dieser Hinsicht lange Zeit hilflos. Das Einzige, was ich tun konnte, war, benotete Scheine auch ohne schriftliche Hausarbeiten zu erteilen. Dass ich damit die Schwierigkeiten nicht beseitigte, war mir natürlich klar. Spätestens bei den Examensarbeiten würden die Probleme wieder auftauchen.

Wenn die von mir zu examinierenden Studenten dann in meine Sprechstunde kamen und mir ihr Leid klagten, konnte ich ihnen zwar fachliche Ratschläge geben und mir erzählen lassen, was sie schreiben wollten, aber in der Regel half ihnen das nicht. Sie konnten nur darüber sprechen, es aber nicht zu Papier bringen. Da im Staatsexamen die Abgabefrist nur um einen Monat verlängert werden konnte, wurden sie nicht fertig und waren durchgefallen.

Aber auch bei den Magisterarbeiten und Dissertationen, wo es keine Abgabefrist gab, war ich mehr oder weniger ratlos, wenn einige der Kandidaten Hilfe von mir erwarteten. Wenn sie schon einiges geschrieben hatten, sah ich die Texte durch und korrigierte sie. Ich nahm mir auch die Zeit, mit den Autoren darüber zu sprechen, musste aber immer wieder erleben, dass sie trotzdem nicht weiterkamen.

Woran das lag, blieb mir lange Zeit unklar. Meine einzige Idee dazu war, dass die Schreiber versäumt hatten, vor dem Schreiben eine Gliederung zu machen. Aber wie sich zeigte, war das nur gelegentlich der Grund. Vor allem für diejenigen, die gar nicht erst mit dem Schreiben ihrer Arbeiten begonnen hatten, konnte das nicht zutreffen. Es half auch nicht, die Beteiligten nach den möglichen Gründen zu fragen. Entweder waren sie selbst ratlos oder sie meinten, sie könnten sich nicht konzentrieren, wären zu faul oder nicht begabt.

Erst allmählich wurde mir klar, dass man diesen „schreibgestörten" Studenten erst würde helfen können, wenn man Genaueres über Ursachen und Hindernisse wüsste.

Um hier weiterzukommen durchforstete ich die wissenschaftliche Literatur. Ich fand dort zwar etliche Arbeiten, in denen die den Schreibprozess steuernden kognitiven Prozesse, Verhalten und Gedanken in den Schreibpausen und während des Schreibens behandelt wurden, aber über Schreibstörungen hatte niemand etwas veröffentlicht. Auch die recht umfangreiche amerikanische Literatur gab dazu nichts her. Ich erfuhr auch hier vieles über begonnene oder soeben abgeschlossene Forschungsprojekte zu Schreibprozessen und nahm auch mit Interesse zur Kenntnis, dass Studierende an amerikanischen Universitäten ihr Fachstudium erst beginnen durften, nachdem sie Kurse im wissenschaftlichen Schreiben belegt hatten. Aber aus der uns vorliegenden Literatur ging nicht hervor, ob in diesen Kursen auch der Umgang mit Schreibblockaden thematisiert wurde.

Um das zu erkunden, stellte ich bei der DFG (Deutsche Forschungsgemeinschaft) einen Antrag auf Finanzierung einer Reise in die USA. Der Antrag wurde genehmigt, und ich konnte in vier Monaten an insgesamt 12 amerikanischen Universitäten Gespräche mit Fachkollegen führen.

Ich erfuhr hier zwar viele weitere Details zu diversen Forschungsprojekten über gelungene Schreibprozesse, aber zu den obligatorischen Schreibkursen wusste die Mehrzahl der interviewten Fachkollegen nur wenig zu sagen. Diese Kurse zu leiten war für sie eher eine Last und kaum Anlass für wissenschaftliche Untersuchungen.

Wir waren also auf eigene Forschung angewiesen. Um ausreichende Informationen über die jeweiligen Schreibstörungen zu erhalten, richteten wir in jedem Semester für Studierende und Graduierte eine einmal pro Woche stattfindende dreistündige Schreibgruppe ein. Die daran interessierten TeilnehmerInnen wurden zunächst in Einzelgesprächen über ihre bisherigen Erfahrungen im wissenschaftlichen Schreiben und ihre Probleme befragt. Sie sollten hier so genau wie möglich schildern, wie sie beim Planen oder Schreiben ihrer letzten Arbeiten vorgegangen waren. Im ersten Teil der Schreibgruppe erhielten sie dann spezifische auf ihre Probleme bezogene Schreibaufgaben, die sie an Ort und Stelle in Angriff nehmen sollten. Wenn sie wollten, konnten sie auch an einer schon begonnenen schriftlichen Arbeit weiterschreiben. Im zweiten Teil der Sitzungen sollten sie darüber sprechen, wie es ihnen beim Schreiben ergangen war. Gegebenenfalls erhielten sie dann von uns Leitern Ratschläge für die Weiterarbeit im dritten Teil der Veranstaltung, in der wieder geschrieben wurde. Wenn jemand zum Beispiel beim Erledigen der Aufgabe ständig in mitgebrachten schriftlichen Notizen oder Büchern geblättert hatte, anstatt zu schreiben, baten wir ihn, diese „Vorlagen" wegzustecken und ohne sie weiterzuschreiben.

All diese Gespräche wurden auf Tonband mitgeschnitten und später von Hilfskräften verschriftlicht. – Dies war möglich, weil nach einem weiteren Antrag die Forschungsgemeinschaft die hierfür erforderlichen finanziellen Mittel zur Verfügung gestellt hatte.

Die Verschriftlichungen bildeten dann die Grundlage für die Erforschung der diversen Blockade-Ursachen, womit wir mehrere Jahre befasst waren. Es stellte sich heraus, dass fehlende Gliederungen nur eine von den verschiedenen Ursachen für die Blockaden waren. Ziemlich oft konnten die AutorInnen nicht schreiben, weil sie wieder und wieder überlegten, ob ihr Professor mit dem gerade geschriebenen oder geplanten Textteil einverstanden sein würde. In anderen Fällen hatte die feste Überzeugung sie gestört, dass sich niemand für ihren Text interessieren würde. Oder ihnen waren beim Planen ständig neue Ideen gekommen, so dass sie mit dem Schreiben gar nicht erst beginnen konnten. Und manchen Autoren fiel es schwer, fremde Texte zusammenzufassen; beim Schreiben zitierten sie immerfort aus dem Gelesenen, anstatt die entsprechenden Textpassagen in eigenen Worten wiederzugeben, mit der Folge, dass der große Zusammenhang verloren ging und sie deswegen die Arbeit abbrachen.

Diese Ergebnisse haben wir in etlichen Aufsätzen und Büchern veröffentlicht. Ich hatte hier in den letzten Jahren meiner Marburger Lehrtätigkeit ein Forschungs- und Arbeitsgebiet gefunden, das mich – im Gegensatz zu früheren Themen – voll befriedigte und mit dem ich mich auch in den Jahren nach meiner Emeritierung noch lange beschäftigte. Ich war glücklich darüber, dass mein 2004 erschienenes Buch „Die Einsamkeit des Schreibers. Wie Schreibblockaden entstehen und erfolgreich bearbeitet werden können" und die zahlreichen von meinen damaligen MitarbeiterInnen geschrieben Veröffentlichungen mit Interesse zur Kenntnis genommen, gern gelesen und auch immer wieder zitiert wurden. Insbesondere Dr. Cornelia Rau und Professor Dr. Arne Wrobel sage ich dafür meinen herzlichen Dank.

Der Streit in den Gremien. Die Studenten und wenige Professoren im Kampf gegen die „konservative" Mehrheit

Neben der Durchführung von Lehrveranstaltungen hatte ich als Hochschullehrer noch viele Verwaltungsaufgaben zu erfüllen. Dazu gehörten unter anderem die Mitarbeit in Kommissionen und die Teilnahme an Fakultätssitzungen. – In diesen Sitzungen, die vierzehntäglich stattfanden, ging es damals hoch her. Lautstarke Auseinandersetzungen und endlose Geschäftsordnungsdebatten waren an der Tagesordnung. Solange ich in Marburg noch neu war und die wenigsten meiner Kollegen kannte, war es oft schwer zu durchschauen, worum es in den Streitigkeiten überhaupt ging. Der Dekan, der Slawist Hans-Bernd Harder, stand offenbar zwischen den Fronten. Er musste sich einerseits gegen die in diesem Semester erstmalig anwesenden Studentenvertreter wehren, die mit aus seiner Sicht unsinnigen politischen Erklärungen die Sitzungen störten, und er musste sich andererseits mit einer Mehrheit der Professoren auseinandersetzen, die die Anwesenheit der Studenten als rechtswidrig ansahen und deswegen der Meinung waren, dass auch die von der Versammlung gefassten Beschlüsse rechtsungültig seien. Die Entscheidung darüber sollte vor Gericht geklärt werden, und bis dahin nahmen sie an den Sitzungen nicht teil, was zur Folge hatte, dass einige Male die Sitzungen wegen Beschlussunfähigkeit ausfallen oder vorzeitig abgebrochen werden mussten. Wichtige Tagesordnungspunkte mussten deshalb mehrfach von einer Sitzung auf die nächste verschoben werden, so dass sich gegen Ende des Semesters mehr als zwanzig unerledigte Punkte angesammelt hatten.

Am Ende des Semesters – es war mein erstes in Marburg – war der Dekan zurückgetreten, weil sich herausgestellt hatte, dass er für die von ihm verfolgte Hochschulpolitik keine Stimmenmehrheit erzielen würde. Auf der Tagesordnung der letzten Fakultätssitzung stand jetzt die Wahl eines neuen Dekans. Aber es war schwierig, einen geeigneten Kandidaten zu finden. Die wenigen Professoren, die überhaupt in Frage kamen, waren aus Gesundheitsgründen und wegen anderer Verpflichtungen nicht verfügbar. Mir war zu Ohren gekommen, dass die Studentenvertreter mich vorschlagen wollten, was ich nicht recht ernst nahm. Denn eine ungeeignetere Person als mich, der in den bisherigen Fakultätssitzungen kaum den Mund aufgemacht hatte, ließ sich meiner Meinung nach kaum finden.

Aber ziemlich bald traten dann auch die Mitarbeiter an mich heran, und kurz vor der Eröffnung der Sitzung nahm mich mein Kollege Wolfgang Abendroth beiseite und legte mir dar, dass von meiner Zustimmung die historisch erstmalige Chance einer linken Fakultätsmehrheit abhänge. Meine Einwände, dass ich von Hochschulpolitik keine Ahnung hätte und dass ich die Machtverhältnisse in der Fakultät nicht überblicken könne, versuchte er mit dem Einwand zu entkräften, er würde dafür sorgen, dass mir tüchtige Berater zur Seite stünden. Ich bat mir bis zu dem für den Schluss der Sitzung angesetzten Tagesordnungspunkt „Dekanswahl" Bedenkzeit aus und überlegte, ob ich die Sitzung vorzeitig verlassen sollte, fand das aber feige. Ein kurzes und bündiges „nein" würde mir besser stehen, dachte ich.

Was mich dann schließlich bewogen hat, „ja" zu sagen, waren Überlegungen ganz anderer Art: Ich war wütend darüber, dass die (so genannten) konservativen Ordinarien es immer noch nicht für nötig hielten, an den Sitzungen teilzunehmen, dass deswegen regelmäßig die Beschlussfähigkeit gefährdet war und einige Sitzungen ganz ausfallen mussten. Als Dekan, sagte ich mir, könnte ich dafür sorgen, dass diese unhaltbaren Zustände ein Ende nähmen und dass in den Sitzungen auch wieder effektiv gearbeitet würde. Auch die Dauerredner, die zu jedem Punkt grundsätzlich ihre rechtlichen Bedenken zum Besten gaben, würde ich zu stoppen wissen. Darauf freute ich mich schon.

Mit einer Mehrheit von 59 Stimmen gegenüber einer Enthaltung und sechs Stimmen für andere Kandidaten wurde ich dann tatsächlich gewählt. Auf den großen Jubel und die Glückwünsche seitens der Linken reagierte ich eher skeptisch, und beim Verlassen des Gebäudes konnte ich mir die an Abendroth gerichtete Frage nicht verkneifen, was denn ein Dekan außer der Leitung der Sitzungen überhaupt zu tun habe.

Jetzt waren erst einmal Semesterferien. Aber als ich aber nach unserem Urlaub zum ersten Mal das Dekanat betrat, war etwas Unerwartetes geschehen, was ich eher mit Erleichterung als mit Enttäuschung aufnahm: Die „rechten" Professoren – ich verwende die Ausdrücke „rechts", „links", „konservativ" und „progressiv" entsprechend unserem damaligen Sprachgebrauch; heute würde ich hier etwas vorsichtiger sein – hatten gerichtlich beantragt, meine Wahl zum Dekan für ungültig zu erklären, weil an der Wahl widerrechtlich Studenten teilgenommen hätten.

Mit diesem Verfahren hatten wir uns jetzt im Fakultätsausschuss zu befassen. Dieser Ausschuss war mit je zwei Vertretern der Professoren, der Mitarbeiter und der Studenten sowie mit dem Dekan besetzt. Zu dessen Aufgaben gehörten unter anderem die Vorbereitung der jeweiligen Fakultätssitzungen und die Abwicklung dringender, in der vorlesungsfreien Zeit nicht aufschiebbarer Verwaltungsakte. Vertreter der Professoren waren der Althistoriker Karl Christ und der Politologe Wolfgang Abendroth, Vertreter der Mitarbeiter waren der Abendroth-Schüler Theo Schuon und der Altphilologe Bernd Latta. Vorsitzender war ich als Dekan.

Eine innere Stimme sagte mir, ich sollte oder könnte jetzt sofort zurücktreten, und ich hätte dann Gelegenheit, wieder Wissenschaft machen zu können und zum Beispiel meine Habilschrift und andere liegengebliebene Manuskripte druckfertig zu machen.

Aber als ich mit dieser Idee in dem Ausschuss rausrückte, erntete ich nichts als Widerstand. „Nun gerade", bekam ich zu hören. „Wollen Sie im Ernst dieser Mafia nachgeben?" Zu meiner Wissenschaft sei auch in den Jahren nach meinem Dekanat noch genügend Zeit, aber im Moment sei mein Einsatz nirgendwo mehr gefragt als hier. „Diesen Prozess", sagte Schuon, der mir von Abendroth „verordnete" Berater, „diesen Prozess, den werden wir gewinnen, den werden Sie gewinnen. Und ohne Sie wird es nicht gehen." – „Aber warum gerade ich?", gab ich zurück. „Jeder ist doch ersetzbar." Aber während ich noch meine Gründe darlegte, fielen mir meine letzten Jahre in Göttingen ein. Als wissenschaftlicher Assistent war ich praktisch rechtlos gewesen. Aber wenn es in der Fakultät eine starke Fraktion von Mitarbeitern gegeben hätte, wäre die Abstimmung über die Einschränkung meiner Venia vermutlich anders ausgegangen, und mein Freund Hiekel wäre inzwischen ebenfalls habilitiert und zum Professor berufen. Und außerdem, so dachte ich weiter, würde ich mich mit meinem Rücktritt bei den Gegnern nur lächerlich machen. Noch bin ich Dekan, und ich will es bleiben. Und ich fing an, die mir mit diesem Amt gegebene Macht zu genießen.

Wir befassten uns jetzt noch einmal sehr genau mit dem Schreiben der Gegenseite und dachten über die nächsten Schritte nach. Nach Rücksprache mit der Universitätsleitung erhielt ich neben dem politischen Berater noch einen juristischen Beistand, und zwar einen in der Uni-Verwaltung arbeitenden jungen Juristen namens Klaus Ewald, der später unter dem Präsidenten Zingel zum Kanzler avancierte.

Ein längerer Briefwechsel zwischen mir und der Gegenseite wurde geführt. Ein erster Gerichtstermin in Kassel fand statt, auf dem festgestellt wurde, dass die prinzipielle Teilnahme von Studenten an der Wahl zwar rechtmäßig sei, dass aber an der damaligen Fakultätssitzung zwei Studenten ohne Mandat teilgenommen hätten. Meine Prozessgegner vertraten von daher die Ansicht, die auf dieser Sitzung gefassten Beschlüsse seien nicht rechtskräftig. Ob sich das Gericht dieser Auffassung anschließen oder dem von uns vorgebrachten Argument folgen würde, dass wir bei der Abstimmung auch nach Abzug von zwei Pro-Stimmen die Mehrheit gehabt hätten, blieb in der Verhandlung noch offen.

Einige Wochen später waren wir zur Urteilsverkündung ein zweites Mal in Kassel. Dort wurde wieder nur verhandelt. Das Urteil würde mir schriftlich mitgeteilt, erfuhr ich am Schluss, ich könne es aber auch zwei Stunden später telefonisch erfragen. Wir fuhren zurück, machten unterwegs in einer Gaststätte Rast, und ich erfuhr am Telefon, dass wir verloren hatten. Ich war nie Dekan gewesen. Alle unter meiner Leitung gefassten Fakultätsbeschlüsse und Verwaltungsakte waren ungültig.

Noch am gleichen Tag beraumte ich in Marburg eine nächste Sitzung an, die nicht im Dekanat, sondern am Abend bei uns zu Hause stattfinden sollte, und an der nicht nur der Fakultätsausschuss, sondern auch der AStA-Vorsitzende und der damalige Mitarbeiter und spätere Philosophieprofessor Burkhard Tuschling teilnahmen. Letzterer hatte sich schon in Studentenversammlungen einen Namen gemacht und war für seine geschliffenen Reden bekannt. – Abendroth hatte in der Zwischenzeit mit dem hessischen Kultusminister Ludwig von Friedeburg, mit dem er befreundet war, telefoniert und bereits für den nächsten Tag ein Treffen in Wiesbaden vereinbart. Dafür sollte jetzt eine Strategie erarbeitet werden.

Der sich über mehrere Stunden hinziehenden und aus langen Redebeiträgen bestehenden Diskussion konnte ich – wie oft schon – nicht folgen. Ich verstand nur, dass verschiedene Alternativen durchgespielt wurden, von denen wiederum abhing, wer mich auf der Fahrt nach Wiesbaden begleiten sollte. Aber ich genoss meine Rolle als Gastgeber und die persönlichen Kontakte, zum Beispiel zwischen den Ausschussmitgliedern und meinen beiden kleinen Töchtern, die wie immer, wenn Besuch da war, nicht zu

Bett zu kriegen waren, und die Kontakte zwischen meiner Frau und Tuschling, die mit Überraschung feststellten, dass sie sich kannten, weil sie in Bremen Partner in der Tanzstunde gewesen waren.

In Wiesbaden war – anders als bei früheren Gelegenheiten, wo ich nur mit dem Hochschulreferenten Bickelhaupt gesprochen hatte – der Minister selbst anwesend. Die Strategie, die wir uns gestern zurechtgelegt hatten, erwies sich als überflüssig. Es ging alles recht schnell. Nach ein paar persönlichen Worten überreichte mir Friedeburg ein von ihm unterschriebenes Dokument, in dem ich bis zu der im Wintersemester anzusetzenden neuen Dekanswahl mit der „kommissarischen Wahrnehmung der Dekanatsgeschäfte" beauftragt wurde. Vorerst war alles gerettet. Ich blieb im Amt, konnte Sitzungen leiten und Beschlüsse fassen. Die Gegenseite hatte vorerst nichts mehr zu melden. Außer einem an mich gerichteten Brief mit der Anrede „Sehr geehrter Herr Kommissar" gab es keine Kontakte mehr mit ihnen. Die Prozessgegner blieben weiterhin von den Sitzungen fern. Größere Konflikte gab es folglich nicht mehr, außer dass wir gelegentlich Schwierigkeiten mit der Beschlussfähigkeit hatten.

Es begannen jetzt zwei arbeitsame Semester, in denen nacheinander eine neue Geschäftsordnung, Satzung, Magister- und Promotionsordnung entworfen, beraten und verabschiedet wurden. Dieses Arbeitspensum, zu dem noch die üblichen kleineren Punkte wie Berufungen, Einstellungen, strittige Noten bei Promotionen und dergleichen kamen, ließ sich nur dadurch bewältigen, dass wir an jedem zweiten Mittwoch bis in die Nacht hinein tagten. Auch kleine Tricks, wie zum Beispiel Abstimmungen zu später Stunde, um sicher zu stellen, dass wir in strittigen Fragen nicht überstimmt wurden, waren unvermeidlich.

Zwischendrin fand dann erneut eine Dekanswahl statt, die ich mit großer Mehrheit gewann, so dass mein Status als nur kommissarischer Dekan damit beendet war.

Gegen Ende meiner Amtszeit, im Mai 1970, wurde vom hessischen Landtag ein neues Hochschulgesetz verabschiedet, in dem von den Universitätsgremien unter anderem die Umwandlung der bisherigen Fakultäten in kleinere Einheiten, den heutigen Fachbereichen, gefordert wurde. Wie diese im Einzelnen aussehen würden, wie groß sie zu sein hätten und welche Fächer die jeweiligen Fachbereiche enthalten würden, war in dem Gesetz nicht ausgeführt; die Universitäten sollten dazu dem Ministerium Vorschläge übermitteln.

Bei der Ausarbeitung eines entsprechenden Vorschlags, womit wir auch in der Philosophischen Fakultät in Marburg befasst waren, entwickelte sich ein heftiger Streit, der hauptsächlich dadurch zustande kam, dass sich viele einen künftigen Fachbereich wünschten, in dem linke Hochschullehrer die Mehrheit haben würden. Aber es war abzusehen, dass es hier, wie immer die Aufteilung auch ausfallen würde, Gewinner und Verlierer geben würde. In der Germanistik waren zum Beispiel viele Fachvertreter der Ansicht, dass Neu- und Altgermanistik sowie germanistische Linguistik einen Fachbereich bilden sollten, wohingegen die politisch argumentierenden Mitglieder dies wegen der sich dann ergebenden Mehrheit der „Rechten" zu verhindern suchten und sich nach langen Debatten auch durchsetzen konnten. So entstanden der „fortschrittliche" Fachbereich „Neuere Literatur und Kunstwissenschaft" und der eher „konservative" Fachbereich „Allgemeine und Germanistische Linguistik und Philologie", dem auch ich angehörte. Ähnliche Kontroversen wurden auch unter den Politologen, Philosophen und Historikern ausgefochten, und es entstanden der „fortschrittliche" Fachbereich „Gesellschaftswissenschaften und Philosophie" und der eher „konservative" Fachbereich „Geschichte und Kulturwissenschaften". Für die politisch Denkenden war dies auch deswegen wichtig, weil nur durch linke Mehrheiten sichergestellt werden konnte, dass bei Berufungen „linke" Bewerber bevorzugt wurden.

Heute frage ich mich oft, warum ich das alles mitgemacht habe. Ich hätte häufiger Kompromisse aushandeln können. Oder, als bekannt wurde, dass man in Wiesbaden an einem neuen Hochschulgesetz arbeitete und dass deswegen die genehmigungspflichtigen Beschlüsse über Promotionen usw., an denen wir ein ganzes Semester, oft bis tief in die Nächte hinein, gearbeitet hatten, im Ministerium gar nicht zur Kenntnis genommen wurden, also null und nichtig waren, hätte ich die Arbeit daran sofort stoppen können. Denn als Dekan hatte ich das Recht, Fakultätssitzungen einzuberufen, so oft ich es für nötig hielt, oder es auch zu lassen. Dass ich stattdessen bis an die Grenze meiner Leistungsfähigkeit tätig war und meine Lehre zwangsläufig vernachlässigte bzw. sie an Mitarbeiter delegierte, muss in erster Linie an einer schon aus Göttingen mitgebrachten Wut auf die Ordinarien gelegen habe, die ich dann – berechtigterweise oder nicht – auf meine damaligen Prozessgegner übertrug. In Göttingen konnte ich es mir nicht leisten, die Gunst der Ordinarien, auf die ich wegen der bevorstehenden Habilitation angewiesen war, aufs Spiel zu setzen. Aber jetzt war das anders. Dass sich insgesamt neun Professoren dazu bereitgefunden hatten, schon wenige Tage nach meiner Wahl gegen mich zu klagen, dass sie nicht einmal ein Gespräch mit mir gesucht hatten, dass es Kollegen gab wie den Altgermanisten Werner Schröder, der bei Begegnungen meinen Gruß nicht erwiderte, und dass die bisherige Dekanatssekretärin nicht mit mir zusammenarbeiten wollte und sich an einen anderen Arbeitsplatz versetzen ließ, das alles machte mich hochgradig zornig, und dieser Zorn hielt an. Daran änderte sich auch nichts, wenn zum Beispiel der Historiker Walter Friedrich Schlesinger mir versicherte, ihre Klage richte sich nicht gegen meine Person, die sie zu schätzen wüssten, sondern gegen die Sache.

Gelegentlich wurde daraus auch eine Art Zweifrontenkrieg: An dem Tag, als mein späterer Kollege Joachim Göschel unter meiner Sitzungsleitung eine Probevorlesung – als Vorleistung für die Habilitation – halten sollte, war durchgesickert, dass diese Sitzung von den Studenten gestört werden sollte. Um das zu verhindern und einen ordnungsgemäßen Ablauf der Habilitation zu gewährleisten, hätte ich, wie es im Wintersemester der Dekan Harder gemacht hatte, unter Polizeieinsatz die Sitzung an einen anderen Ort verlegen können, was ich aber grundsätzlich ablehnte. Wieder einmal war es die Autorität Abendroths, der in einem Gespräch mit den Studenten diese von ihrem Vorhaben abbrachte.

In der sich auflösenden Philosophischen Fakultät, deren Dekan ich immer noch war, wurde nun die Aufteilung in die neuen Fachbereiche in die Wege geleitet. Für meinen eigenen Fachbereich „Allgemeine und Germanistische Linguistik und Philologie" sah dies so aus, dass ich vom Präsidenten den Auftrag erhielt, eine „konstituierende Sitzung" einzuberufen und die Wahl eines Dekans für diesen Fachbereich zu veranlassen. Um diesem Auftrag nachzukommen, setzte ich einen Ort und einen Termin für eine erste Fachbereichssitzung mit dem einzigen Tagesordnungspunkt „Wahl eines Dekans" fest. Ich ging dabei – irrtümlicherweise, wie ich in dieser Sitzung schnell erfahren sollte –, davon aus, dass ich mein Amt als Dekan beibehalten würde, dass man mich also bei der bevorstehenden Dekanswahl vorschlagen und dann auch tatsächlich wählen würde. Das war mir deswegen wichtig, weil ich dann bei künftigen Berufungen „linke" Kandidaten bevorzugen konnte, mit dem längerfristigen Ziel, Professoren und Mitarbeiter mit „rechter", i.e. konservativer Gesinnung überstimmen zu können. Dass dies so ablaufen würde, davon war ich auch deswegen überzeugt, weil sich unter den stimmberechtigten Fachbereichsmitgliedern mehrere akademische Mitarbeiter befanden, die auch schon in den früheren Fakultätssitzungen für mich und gegen die „konservativen" Professoren votiert hatten.

Es kam jedoch ganz und gar anders: Wie allgemein üblich, betrat ich den Sitzungssaal erst zwei oder drei Minuten nach dem festgesetzten Sitzungsbeginn und erwartete dabei einen kurzen routinemäßigen Applaus durch Händeklatschen etc. Aber der blieb aus. Die ungefähr dreißig Fachbereichsmitglieder blickten mich noch nicht einmal an, so als wäre ich praktisch nicht anwesend. Ich stellte fest, dass es auch kein Podium gab, auf das ich mich als Sitzungsleiter hätte setzen können, so dass ich die Sitzung entweder im Stehen oder von einem der noch freien Plätze in den hinteren Reihen leiten musste. Ich zog ersteres vor.

Alles Weitere lief dann in nur wenigen Minuten ab: Ich rief den einzigen Tagesordnungspunkt „Dekanswahl" auf und bat um Vorschläge. Einer der Mitarbeiter schlug meinen Kollegen Göschel vor, der auf stand und nach vorn ging. „Weitere Vorschläge?", fragte ich. Als darauf niemand reagierte und eine Pause eintrat, bat ich um Wortmeldungen zu dem Vorschlag Göschel. Wiederum folgte Schweigen. „Dann können wir abstimmen. Wer den Kandidaten Göschel befürwortet, den bitte ich um ein Handzeichen." Von den 31 Teilnehmern stimmten jetzt neunzehn für Göschel, vier lehnten ab und der Rest enthielt sich. „Ich nehme die Wahl an", erklärte Göschel, trat nach vorn und sagte: „Als gewählter Dekan schließe ich hiermit die Sitzung." Alle standen auf und verließen den Saal.

Mir war klar, dass dies ein gut eingeübter Affront gegen mich als (ehemaligem) Dekan war. Aber warum, das war für mich längere Zeit ein großes Rätsel. Der Mitarbeiter, der Göschel vorgeschlagen hatte, war mir seit langem bekannt. Er hieß Wolfgang Brandt, war auch stimmberechtigtes Mitglied in der Fakultätsversammlung gewesen und hatte bei der Abstimmung über meine Vorschläge regelmäßig für mich und gegen die „rechten" Professoren votiert. Erst Wochen später erinnerte ich mich daran, dass wir in privaten Gesprächen unsere Ansichten über Grammatiktheorien ausgetauscht hatten, wobei ich für die damals noch moderne generative Grammatik von Noam Chomsky und Brandt für traditionelle Grammatik plädierte. Da wir in den Fachbereichssitzungen unter anderem auch Studienordnungen verabschieden würden, war ihm generative Grammatik ganz gewiss nicht recht. Vermutlich, so überlegte ich weiter, wollte er verhindern, dass ich als Fachbereichsdekan obligatorisch moderne Grammatiktheorien durchsetzen wollte, und hatte deswegen meine Wahl zum Fachbereichsdekan verhindert.

Wie zu erwarten sahen die Mehrheitsverhältnisse jetzt anders aus als in der alten Philosophischen Fakultät. In Streitfragen war ich bei den Abstimmungen zusammen mit den Studentenvertretern, die anfangs meine einzigen Verbündeten waren, regelmäßig unterlegen. Und Streit gab es damals mehr als genug, zum Beispiel über Studienordnungen (pro und contra generative Grammatik, großes oder kleines Latinum als Voraussetzung für den Magisterabschluss, obligatorische Kurse in Gotisch, Alt- und Mittelhochdeutsch im Grundstudium), Anwesenheitskontrollen in Lehrveranstaltungen, benotete Scheine, Zulassung von Gruppenarbeiten, Anerkennung von Tutorien als offizielle Lehrveranstaltungen, für die auch Scheine ausgestellt werden konnten, und Mitbestimmung der Studenten bei allen die Lehre betreffenden Fragen. Als schwere Enttäuschung erlebte ich die Tatsache, dass einige Mitarbeiter, die früher unsere Verbündeten waren, jetzt auf der Gegenseite standen. Vieles betraf mich nicht selbst, sondern eher die Studenten, und es fiel mir nicht schwer, Abstimmungsniederlagen hinzunehmen. Als Professor war ich in Forschung und Lehre frei. Niemand konnte mich in meinen Vorlesungen und Seminaren zu bestimmten Themen zwingen, und es war meine Sache, ob ich benotete oder unbenotete Scheine ausstellte.

In anderen Fällen war ich allerdings selbst betroffen: Als Reaktion auf einen im Wintersemester 1969/70 in Marburg durchgeführten Streik der wissenschaftlichen Assistenten hatte das Ministerium deren langjährige Forderung, den so genannten Mittelbau, also die Assistentenstellen, abzuschaffen und sie in Professuren umzuwandeln, weitgehend umgesetzt und eine große Anzahl von neuen Professorenstellen geschaffen. In diese Stellen sollten nun bisherige Assistenten ohne Habilitation „übergeleitet" werden, also auch den Professorentitel mit den entsprechenden Rechten und Aufgaben erhalten, wenn auch mit geringerer Besoldung. Die dafür in Frage kommenden Personen sollten von den jeweiligen Fachbereichsversammlungen ausgewählt werden. Auch für unseren Fachbereich war die Überleitung einer bestimmten Anzahl von neuen C-2-Professuren vorgesehen. Es stellte sich jetzt allerdings heraus, dass es in unserem Fachbereich mehr promovierte Mitarbeiter als neu geschaffene Professorenstellen gab und dass der Rat vor der schwiegen Aufgabe stand, eine Auswahl zu treffen. Der von der Gegenseite eingebrachte und mehrheitlich verabschiedete Vorschlag enthielt nun ausschließlich Mitarbeiter, die der „Gegenseite" angehörten, während der mir zugeordnete Mitarbeiter Bernd-Ulrich Kettner trotz hervorragender Qualifikation unberücksichtigt blieb.

Das wollte ich mir nicht gefallen lassen. Zwar gab es keine rechtliche Möglichkeit, den Ratsbeschluss anzufechten, aber ich konnte mit Unterstützung meiner Mitarbeiter in einer Eilaktion zu jedem vorgeschlagenen Mitarbeiter einschließlich Kettner eine kommentierte Liste ihrer Veröffentlichungen anfertigen, in denen Kettner erheblich besser wegkam als die meisten vorgeschlagenen Mitarbeiter. Diese Listen machten wir in Flugblättern und der von meinem Mitarbeiter Manfred Geier herausgegebenen Haus-Zeitschrift „Linguistik 08" publik. Helle Empörung der Gegenseite war das Ergebnis, und in den Ratssitzungen war das Klima von jetzt an endgültig vergiftet. Zwar wurde die Anzahl der neu geschaffenen Professorenstellen später um eine erhöht, so dass Kettner schließlich doch noch übergeleitet werden konnte, aber das konnte bei der ersten Abstimmung noch niemand wissen.

Durch diese Überleitungen erhöhte sich die Zahl der Professoren in unserem Fachbereich um das Doppelte, wohingegen sich die Zahl der noch verbliebenen wissenschaftlichen Assistenten entsprechend verringerte.

Laut dem novellierten Hochschulgesetz waren die noch verbleibenden Mitarbeiter jetzt global dem Fachbereich zugeordnet, und der Dekan bzw. die Fachbereichsversammlung legte fest, welcher Mitarbeiter von welchem Professor beschäftigt werden sollte. Für mich bedeutete das, dass mir von den drei mir ursprünglich zugeordneten Assistentenstellen nur noch eine halbe Stelle verblieb, was praktisch darauf hinauslief, dass nur ein Assistent in der Hälfte seiner Arbeitszeit von mir beschäftigt werden durfte. Mit den beiden anderen hatte ich überhaupt nichts mehr zu tun.

Außerdem hatten sich im Rat die Mehrheitsverhältnisse durch die Überleitungen abermals verändert. Bei den Abstimmungen stellte sich heraus, dass bei strittigen Fragen von den zeitweise sechzehn Professoren nur drei, nämlich Kettner, Wolfgang Putschke und ich, eine Position vertraten, die mit der studentischen Fraktion übereinstimmte. Die Mitarbeiter enthielten sich entweder oder schlossen sich der Professorenmehrheit an.

Allmählich entwickelte sich im Fachbereichsrat ein regelrechter Kleinkrieg mit Schlag und Gegenschlag, wobei auch die unterschiedlichsten „Waffen" eingesetzt wurden. So wurde in der von Studenten durchgeführten Studienberatung den Erstsemestern empfohlen, an den von Putschke, Kettner und mir durchgeführten Seminaren teilzunehmen, die Seminare der übrigen Professoren jedoch zu meiden. Das hatte zur Folge, dass die Hörsäle unserer Gegner mehr oder weniger leer blieben und unsere dagegen überfüllt waren, ein Zustand, der auf die Dauer nicht tragbar war, weil sich Grundkenntnisse in Linguistik nur in kleineren Gruppen vermitteln lassen. Um Abhilfe zu schaffen, setzten wir Studenten höherer Semester als Tutoren ein, die unter unserer Anleitung zu vorgegebenen Themen Kurse durchführten. Dies wiederum wurde von der Gegenseite dadurch zu verhindern versucht, dass den

Tutoren die Berechtigung abgesprochen wurde, Lehrveranstaltungen eigenständig, also ohne Anwesenheit der Professoren abzuhalten. In einem ministeriellen Erlass wurde diese Auffassung bestätigt.

In den folgenden Semestern eskalierte der Kampf ständig neu. Bald gab es in den Ratssitzungen nur noch Kampfabstimmungen. Zum Beispiel wurde von der Gegenseite der Antrag gestellt, die Note einer von mir betreuten Dissertation (mit dem Titel „Sprachliches Handeln in der Konsumwerbung. Eine herrschaftsbestimmte Form der Kommunikation. ...") von „valde laudabile" auf „rite", also um zwei Noten herabzustufen. Rein rechtlich gesehen war daran nichts auszusetzen. Für mich stellte sich aber die Frage, ob damit meine fachliche Qualifikation in Frage gestellt werden sollte oder ob der Antrag mit der politischen Thematik zusammenhing. Bevor wir in der Sitzung zum Inhaltlichen kamen, stellte Putschke, der natürlich auf meiner Seite stand, ohne Kommentar einen Kassettenrecorder an, wurde vom Dekan mehrfach aufgefordert den Apparat abzustellen, was Putschke – weiterhin ohne Kommentar – nicht tat. Die Versammlung beschloss dann schließlich eine Herabstufung um eine Note also „laudabile" statt „valde laudabile". – Als ich einige Jahre später den damaligen Dekan, der inzwischen an eine andere Universität berufen worden war, an diese Auseinandersetzung erinnerte, gab auch er zu, die angeblich inhaltlichen Mängel seien vorgeschoben und in Wirklichkeit doch politisch begründet gewesen.

Für mich ergab sich aus diesem Vorfall die Notwendigkeit, Arbeiten mit politisch heiklen Themen in Zukunft nicht mehr in unserem Fachbereich, sondern im „linken" Fachbereich 03 (Gesellschaftswissenschaften und Philosophie) einzureichen. Das war nicht ganz einfach. Jedes Mal musste ein Kollege aus diesem Fachbereich gefunden werden, der bereit war, zu einem ihm überwiegend fremdem Thema ein Erstgutachten zu verfassen. Ich selbst schrieb dann das Zweitgutachten.

Heftigen Streit gab es auch um die Besetzung einer neu geschaffenen Professorenstelle für „Germanistische Linguistik mit besonderer Berücksichtigung der Fachdidaktik". Von den zwei Bewerbern bevorzugte die Fachbereichsmehrheit den Kandidaten Peter Seidensticker, der außer seiner Dissertation über Mundartforschung nur wenige wissenschaftliche Publikationen aufzuweisen hatte. Wir dagegen waren für den anderen Bewerber, Siegfried Jäger, von dem es eine umfangreiche Publikationsliste zu überwiegend politischen Themen gab und dessen später publizierte „Kritische Diskursanalyse" sich hier inhaltlich bereits andeutete. Gegen Seidensticker, den ich schon aus Göttingen kannte, waren wir auch deswegen, weil wir wussten, dass er politisch rechts eingestellt war. Mir war klar, dass ich mit ihm im Fachbereich einen weiteren Gegner erhalten würde. Votiert wurde also von beiden Seiten nach politischen Gesichtspunkten, und da die Gegenseite in der Mehrheit war, wurde Seidensticker nominiert und wenig später auch berufen.

Wie sehr damals die Auswahl von Lehrpersonal nach politischen Kriterien erfolgte, wurde mir wieder deutlich, als ich etliche Jahre später Seidenstickers 2007 erschienene Autobiographie in die Hände bekam und dort Äußerungen vorfand, in denen er behauptet, Präsident Zingel habe sich im Konvent von „subversiven Kräften" wählen lassen, „die nach einer marxistisch geprägten Gegenuniversität strebten", „daß sich der Mittel- und Unterbau in den philologischen Fächern vorwiegend aus Mitgliedern des Spartakus und des kommunistisch unterwanderten Sozialdemokratischen Hochschulbundes (SHB) rekrutierte" und dass den Professoren die „Lehrfreiheit streitig gemacht werden [sollte], – dasselbe Verfahren, mit dem in der DDR die Lehrbefähigung den Nachweis der richtigen politischen Einstellung voraussetzte".

Ob bzw. wie viel daran richtig war, kann ich heute nicht mehr beurteilen. Was ich allerdings damals nicht gesehen habe, ist, dass die Schuld an diesen Konflikten, sofern man hier überhaupt von

Schuld reden kann, auf beiden Seiten lag. Denn unrealistische Feindbilder existierten natürlich nicht nur in den Köpfen unserer „Gegner", für die wir Marxisten waren, sondern auch in den Köpfen der von uns immer unterstützten Studenten, was sich zum Beispiel daran zeigte, dass auf Flugblättern oder Wandzeitungen die Mehrheit der Linguistik-Professoren als Mafia, deren Verhalten als reaktionär oder gar als SS-Repression und der Dekan als Staatskommissar bezeichnet wurden.

Erst gegen Ende der siebziger Jahre kehrte Friede in unserem Fachbereich ein. Konflikte wurden jetzt nicht mehr öffentlich oder vor Gericht ausgetragen, sondern die Dekane luden die streitenden Parteien zu Gesprächen ein, um dort nach Lösungen zu suchen. Es wurden gemeinsame Betriebsausflüge oder Weihnachtsfeiern abgehalten. Alle waren froh über diese Entwicklung, und man blickte mehr oder weniger verständnislos auf die vorausgegangene Zeit zurück. Mit einem meiner damaligen Gegner war ich später sogar befreundet.

Quellenhinweise

Ein Foto des Elzer Gutshauses der Bock von Wülfingen aus der Zeit meiner Kindheit ist im Deutschen Dokumentationszentrum für Kunstgeschichte - Bildarchiv Foto Marburg veröffentlicht unter https://www.bildindex.de/document/obj20504738.

Eine Auswahl der Feldpostbriefe meines Onkels Wilhelm Moldenhauer hat (auf Initiative meiner Cousine Heide Moldenhauer) Jens Ebert unter dem Titel „Im Funkwagen der Wehrmacht durch Europa: Balkan, Ukraine, Stalingrad. Feldpostbriefe des Gefreiten Wilhelm Moldenhauer 1940-1943" (trafo 2008) veröffentlicht. Mein Zitat auf Seite 64 findet sich dort auf Seite 125.

Die Zitate von Peter Seidensticker auf Seite 214 finden sich in der aufgeführten Reihenfolge auf den Seiten 347, 383 und 355 seiner Autobiographie „Alles noch selbst gesehen. Ein Lebensweg im 20. Jahrhundert" (Olms 2007).